365 historias bíblicas para la hora de dormir

inspiración para la vida

CASA PROMESA
Una división de Barbour Publishing, Inc.

© 2015 por Casa Promesa

ISBN 978-1-61626-416-1

Ediciones eBook:
Edición Adobe Digital (.epub) 978-1-63409-170-1
Edición Kindle y MobiPocket (.prc) 978-1-63409-171-8

Título en Inglés: *365 Read-Aloud Bedtime Bible Stories*
© 1995 por Barbour Publishing

Desarrollo editorial: *Semantics, Inc.* P.O. Box 290186, Nashville, TN 37229. semantics01@comcast.net

Publicado por Casa Promesa, 1810 Barbour Drive, Uhrichsville, Ohio 44683, www.casapromesa.com.

Nuestra misión es inspirar al mundo con el mensaje transformador de la Biblia.

Impreso en Estados Unidos de América.

001169 0522 SP

Día 1
Dios crea la tierra
Génesis 1:1–19

La Tierra es muy vieja. Nadie sabe cuándo fue hecha. Pero Dios siempre ha estado vivo.

Él creó los cielos y la Tierra. La Tierra estaba vacía, muy oscura y cubierta de agua. Nada tenía vida en la Tierra.

Dios dijo: «Sea la luz», y fue la luz. Dios vio que la luz era buena. Él llamó a la luz día y a las tinieblas noche. Este fue el primer día. El segundo día, Dios habló e hizo el cielo.

Luego Dios dijo: «Quiero que lo seco emerja del agua». Y así fue. Dios llamó a lo seco tierra y a las aguas mar. Dios vio que esto era bueno. Luego Dios dijo: «Que las plantas verdes crezcan de la tierra». Y esto sucedió en el tercer día, y fue bueno.

Después, en el cuarto día, Dios habló de nuevo. Él dijo: «Que el sol, la luna y las estrellas lleguen al cielo». Y eso sucedió. Dios las colocó en el cielo para alumbrar la Tierra. El sol brilla en el día. La luna y las estrellas brillan en la noche. Dios vio que esto era igualmente bueno.

Preguntas: ¿Qué vivía en la Tierra antes del primer día? Menciona algunas cosas que Dios creó en los primeros cuatro días.

Día 2
Dios crea la Tierra
Génesis 1:20–2:3

El quinto día, Dios habló de nuevo. Él dijo: «Deseo que los mares estén llenos de cosas vivas. Deseo que las aves vuelen en el cielo». Entonces, Dios creó todo lo que vive en el mar y lo que vuela en el cielo. Y Dios los bendijo.

Luego Dios dijo: «Que los animales vivan en la Tierra». Y Él creó los grandes animales y las cosas pequeñas que se arrastran en el suelo. Dios vio que todo esto era bueno.

Finalmente Dios dijo: «Ahora haré a los seres humanos. A diferencia de los animales, ellos estarán de pie y tendrán alma. Ellos serán como yo, gobernarán la Tierra y la cuidarán». Entonces Dios tomó un poco de polvo de la tierra y formó al hombre. Él respiró aliento de vida dentro de él, y el hombre cobró vida.

Dios los bendijo diciendo: «Deseo que vivan en toda la Tierra». Dios vio que todo lo que Él había hecho era muy bueno. Esto finalizó el sexto día.

En el séptimo día, Dios descansó. Su trabajo estaba terminado. Entonces Él bendijo ese día y lo hizo santo.

Preguntas: ¿Cuántos día utilizó Dios para la creación? ¿Qué hizo Dios en el séptimo día?

Día 3
Adán vive en el Huerto
Génesis 2:8–24

El hombre que Dios creó se llamó Adán. Dios plantó un huerto en Edén para que fuera el hogar de Adán. Este huerto era grande. Cuatro ríos pasaban por ahí. Crecían hermosas plantas y árboles, los cuales eran buenos para comer. Dios le dijo a Adán que cuidara el huerto.

Luego, Dios creó a los animales y a las aves del polvo. Él se los llevó al hombre, y Adán les puso nombre a todos. Pero Adán estaba solo. «Esto no está bien –dijo Dios–. Haré a alguien que esté con Adán y le ayude». Entonces Dios hizo a Eva.

Preguntas: ¿Cómo se llamaba el hogar de Adán? ¿Quién le puso nombre a todos los animales?

Día 4
Eva es engañada por la serpiente
Génesis 2:20–3:7

Dios creó a Eva maravillosamente: cuando Adán estaba durmiendo, Dios extrajo una de sus costillas. De esa costilla, Él hizo a una mujer y se la llevó a Adán. Ellos se amaban.

Adán llamó Eva a la mujer. Ellos vivían en paz en su hermoso huerto. Cuidaban de él tal como Dios les pidió, y Dios hablaba ahí con ellos.

Dos árboles especiales crecían en Edén. Uno se llamaba el Árbol de la vida. Dios les advirtió acerca del otro árbol. Era el Árbol del conocimiento del bien y del mal. «Si comen de este árbol –dijo–, morirán».

Ahora había una criatura escurridiza en el huerto: la serpiente. Esta le dijo a Eva: «¿Dios dijo que no debían comer del Árbol del conocimiento?». Eva respondió: «Él dijo que si lo hacemos, moriremos».

«Eso no es verdad –mintió la serpiente–. Coman y serán como Dios». Eva le creyó y comió del fruto del árbol. Ella le dio un poco a Adán, y él comió. De pronto, ellos supieron que estaban equivocados.

Por primera vez tuvieron miedo de encontrarse con Dios.

Preguntas: ¿Cómo creó Dios a Eva? ¿Cómo se llama el árbol del que comieron?

Día 5
Adán y Eva se marchan del Huerto
Génesis 3:8–24

Dios caminaba al aire del día. Pero Adán y Eva se estaban escondiendo entre los árboles. «¿Dónde estás tú?», llamó Dios.

«Oí tu voz y tuve miedo –respondió el hombre–, entonces me escondí de ti».

«¿Comiste del árbol sobre el que te advertí?», preguntó Dios.

«La mujer me dio del fruto. Yo lo comí», el hombre dijo. Entonces Dios le habló a la mujer: «¿Qué has hecho?».

«La serpiente me engañó –ella dijo–, y yo comí». Dios fue con la serpiente. «Tú has hecho esto, por lo tanto, siempre te arrastrarás sobre tu pecho.

Detestarás a la mujer. Ella también te detestará. Tú y su hijo pelearán. Él te aplastará la cabeza.

Tú lo morderás en el talón».

Luego Dios le dijo a la mujer: «Tendrás hijos.

Pero te dolerá cuando los tengas».

«Adán –Dios dijo–, la escuchaste y comiste del árbol. Entonces debes trabajar por todo lo que obtengas de la tierra. Sudarás y sufrirás toda tu vida. Yo te hice del polvo. Y regresarás al polvo».

Entonces Dios los expulsó del huerto.

Preguntas: ¿Quién engañó a Eva? ¿Cómo castigó Dios a la serpiente?

Día 6
Caín asesina a su hermano
Génesis 3:23–4:16

Adán y Eva vivieron fuera del huerto hasta que murieron. Una espada ardiente guarda el camino hacia el Árbol de la vida. Nadie ha regresado desde que ellos se marcharon.

Eva dio a luz a un bebé llamado Caín. Su segundo bebé fue un niño llamado Abel.

Cuando los niños se volvieron hombres, ellos trabajaron como su padre. Caín era agricultor. Abel era pastor.

Un día, Caín llevó fruta para darle a Dios.

Él trabajó para cultivar la fruta en su granja. Abel también tenía un regalo para Dios. Él le dio un cordero que había nacido en el campo. Dios estaba feliz con el regalo de Abel.

Pero rechazó el regalo de Caín.

Caín se enfadó, entonces Dios le preguntó: «¿Por qué estás enfadado? Cuidado, el pecado puede atraparte».

Más tarde, Caín asesinó a Abel mientras él estaba caminando en el campo. Dios le preguntó a Caín: «¿Dónde está tu hermano?».

«No lo sé –respondió Caín–. ¿Debo yo cuidar a mi hermano?».

«¿Qué has hecho? –Dios le dijo–. Escucha, la sangre de Abel clama desde la tierra.

Tú asesinaste a Abel. Siempre vivirás bajo una maldición».

Entonces Caín se alejó de Dios. Él vivió al oriente del Edén, en la tierra de Nod.

Preguntas: ¿En qué trabajaba Caín? ¿Cuál fue el regalo de Abel para Dios?

Día 7
Noé construye el arca
Génesis 6:1–7:5

Pasó un largo tiempo luego de que Caín asesinara a Abel. La Tierra estaba llena de gente. Dios miró el mundo que Él había hecho. La gente era mala. Dios dijo: «Lamento haber hecho a esta gente».

Pero Dios vio a un buen hombre, llamado Noé. Él le dijo a Noé: «Eliminaré a la gente que creé. Ellos morirán junto con todo lo terrenal. Solamente tú estás viviendo bien. De manera que tú y tu familia serán salvos». Luego Dios le dijo a Noé que construyera un gran barco llamado arca. Esta arca era tan grande como un edificio de tres pisos. «Inundaré la Tierra –Dios dijo–.

Toda la gente y los animales se ahogarán».

«Noé –Dios continuó–, trae dos animales de cada especie al arca. Reúne comida para ellos y para ti. Luego entra en el arca con tu familia. En siete días enviaré lluvia. La lluvia caerá cuarenta días. Todo lo que yo creé será eliminado de la Tierra». Y Noé hizo todo lo que Dios le dijo que hiciera.

Preguntas: ¿Por qué Dios inundó la Tierra? ¿Por qué salvó a Noé?

Día 8
Noé vive en el arca
Génesis 7:6–8:19

Noé tenía 600 años cuando la lluvia comenzó a caer. La lluvia cayó cuarenta días y cuarenta noches. Llovió como si las ventanas del cielo fueran abiertas. Pero la ventana del arca estaba cerrada.

Noé estaba a salvo dentro y no podía ver hacia fuera. Un día, Noé envió una paloma. La paloma regresó con una hoja de olivo. Entonces Noé supo que la tierra finalmente se estaba secando.

«Saca a tu familia y a los animales», Dios los llamó. Con alegría, Noé salió. Él había vivido en el arca durante más de un año.

Preguntas: ¿Cómo supo Noé cuándo salir del arca? ¿Cuánto tiempo vivió Noé en el arca?

Día 9
El arcoíris de la promesa de Dios
Génesis 8:20–9:17

El diluvio terminó. Todos los seres vivientes de la Tierra murieron. Solamente los animales y las personas que estaban en el arca salieron con vida. Noé sabía qué hacer primero. Él construyó un altar y le dio obsequios a Dios. De esta manera, Noé le agradeció a Dios por salvar a su familia.

Dios hizo una promesa: «Nunca más un diluvio destruirá la vida. Las cuatro estaciones vendrán e irán para siempre. La Tierra es tuya, Noé. Gobiérnala bien».

De pronto, el primer arcoíris se trazó a lo largo del cielo. Ahora, cada vez que hay un arcoíris, la gente recuerda la promesa de Dios a Noé.

Preguntas: ¿Qué fue lo primero que Noé hizo luego del diluvio? ¿Cuál fue la promesa que Dios le hizo a Noé?

Día 10
Dios le aparece a Abraham
Génesis 12:1-13:18

U na vez había una ciudad llamada Ur. Dios le apareció a un hombre que vivía ahí, llamado Abraham. «Deja este lugar –Dios dijo–. Ve a la tierra que te mostraré». Y Dios le hizo una promesa a Abraham: «Haré de tu familia un gran pueblo. Te bendeciré y engrandeceré tu nombre. Toda la Tierra será bendecida por ti».

Abraham se marchó de Ur con su familia. Juntos, viajaron por montes y ríos a una tierra llamada Canaán.

Acamparon junto a un gran roble en Moré. Ahí, Dios le apareció de nuevo a Abraham. «Les daré esta tierra a todos tus hijos», dijo Él. Abraham construyó un altar y adoró a Dios.

Viajando con Abraham, se encontraba su sobrino, Lot.

Ellos fueron juntos a muchos lugares de Canaán. En Betel, los pastores de Lot y los pastores de Abraham estaban peleando. Entonces Abraham invitó a Lot a que escogiera otro lugar donde vivir. Cerca del río Jordán había un lugar llamado Sodoma. Lot decidió vivir ahí. Él pensó que lucía como el huerto de Dios. Pero la gente de Sodoma era mala y odiaba a Dios.

Abraham vivió en Canaán, la tierra que Dios le había prometido.

Preguntas: ¿Qué le prometió Dios a Abraham? ¿Qué hizo Abraham cuando llegó a Canaán?

Día 11
Dios hace una promesa
Génesis 15:1–18

Dios se acercó a Abraham otra vez una noche junto a los robles de Hebrón. «No temas, Abraham –dijo Él–, yo te mantendré a salvo y te daré una gran recompensa».

«Pero, Señor –dijo Abraham–, yo soy viejo y no tengo un hijo. ¿Quién obtendrá esta recompensa?». Dios llevó afuera a Abraham. «Mira hacia arriba. Intenta contar las estrellas –le dijo–.Te prometo que tendrás más hijos que todas las estrellas. Esta tierra llamada Canaán será suya».

Abraham le creyó a Dios. Y Dios dijo que Abraham era justo porque creyó.

Preguntas: ¿Qué le prometió Dios a Abraham? ¿En dónde vivirán los hijos de Abraham?

Día 12
Sarah se ríe de Dios
Génesis 18:1–15

Era un caluroso día en los robles de Mamre. Abraham estaba sentado en la sombra, cerca de su tienda. Al levantar la mirada, él vio a Dios y a dos ángeles parados cerca. Ellos lucían tal como hombres. Abraham y su esposa, Sara, se apresuraron a prepararles el almuerzo.

«¿En dónde está tu esposa? –Dios preguntó–. Ella tendrá un hijo pronto». En la tienda, Sara escuchó esto y se rió. Ella era demasiado anciana para tener hijos. «¿Por qué se ríe? –Dios preguntó–. Nada es demasiado difícil para mí. En el tiempo correcto, ella tendrá un bebé».

Preguntas: ¿Por qué se rió Sara? ¿Por qué pensó que no podría tener un bebé?

Día 13
Llueve fuego en Sodoma
Génesis 19:1–24

Mientras Dios hablaba con Abraham, los ángeles se marcharon de Mamre. Esa noche encontraron a Lot sentado en la puerta de Sodoma. Ellos habían venido a destruir ese pecaminoso lugar. Primero, los ángeles le advirtieron a Lot que se marchara. Pero Lot no tenía prisa de marcharse. Entonces los ángeles lo tomaron de la mano. Ellos lo apresuraron a salir con su esposa y sus hijas. Le advirtieron: «Corre por tu vida a las montañas. No mires hacia atrás».

Dios hizo llover fuego sobre Sodoma. El humo cubrió el valle. Pero la esposa de Lot miró hacia la ciudad, y se convirtió en un pilar de sal. Su familia continuó corriendo.

Preguntas: ¿Por qué Dios quemó Sodoma? ¿Por qué la esposa de Lot se convirtió en un pilar de sal?

Día 14
Los dos hijos de Abraham
Génesis 21:1–14

Luego de que Sodoma fuera destruida, Abraham mudó su campamento más cerca del mar. Ahí, cuando Abraham tenía 100 años, Dios cumplió su promesa.

Sara dio a luz a un bebé. Ellos estaban muy felices y tuvieron una gran fiesta. Ellos llamaron Isaac a su hijo. Su nombre significa "risa", porque Sara se rió de Dios. Y Sara dijo: «Dios me ha traído risa. Todo el que escuche se reirá conmigo».

Ahora había dos chicos en la tienda de Abraham.

Uno era el nuevo bebé de Sara, Isaac. El otro era Ismael. Él era el hijo de la sierva de Sara, Hagar.

A Ismael no le agradaba Isaac ni lo trataba bien. Esto enfadó a Sara. Ella le dijo a Abraham: «Envía fuera a Hagar y a su hijo. No deseo que Ismael tenga lo que le pertenece a Isaac».

Abraham estaba muy triste por esto. Ismael era su hijo también. Pero Dios dijo: «Abraham, no te preocupes por Hagar y su hijo. Haz lo que Sara dice. Es mejor que Isaac viva solo con ustedes.

Todo lo que es tuyo le pertenecerá a él un día.

Yo cuidaré de Ismael. Él será padre de una gran familia, tal como Isaac».

La mañana siguiente, Abraham envió a Hagar y a Ismael fuera.

Preguntas: ¿Quién era la mamá de Ismael? ¿Por qué Abraham envió fuera a Hagar y a Ismael?

Día 15
El viaje de Ismael por el desierto
Génesis 21:14–10

A primera hora de la mañana, Hagar e Ismael se marcharon de la tienda de Abraham. Él les dio pan y un recipiente de agua para su viaje. Pero el agua se terminó. Hagar no deseaba que Ismael muriera bajo el sol del desierto. Hagar se derrumbó y lloró.

Pero el ángel de Dios llamó a Hagar desde el cielo.

«No temas, Hagar. Levanta a tu hijo y sostenlo. Él tendrá una gran familia». Entonces Dios le mostró un pozo, y ellos bebieron.

Ismael creció y Dios estuvo con él. Él vivió y se convirtió en un cazador en el desierto.

Preguntas: ¿Quién le habló a Hagar? ¿Qué le prometió?

Día 16
Abraham ofrece a Isaac ante Dios
Génesis 22:1–19

Mientras tanto, Dios le habló a Abraham: «Toma a Isaac y vayan al monte Moriah». Abraham amaba a Isaac. «Ahí –Dios continuó– sacrifica a Isaac como un obsequio para mí».

Abraham obedeció. Ellos viajaron tres días hacia el monte. Abraham colocó a Isaac sobre un altar.

Isaac preguntó: «¿Dónde está el cordero para el obsequio de Dios?».

«Dios nos proporcionará un cordero», Abraham le respondió.

Él levantó el cuchillo para matar a su hijo. Luego, el ángel de Dios lo detuvo: «Sé que temes a Dios.

Matarías a tu propio hijo por Él». Abraham vio un carnero para el obsequio de Dios atado en un arbusto; e Isaac vivió.

Preguntas: ¿Qué le pidió Dios a Abraham que hiciera? ¿Abraham estuvo dispuesto a hacerlo?

Día 17
La búsqueda por la esposa de Isaac
Génesis 24:1–27

Isaac creció y tuvo edad para desposarse. Era trabajo de Abraham encontrarle una esposa a Isaac. De manera que Abraham envió a su siervo, Eliezer, de vuelta a su tierra natal. Él deseaba que Isaac se desposara con una mujer de su propia familia. Abraham sabía que eso era lo mejor, porque ellos también adoraban a Dios.

Eliezer tomó diez camellos y muchos obsequios. Él viajó a la ciudad de Nacor y se detuvo en el pozo de la ciudad. Ahí, Eliezer oró que encontrara a la mujer correcta para Isaac. Levantó la mirada y vio a una hermosa joven. Eliezer se inclinó y dijo: «¿Me das de beber?».

«Sí –dijo la mujer–, les daré agua a tus camellos también». Eliezer se preguntó: «¿Esta es la mujer para Isaac?».

«¿Cómo te llamas?», él le preguntó.

«Soy Rebeca. Mi padre es Betuel». Betuel era el hermano de Abraham. «Ven –dijo ella–, quédate en nuestra casa».

Eliezer le agradeció a Dios. Su oración fue respondida.

Rebeca era la prima de Isaac y parte de la familia de Abraham. Eliezer le dio a Rebeca pendientes de oro y brazaletes como obsequio. Él le dijo que era de la casa de Abraham. Rebeca invitó a Eliezer a su casa para que conociera a su padre y a su familia.

Preguntas: ¿Por qué Eliezer buscó una esposa en la tierra natal de Abraham? ¿Quién era el padre de Rebeca?

Día 18
Rebeca se desposa con Isaac
Génesis 24:28–67

Rebeca corrió a casa y les contó a sus padres acerca de Eliezer. Ella les mostró sus obsequios.

Su hermano, Laban, le pidió a Eliezer que comiera con ellos. Pero Eliezer dijo: «Primero debo decirles por qué vine aquí.

Mi amo es Abraham –dijo Eliezer–. Dios lo ha bendecido. Él es muy adinerado. Abraham me envió aquí. Le prometí encontrar una esposa para su hijo, Isaac. Oré que Dios me mostrara a la mujer correcta». Luego les dijo lo que sucedió en el pozo.

El padre y el hermano de Rebeca aceptaron que ella se desposara con Isaac. «Dios desea que esto suceda», dijeron ellos.

Luego Eliezer les dio exquisitos obsequios a Rebeca y a su familia. Esa noche disfrutaron de un gran banquete.

Llegó la mañana siguiente. El padre de Rebeca le preguntó: «¿Te irás con este hombre?». Ella respondió: «Iré». La familia de Rebeca la bendijo y ella se marchó con Eliezer.

Una tarde, Isaac estaba caminando en el campo. Él vio que los camellos de Eliezer venían con su esposa.

Rebeca también vio a Isaac. Él amó a Rebeca, y se desposaron en la tienda de Sara.

Preguntas: ¿Qué dijeron el padre y el hermano de Rebeca cuando Eliezer les dijo lo que deseaba? ¿Qué deseó hacer Rebeca?

Día 19
Esaú vende su derecho de primogenitura
Génesis 25:21–34

Al igual que su padre Abraham, Isaac vivió en la tierra de Canaán. Su esposa, Rebeca, no podía tener hijos. De manera que Isaac oró y Dios respondió su oración. Rebeca dio a luz a gemelos.

Ella los llamó Esaú y Jacob.

Esaú nació primero. Él obtendría el doble de lo que Jacob cuando Isaac falleciera. Esto era el derecho de primogenitura.

Jacob se convirtió en un hombre callado que vivía en las tiendas. Esaú se convirtió en cazador en los campos. Cuando Esaú traía carne de la caza, él le daba un poco a Isaac. De manera que Isaac amaba más a Esaú que a Jacob.

Pero a Rebeca le gustaba el sabio y cuidadoso Jacob.

Un día, Esaú llegó de los campos hambriento y cansado. Ya que era tiempo de la cena, Jacob cocinó una cacerola de sopa. «Por favor, dame un poco de sopa», pidió Esaú.

«¿Cambias tu primogenitura por un poco de sopa?», preguntó Jacob.

«¿Por qué no –respondió Esaú–. Estoy a punto de morir de hambre. Si muero, no necesitaré mi derecho de primogenitura».

Y Esaú le prometió a Jacob su primogenitura.

Jacob fue envidioso con Esaú. Eso no estaba bien.

Pero Esaú fue tonto y vendió su primogenitura, y eso estuvo mal.

Preguntas: ¿Qué es el derecho de primogenitura? ¿Qué utilizó Jacob para comprar la primogenitura de Esaú?

Día 20
Jacob le roba la bendición a Esaú
Génesis 27:1–38

Con el tiempo, Isaac se hizo muy viejo. Un día, él le dijo a Esaú: «Deseo darte mi bendición antes de morir. Caza un animal y cocina la carne para mí.

Tú sabes que me encanta. Luego te bendeciré».

Pero Esaú sabía que él había vendido su bendición a Jacob por un poco de sopa.

Rebeca estaba escuchando de cerca. Rápidamente, ella cocinó un poco de carne y se la dio a Jacob. «Llévale esto a tu padre. Él es ciego. Así que pretende ser Esaú.

Luego obtendrás la bendición». Jacob lo hizo.

Aunque estaba mal, él se robó la bendición de Esaú.

Preguntas: ¿Cómo engañó Jacob a Isaac? ¿Quién le ayudó a Jacob a robarse la bendición?

Día 21
El sueño de Jacob en Betel
Génesis 27:41–28:19

Luego de que Esaú perdiera su bendición, él deseó matar a Jacob. Rebeca se enteró y dijo: «Jacob, apresúrate a ir a la casa de tu tío Labán».

Jacob se apresuró a escapar solo. Todo lo que llevó fue un bastón. En Betel, él se recostó a dormir. Una piedra era la almohada de Jacob. En un sueño, él vio una escalera con ángeles. Dios lo bendijo, diciendo: «Yo soy el Dios de tu padre. Esta tierra es tuya y de tus hijos. El mundo será bendecido por causa de tu familia».

Cuando despertó, Jacob dijo: «Este lugar es la casa de Dios. Es la puerta del cielo».

Preguntas: ¿Cuál fue el sueño de Jacob? ¿Cómo llamó Jacob al lugar donde durmió?

Día 22
El casamiento de Jacob
Génesis 29:1–30:24

Jacob viajó a la ciudad de Harán. Ahí encontró el mismo pozo donde Eliezer conoció a su madre, Rebeca. Una joven apacentaba a sus ovejas hacia el pozo. Ella era Raquel, la hija del tío de Jacob, Labán. Jacob estaba tan feliz de conocerla que lloró. Y ahí se enamoró de Raquel.

Labán recibió a Jacob en su casa. Pronto, Jacob le dijo a Labán: «Trabajaré siete años para desposarme con Raquel».

Labán respondió: «Es mejor que Raquel se despose contigo que con un extraño».

Pasaron siete años. A Jacob le parecieron días, porque amaba demasiado a Raquel. Llegó el día de la boda. La novia llevaba un grueso velo. Pero cuando Jacob lo levantó, no era Raquel. Jacob se desposó con Lea, la hermana mayor de Raquel. Jacob no la amaba a ella. Lo habían engañado, porque Labán deseaba que la hermana mayor se desposara primero.

Luego Jacob trabajó siete años más para Labán.

Finalmente se desposó con Raquel. En esos tiempos, los hombres a menudo tenían dos esposas.

Jacob vivió con Labán veintiún años. Él tuvo once hijos ahí. Solo uno, llamado José, fue hijo de Raquel, y Jacob lo amaba más.

Preguntas: ¿Por qué Jacob trabajó siete años para Labán? ¿Cómo engañó Labán a Jacob?

Día 23
Jacob viaja a casa
Génesis 31:17–32:22

Mientras estuvo con Labán, Jacob se volvió rico. Él había sido sabio y cuidadoso con su trabajo. Al final, él decidió regresar a Canaán.

Mientras Labán estaba fuera, Jacob reunió a su grande familia, juntó su gran manada de animales y comenzó el viaje.

Cuando Labán se enteró, él se entristeció. Labán deseaba que Jacob se quedara y trabajara para él. Entonces Labán y sus hombres partieron tras Jacob. Pero en un sueño, Dios le dijo a Labán: «No lastimes a Jacob».

Labán alcanzó a Jacob en el monte de Galaad.

Ahí se hicieron una promesa.

Comieron junto a una pila de piedras llamada «Testigo».

Ellos prometieron no dañarse mutuamente.

Ambos hombres sabían que Dios estaba mirando. De manera que Jacob colocó una gran roca y la llamó «Atalaya».

En la mañana, Labán besó a sus hijas, bendijo a sus nietos y regresó a casa.

Llegaron noticias espantosas. Esaú se estaba acercando a encontrarse con Jacob y sus 400 hombres. ¿Esaú lo asesinaría?

Con temor, Jacob dividió a todos en dos grupos para seguridad. Los pastores se adelantaron con muchos animales como obsequio para Esaú. Jacob permaneció atrás solo para orar.

Preguntas: ¿Por qué Labán deseaba que Jacob se quedara? ¿Por qué Jacob temía a Esaú?

Día 24
Dios lucha con Jacob
Génesis 32:24–32

Mientras estaba solo, un hombre tomó a Jacob, y ellos lucharon hasta el amanecer. Al no poder ganar, el hombre quebró la cadera de Jacob.

«Déjame ir», el hombre dijo.

«No te dejaré ir hasta que me bendigas», respondió Jacob.

«¿Cómo te llamas?».

«Jacob».

«Ya no más –dijo el hombre–. Ahora es Israel».

«¿Por qué?», preguntó Jacob.

«Has luchado con Dios y has ganado».

Luego Jacob le preguntó: «¿Cómo te llamas?».

El hombre solo respondió: «¿Por qué deseas saber?». Luego bendijo a Jacob.

Jacob le dijo: «He visto el rostro Dios y he vivido».

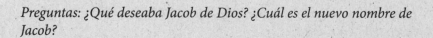

Preguntas: ¿Qué deseaba Jacob de Dios? ¿Cuál es el nuevo nombre de Jacob?

Día 25
José el soñador
Génesis 37:1–11

Jacob hizo la paz con Esaú y regresó a Canaán. Al poco tiempo, a Raquel le nació un hijo llamado Benjamín.
Pero Jacob sufrió, porque su amada Raquel murió.

De todos sus hijos, Jacob amaba más a José. Él recompensó a José con una túnica de muchos colores. Los hermanos de José estaban celosos. Ellos deseaban tener una túnica tan linda.

Un día, José les dijo a sus hermanos: «Escuchen los sueños que he tenido». Cuando José les contó los sueños, sus hermanos supieron el significado: ellos se inclinarían ante José un día. Los hermanos detestaron a José por causa de sus sueños.

Preguntas: ¿Por qué los hermanos de José estaban celosos? ¿Qué significaban los sueños de José?

Día 26
El soñador es vendido como esclavo
Génesis 37:12-35

Los hijos de Jacob estaban cuidando los rebaños en los campos. Jacob se preguntó: «¿Mis hijos están a salvo?». Él envió a José a averiguarlo. Los hermanos vieron a lo lejos la túnica brillante de José. «Miren, aquí viene el soñador», uno anunció.

«Matémoslo –dijo otro–, y arrojemos su cuerpo a una cisterna. Diremos que un animal salvaje se lo comió».

«Buena idea –dijo un tercero–. Luego veremos lo que sucede con sus sueños».

Pero Rubén, el hijo mayor, dijo: «No. No hay que matarlo. Solo tirémoslo en la cisterna para que muera».

Rubén planeó rescatar más tarde a José. Entonces, sus hermanos y él robaron la hermosa túnica de José y le arrojaron a la cisterna.

Rubén se marchó y estuvo ausente cuando llegó la caravana de los ismaelitas. Los hermanos vendieron a José por veinte piezas de plata. La caravana se llevó a José a Egipto.

Cuando Rubén regresó, él gritó: «El chico se ha ido, ¿qué debo hacer?». Los hermanos decidieron mentirle a Jacob. Ellos mancharon la túnica de José con sangre de animal. Jacob pensó que José había muerto.

«Lloraré por mi hijo el resto de mi vida», Jacob gimió.

Preguntas: ¿Por qué los hermanos de José deseaban matarlo? ¿Por qué mancharon la túnica de José con sangre de animal?

Día 27
José el esclavo
Génesis 39:1–40:22

La caravana llevó a José a Egipto, y un hombre llamado Potifar compró a José.

Este hombre era un líder del ejército egipcio.

Dios estaba con José, aunque él fuera esclavo.

Potifar vio su buen trabajo y le agradó. Él puso a José a cargo de toda su casa. La esposa de Potifar también era amigable con José; pero una vez, él no quiso hacer algo malo por ella. Entonces ella le mintió a su esposo acerca de José. Potifar encerró a José en prisión como un criminal.

Pero Dios estuvo con José en la prisión. El carcelero pronto comenzó a apreciar a José. Incluso lo puso a cargo de toda la prisión.

El copero y el panadero del rey estaban ahí en prisión.

Ambos tuvieron sueños mientras dormían. «¿Qué significan nuestros sueños?», se preguntaron.

«Tal vez Dios me diga lo que significan», dijo José.

Y Dios se lo dijo: el copero sería liberado de prisión.

«Cuando seas libre –dijo José–, dile al rey que estoy aquí. Pídele que me libere».

El significado del sueño del panadero era triste: «Serás colgado por tu delito», dijo José.

Y los sueños del hombre se volvieron realidad.

Preguntas: ¿Por qué José fue a prisión? ¿Dónde estaba Dios mientras José estuvo en prisión?

Día 28
Faraón manda a llamar a José
Génesis 40:23–41:16

Pasaron dos años y el copero se olvidó de José.
El Faraón, el rey de Egipto, tuvo sueños. «Debo saber lo que significan», pensó él.

Faraón llamó a sus magos. Todo lo que dijeron fue: «No sabemos lo que significan sus sueños».

Entonces el copero recordó a José.

«Un joven está encerrado en su mazmorra –dijo él–. Él me dijo el significado de mi sueño».

Rápidamente, Faraón mandó llamar a José. Primero, José se lavó, luego fue con Faraón.

«He escuchado que tú dices el significado de los sueños», le dijo Faraón.

«Yo no hago eso –José respondió–. Dios le dará a usted la respuesta».

Preguntas: ¿Por qué el copero recordó a José? ¿José podía decir el significado de los sueños? ¿Quién sí podía?

Día 29
El significado de los sueños de Faraón
Génesis 41:17–36

«¿Cuál fue tu sueño?», José le preguntó a Faraón. «Vi siete vacas gordas comiendo grama junto al río –dijo Faraón–. Luego llegaron siete vacas flacas.

Ellas se comieron a las vacas gordas, pero quedaron tan flacas como antes de comer. Después me desperté.

Me dormí y soñé otra vez –Faraón continuó–. Vi siete espigas. Todas estaban en un ato. Otro ato apareció junto a ese y tenía siete espigas menudas.

Estas espigas menudas se tragaron a las espigas buenas.

Pero después quedaron tan menudas como antes».

«Estos dos sueños significan los mismo –le dijo José–.

Dios le está mostrando lo que hará en Egipto. Siete años de buenas cosechas vendrán pronto.

Luego habrá siete años sin alimento.

El tiempo de las buenas cosechas se olvidará.

Faraón debe encontrar a un hombre sabio y capaz que le ayude a Egipto –continuó José–. Este hombre debe reunir parte de las cosechas de los buenos años. Entonces su pueblo tendrá comida cuando no haya cosecha.

Si alguien puede hacerlo, el pueblo de Egipto no morirá».

Preguntas: ¿Qué le dijo José a Faraón que sucedería en Egipto? ¿Qué le dijo José a Faraón que debía hacer?

Día 30
Faraón honra a José
Génesis 41:37–45

Faraón les preguntó a sus siervos: «¿Podemos hallar a alguien como este joven? El espíritu de Dios está en él».

Luego miró a José.

«Dios te ha mostrado todo esto. No hay nadie más sabio que tú. Debes estar a cargo de mi palacio y de mi país. Yo soy más grande solo porque soy el rey».

Entonces, Faraón le dio a José su propia sortija.

Se le compró la mejor ropa. Se le colocó una cadena de oro en el cuello. José montaba su propio carruaje. A dondequiera que iba, la gente se inclinaba ante él.

Preguntas: ¿Por qué José era sabio? ¿Había alguien en Egipto más importante que José?

Día 31
Los hijos de Jacob visitan a José
Primera parte
Génesis 41:46–42:7

José tenía treinta años cuando comenzó a servir a Faraón. En los años en que las cosechas fueron buenas, José guardó alimento.

Reunió tanto alimento que no podía contarse. En aquellos años, José se casó y tuvo dos hijos: Manasés y Efraín.

Los buenos años de Egipto terminaron. Los siete años sin alimento comenzaron y los egipcios tenían hambre.

Ellos acudían a Faraón por comida. Él les decía: «Vayan con José y hagan lo que él diga». José abría todos los almacenes y les vendía comida a los egipcios.

De hecho, todo el mundo acudía a José por comida.

En Canaán, Jacob escuchó del alimento de Egipto.

Él les dijo a sus hijos: «Vayan y compren alimento para nosotros.

Entonces no moriremos de hambre». Así que todos los hermanos, excepto Benjamín, fueron a Egipto.

José le vendía alimento a todo el que fuera a Egipto a comprar.

Los hijos de Jacob fueron a ver a José, como todas las demás personas.

Ellos entraron en el salón y se inclinaron ante él.

Cuando él los vio, José supo que eran sus hermanos.

Veintitrés años antes, ellos lo habían vendido en esclavitud.

Los hermanos no sabían quién era José.

Preguntas: ¿Quién había guardado alimento para Egipto? ¿El sueño de José se hizo realidad? ¿Cómo?

Día 32
Los hijos de Jacob visitan a José
Segunda parte
Génesis 42:6-24

Ahora, como en los sueños que José tuvo en la infancia, sus hermanos se inclinaron ante él. «¿Quiénes son? –José les preguntó–. ¿De dónde vienen?».

«Hemos venido de Canaán para comprar comida», ellos respondieron.

«No es cierto –dijo José–. Ustedes son espías. Desean ver cuán débil se ha vuelto Egipto».

«No, señor. Somos doce hermanos –ellos dijeron–. El más joven está en casa. Uno ha muerto».

«Deben comprobar que no son espías –respondió José–. Alguien debe regresar y traer acá a su hermano menor». Y el resto fueron encerrados.

Tres días después, José dijo: «Uno de ustedes debe quedarse. Los otros pueden marcharse con el alimento de su familia. Pero traigan a su hermano menor conmigo.

Entonces sabré que no son espías». El hermano menor, Benjamín, era hijo de Raquel, al igual que José.

José decidió que Simeón se quedaría en Egipto. Rubén les dijo a los demás: «Esto ha sucedido por lo que le hicieron a José». Ellos no sabían que José los había escuchado.

Él se marchó y lloró. Sabía que sus hermanos lamentaban lo que habían hecho.

Preguntas: ¿Por qué José deseaba que le llevaran a Benjamín? ¿Por qué lloró José?

Día 33
La comida de Jacob se agota
Génesis 42:25–43:15

Rubén y sus hermanos compraron bolsas llenas de alimento. Pero José deseaba que sus hermanos tuvieran el alimento sin pagar. Su dinero fue puesto de vuelta en las bolsas. Tristemente, ellos dejaron a Simeón en Egipto y se marcharon a casa.

De camino a casa, ellos encontraron el dinero.

«¡Miren lo que Dios nos ha hecho!», gritaron. Pero no pudieron regresar a Egipto.

En casa, ellos le dijeron a Jacob lo que había sucedido.

«Primero, José murió; y ahora, Simeón se ha ido –él gimió–. Y desean quitarme a Benjamín. Ustedes han encanecido mi pelo. Si pierdo a Benjamín, moriré».

Al ser grande la familia de Jacob, el alimento se agotó pronto, y los hermanos necesitaron conseguir más.

«No podemos ir a menos que Benjamín vaya con nosotros», ellos dijeron.

«Si él debe ir, entonces que vaya», respondió Jacob.

«Pero lleven obsequios especiales y el doble de dinero.

Fue un error que el dinero estuviera en sus bolsas.

Que el Dios poderoso tenga misericordia de ustedes en Egipto».

Entonces, los hijos de Jacob se llevaron a Benjamín y regresaron a Egipto. Pronto, se estaban inclinando ante José de nuevo.

Preguntas: ¿Por qué el dinero se encontraba en las bolsas de alimento? ¿Por qué regresaron a Egipto los hijos de Jacob?

Día 34
Los hijos de Jacob visitan a José
Tercera parte
Génesis 43:16–44:17

José vio a su hermano menor, Benjamín, junto con los demás. «Tráiganlos a mi casa para un banquete», les dijo a los siervos.

Los hijos de Jacob temían ir a la casa de José.

«Trajimos el dinero que estaba en nuestras bolsas», dijeron ellos.

«Dios les dio ese dinero», les dijo un siervo.

Entonces les llevó a Simeón. Cuando José entró, sus hermanos se inclinaron en el suelo.

José les preguntó: «¿Su padre se encuentra bien? ¿Vive todavía?».

Ellos respondieron: «Nuestro padre está bien». José miró con amor a Benjamín. Ese era su hermano pequeño, el hijo de su madre. Él tuvo que salir y llorar.

Estaba muy feliz.

Entonces ellos tuvieron un gran banquete juntos. Pero los hermanos todavía no conocían el secreto de José.

Entonces José les dio mucho alimento y de nuevo puso dinero en sus bolsas. José lo hizo para hacerlos regresar.

Entonces los hijos de Jacob regresaron a Egipto. José dijo: «El que robó mi copa será mi esclavo».

Ese era Benjamín, el hermano a quien José amaba.

Preguntas: ¿Por qué los hermanos temían ir a la casa de José? ¿Cuál era el secreto de José?

Día 35
Una alegre reunión familiar
Génesis 44:18–45:16

Judá fue uno de los hijos de Jacob. Él tenía miedo, pero habló con José: «El padre de Benjamín es anciano.
Él morirá si su hijo no regresa. Su hermano ya fue asesinado por bestias. Déjame quedarme.
Luego el chico puede regresar con su padre».
Entonces José ya no pudo mantener el secreto.
Él grito: «¡Soy José, su hermano!
Ustedes me vendieron a Egipto. Pero Dios lo deseaba.
Le he vendido comida a todo el mundo». Y él lloró en el hombro de Benjamín. Entonces todos se besaron, se abrazaron y hablaron. Todo el palacio de Faraón estaba alegre.

Preguntas: ¿Por qué Judá se quedó en lugar de Benjamín? ¿Por qué Dios deseaba que José estuviera en Egipto?

Día 36
Israel se muda a Egipto
Génesis 45:25–47:10

Faraón estaba feliz de que José hubiera encontrado a su familia. Él dijo: «Tus hermanos pueden mudar a sus familias a la mejor tierra de Egipto». José envió a sus hermanos de vuelta a Canaán con dinero y ropa nueva. Él le envió a su padre asnos cargados de trigo y pan.

Cuando llegaron a Canaán, los hermanos corrieron hacia Jacob.

«¡José vive! –ellos gritaron–. Él gobierna en Egipto».

Jacob no podía creerles. Cuando ellos le explicaron, él dijo: «Suficiente. Debo ver a José antes de morir».

Mucho tiempo antes, Dios había llamado «Israel» a Jacob. E Israel reunió a su familia y emprendieron el viaje a Egipto.

De camino, él le dio obsequios a Dios. Dios le habló a Israel: «No temas ir a Egipto. Yo iré contigo.

Tu familia será una nación grande allá. Yo los llevaré de nuevo a Canaán».

Setenta personas de la familia de Israel se mudaron a Egipto.

Israel llegó con José. «He visto que estás vivo –le dijo–. Ahora puedo morir en paz».

El Faraón pronto conoció a Israel.

«¿Cuántos años tiene?», le preguntó.

«Mi vida ha sido corta y difícil –dijo Israel–. Tengo 130 años». Y bendijo a Faraón.

Preguntas: ¿Qué le prometió Faraón a José? ¿Qué le prometió Dios a Israel?

Día 37
La muerte de José
Génesis 47:27–50:26

Israel y sus hijos vivían en Gosén, donde tenían una gran tierra de labranza.

Israel vivió casi 150 años. Cuando estaba muriendo, él bendijo a sus doce hijos, diciendo: «No me entierren en Egipto. Entiérrenme en Canaán con mi padre, Isaac, y mi abuelo, Abraham».

Y hubo un gran funeral para Jacob.

Los hijos de Israel llevaron su cuerpo a Canaán. Ahí fue enterrado en la cueva de Macpela, cerca de Mamre.

Cuando los hijos de Jacob regresaron a Egipto, ellos tuvieron miedo. «¿José todavía continúa enojado de que lo vendimos?», ellos se preocuparon y le enviaron un mensaje: «Por favor, perdónanos por nuestro delito».

«Lo que hicieron fue malo –José les dijo–. Pero Dios lo usó para bien.

Miren a todos los hijos de Israel. No se preocupen.

Yo siempre les proveeré a ustedes y a sus familias».

José vivió 110 años. Antes de morir, él les dijo a sus hermanos: «Dios vendrá y los llevará de vuelta a Canaán. Cuando se vayan, lleven consigo mis huesos». De manera que conservaron el féretro de piedra de José. Ellos sabían que un día lo llevarían de vuelta a su propia tierra.

Preguntas: ¿Dónde deseaba ser enterrado Jacob? ¿Qué deseaba José que sucediera con sus huesos?

Día 38
Egipto castiga a Israel
Éxodo 1:6–22

El pueblo de Israel creció y llenó Gosén.

Entonces, un nuevo rey gobernó. Él no recordaba a José. Este Faraón temía que Israel se volviera más fuerte que Egipto. Él hizo esclavo al pueblo de Israel. Los forzaron a elaborar ladrillos en las ciudades de Faraón.

Ellos tuvieron que darle a Egipto casi toda su comida.

A pesar de este trato cruel, Israel creció todavía más.

Faraón decretó una nueva ley. Todos los bebés nacidos en Israel debían morir. Pero sus nodrizas los dejaron con vida.

Entonces Faraón ordenó que los bebés fueran arrojados al río.

Preguntas: ¿Por qué Faraón temía de Israel? ¿Qué le hizo él al pueblo de Israel?

Día 39
Moisés es salvado de la muerte
Éxodo 2:1–10

Un bebé nació en Gosén. Su madre vio que era un bello niño. Ella lo escondió de los egipcios durante tres meses.

Cuando ya no podía seguir escondiéndolo, ella tejió una canasta. Fue hecha de manera que el agua no penetrara en ella, y colocó al niño dentro. Entonces la hizo flotar entre los juncos del río.

La hija de Faraón se bañaba en el río de ese lugar.

Ella descubrió la canasta y se lamentó por el bebé que lloraba. Lo conservó y lo llamó Moisés.

Preguntas: ¿Por qué la mamá escondió a su bebé? ¿Dónde encontró al bebé la hija de Faraón?

Día 40
Un príncipe se convierte en pastor
Éxodo 2:11–25

Moisés creció en el palacio de Faraón. Ahí, él aprendió todo el conocimiento de Egipto.

Hizo cosas poderosas. Pero él amaba a su propio pueblo, Israel.

Ellos todavía eran esclavos.

Moisés deseaba ayudar a Israel. Pero él no podía hacer nada. Además, Israel no deseaba su ayuda.

Faraón estaba enfadado con Moisés por tratar de ayudar.

Entonces Moisés se marchó lejos de Egipto a Madián, en Arabia.

Él estaba descansando junto a un pozo. Jóvenes mujeres estaban intentando darles agua a sus rebaños. Cuando hombres violentos las detuvieron, Moisés ayudó a las mujeres.

Ellas eran las hijas de la casa de Jetro.

Él se casó con la hija de Jetro, Séfora, y heredó los rebaños de Jetro.

Durante cuarenta años, Moisés había vivido en Egipto. Ahí fue un príncipe sabio y poderoso. Ahora apacentaba las ovejas de otro hombre. Él vivió a lo lejos del desierto. «Soy un extraño que vive en una tierra extraña», Moisés dijo.

Mientras tanto, Israel lloraba y gemía en esclavitud.

Dios los escuchó. Él recordó las promesas que les había hecho a Abraham, a Isaac y a Jacob. Dios vio a Israel en Egipto y comprendió sus problemas.

Preguntas: ¿Por qué Moisés se escapó de Egipto? ¿Cómo cambió la vida de Moisés?

Día 41
Dios aparece en una zarza ardiente
Éxodo 3:1-6

Moisés tenía su rebaño en el monte Horeb. Ahí, Dios le apareció como una llama de fuego en una zarza. Moisés vio la zarza ardiendo pero sin quemarse.

Él se preguntó por qué la zarza no se quemaba.

Dios lo llamó desde la zarza: «Moisés, Moisés».

«Estoy aquí», respondió Moisés.

«Acércate –Dios lo llamó–. Quítate las sandalias. Estás parado sobre tierra santa. Yo soy el Dios de tus ancestros: el Dios de Abraham, de Isaac y de Jacob».

Moisés escondió su rostro y no podía mirar a Dios.

Preguntas: ¿Quién llamó desde la zarza ardiente? ¿Por qué Moisés escondió su rostro?

Día 42
Moisés es enviado a Egipto
Éxodo 3:7–4:31

«He visto el sufrimiento de Israel en Egipto –dijo Dios desde a zarza ardiente–. He venido a liberarlos de Egipto.

Los llevaré a Canaán. Es un lugar donde fluye leche y miel. Anda, Moisés, te estoy enviando a Faraón.

Saca a mi pueblo de Egipto».

Moisés dijo: «No soy nadie. ¿Cómo puedo ir con Faraón y rescatar a Israel?».

«Yo estaré contigo –respondió Dios–. Sácalos; adórame en este monte».

«Pero –Moisés dijo–, ellos preguntarán "¿Cuál es el nombre de Dios?". ¿Qué les digo?».

«Diles: "YO SOY me envió con ustedes". Dile a Israel: "El Dios de sus ancestros me envió con ustedes: el Dios de Abraham, de Isaac y de Jacob"».

«¿Qué si aun así no me creen?», Moisés preguntó.

Dios le dijo: «Arroja tu vara».

Moisés lo hizo, y su vara se convirtió en serpiente.

«Haz esto –Dios le dijo–, y otras señales que te mostraré. Estoy enviando a tu hermano, Aarón, para que te ayude».

Entonces Moisés y Aarón fueron a Gosén y hablaron con los líderes de Israel. Ellos creyeron. Dios había escuchado su clamor. Juntos, se inclinaron y adoraron.

Preguntas: ¿Qué deseaba Dios que hiciera Moisés? ¿Quién fue el ayudante de Moisés?

Día 43
Moisés habla con Faraón
Éxodo 5:1–7:13

De inmediato, Moisés y Aarón se dirigieron al Faraón. Le dijeron: «Dios te está hablando a través de nosotros. Deja ir a mi pueblo para que puedan servirme».

Pero Faraón se enfadó e hizo sufrir más a Israel.

Moisés oró a Dios: «¿Por qué me enviaste con Faraón?».

Dios le dijo: «Regresa con Faraón.

Muéstrale las señales que te di». Entonces, Moisés y Aarón regresaron. Aarón arrojó su vara.

Esta se convirtió en serpiente. Los magos de Faraón hicieron lo mismo. Pero la vara de Aarón se tragó a las varas de los magos.

Preguntas: ¿Qué sucedió luego de que Moisés hablara con Faraón? ¿Qué hizo la vara de Aarón cuando él la arrojó?

Día 44
Sangre y ranas en Egipto
Éxodo 7:14–8:15

Dios le dijo a Moisés: «Faraón tiene un corazón duro. Él no dejará que mi pueblo se vaya. Lleva la vara que se convirtió en serpiente y ve al río Nilo.

Dile a Faraón que el Dios de los hebreos dice: "Deja ir a mi pueblo". Luego golpea el agua con la vara.

Esta se volverá sangre. Haz esto y Faraón sabrá que soy Dios».

Moisés y Aarón lo hicieron y el río Nilo se volvió sangre. Olía terrible y todos los peces murieron.

Había sangre en todos lados y no había agua para beber. Pero el corazón de Faraón continuaba endurecido.

Siete días después, Dios envió a Moisés y a Aarón de vuelta con Faraón. «Dios dice: "Deja ir a mi pueblo"», ellos le dijeron.

Pero él no lo hizo. Entonces Aarón sostuvo su vara sobre el río y salieron ranas que cubrieron Egipto.

Incluso se metieron en las camas y los hornos de la gente.

Faraón llamó a Moisés: «Pídele a Dios que se lleve las ranas. Entonces dejaré ir a Israel». Moisés lo hizo y todas las ranas murieron en un día.

Fueron apiladas en montones y olían terrible.

Pero Faraón endureció su corazón de nuevo y no dejó ir al pueblo.

Preguntas: ¿Por qué Dios hizo que el río se volviera sangre? ¿Por qué Dios se llevó las ranas?

Día 45
Los terribles días de Egipto
Éxodo 8:16–10:29

Faraón no dejaba ir al pueblo de Dios. Entonces, Aarón golpeó el suelo con su vara. Todo el polvo se volvió piojos que mordían a todos.

Pero eso no cambió a Faraón.

Pronto, enjambres de moscas llenaron Egipto. Faraón se suavizó.

«Pueden viajar una corta distancia. Adoren a Dios y luego regresen», dijo él. Entonces Dios se llevó a las moscas.

Pero luego, Faraón no dejó que el pueblo se fuera.

Entonces una terrible enfermedad hizo que todos los caballos, el ganado y las ovejas de Egipto murieran.

Dolorosas úlceras les salieron a los egipcios.

Pero Faraón no obedecía. Cayó granizo sobre Egipto y mató todo lo que estaba afuera. Langostas llegaron y se comieron todo lo que quedaba.

Finalmente, Egipto se oscureció durante tres días.

La gente no se podía ver y ni siquiera moverse.

Y faraón dijo: «Váyanse y adoren. Pero sus animales deben permanecer aquí».

«No –dijo Moisés–, debemos llevarnos nuestros animales para sacrificio».

«Entonces no pueden irse –respondió Faraón–. Te mataré si te vuelvo a ver».

«Eso es cierto –respondió Moisés–. Nunca más te veré».

Preguntas: ¿Por qué Faraón no dejaba ir al pueblo de Dios? ¿Por qué le sucedieron cosas terribles a Egipto?

Día 46
La Pascua de Dios
Éxodo 12:1–30

Ninguna de las cosas terribles que le habían sucedido a Egipto lastimaron a Israel.

Dios le dijo a Moisés: «En unos días todos se marcharán de Egipto. Prepárense para marcharse cuando llegue el tiempo.

Este mes es el comienzo del año nuevo para Israel –Dios continuó–. Deseo que cada familia encuentre un cordero perfecto. En el decimocuarto día del mes, ellos deben matarlo. Tomen su sangre y pónganla en el dintel de la puerta.

Debe haber sangre en cada puerta. Luego, asen el cordero y tengan un banquete. Cómanlo rápido y prepárense para viajar.

Esa es mi Pascua.

Yo pasaré por Egipto esa noche. El niño mayor de todas las familias morirá. La sangre de sus puertas será una señal. Cuando vea la sangre, pasaré por alto su casa. Sus hijos no morirán cuando golpee a Egipto. Siempre recuerden este día y conserven este banquete».

Israel hizo lo que se le ordenó. Esa noche llegó, y un gran clamor se oyó en todo Egipto.

El hijo mayor de cada casa murió. Pero Israel tenía la sangre del cordero en sus puertas. El ángel de destrucción los pasó por alto.

Preguntas: ¿Qué sucedía si había sangre en la puerta de la familia? ¿Por qué se llamó la Pascua de Dios?

Día 47
El éxodo de Israel
Éxodo 12:30–14:14

Faraón despertó esa noche y encontró a su hijo muerto. Todo Egipto estaba llorando. En cada casa, alguien había muerto. Faraón llamó a Moisés: «Llévate a Israel y aléjate de mi pueblo. Llévense todo lo que tengan y márchense».

Israel había vivido en Egipto 430 años. Seiscientos hombres comenzaron el éxodo esa noche.

Desde luego, ellos se llevaron consigo a su esposa y sus hijos.

Sus rebaños y sus manadas los siguieron. Ellos no olvidaron llevar el cofre de José. Cuando llegaron a Canaán, enterraron a José como habían prometido.

Dios era su líder. Israel podía ver al Señor delante de ellos. Durante el día había una gran nube como pilar. De noche, ellos veían un pilar de fuego. Entonces dijeron: «El Dios del cielo y la Tierra va delante de nosotros».

Esta gran nación viajó al sureste del mar.

Ellos siguieron a Dios en el pilar de nubes y de fuego.

Pero el Faraón lamentó dejarlos ir. ¿Quiénes serían sus esclavos? Él llevó a su ejército detrás de ellos.

Israel llegó al mar Rojo. Las montañas estaban de cada lado. Faraón y su ejército estaban cerca.

Entonces Moisés dijo: «Deténganse y miren cómo Dios los salvará».

Preguntas: ¿Por qué Israel se llevó el cofre de José? ¿Cómo dirigía Dios a Israel?

Día 48
Escape por el mar
Éxodo 14:15–30

Atrapado entre el ejército y el mar Rojo, Israel gimió. Moisés dijo: «El Señor peleará por ustedes», y levantó su vara sobre el mar. «Nunca más verán a los egipcios».

Toda la noche sopló un viento del este. El agua se partió en dos y el mar se secó. Israel pasó por el mar en tierra seca, siguiendo al Señor.

El agua formó dos paredes.

Los egipcios los persiguieron. Pero las ruedas se cayeron de sus carruajes, y ellos intentaron correr. Justo entonces, Moisés levantó de nuevo su vara.

El mar regresó y Egipto se hundió.

Preguntas: ¿Cómo peleó Dios por Israel? ¿Qué sucedió con el ejército egipcio?

Día 49
El canto de la victoria
Éxodo 15:1–25

Del otro lado del mar Rojo, Moisés escribió una canción. Se trata de la victoria de Dios sobre Egipto. A una voz, Israel entonó el canto.

Comienza así: Cantaré yo al Señor por su gloriosa victoria. Él echó caballo y jinete al mar. El Señor es mi fortaleza y mi cántico. Él se ha vuelto mi salvación.

Ahora estaban en un enorme desierto. A medida que viajaban, les dio sed. Encontraron un estanque, pero el agua estaba contaminada. Ellos estaban enfadados y lo llamaron Mara, que significa «amargo». Dios le dijo a Moisés: «Corta un árbol y arrójalo al agua». Esto hizo que el agua estuviera fresca.

Preguntas: ¿Por qué el pueblo estaba feliz y cantaba? ¿Por qué se enfadaron?

Día 50
Llueve comida del cielo
Éxodo 15:27–16:35

Luego de Mara, Israel llegó a un lugar de doce fuentes de aguas. Ellos descansaron debajo de setenta palmeras. Pero pronto llegaron a un desierto caluroso sin comida. Todos se quejaron con Moisés.

«Debimos haber muerto en Egipto –se quejaron ellos–. Eso habría sido mejor que morir en este desierto».

Dios también le habló a Moisés. «Haré llover comida del cielo para ustedes –le dijo–. Todos los días saldrán y recogerán suficiente para el día».

A la mañana siguiente, ellos vieron pequeñas hojuelas como escarcha en el suelo. «¿Qué es esto?», preguntaron.

«Este es el pan que Dios les ha dado –Moisés respondió–. Reúnan tanto como necesiten. No conserven sobras. Estas se pudrirán».

Mañana tras mañana reunían tanto como necesitaran.

Pero cuando el sol calentaba, se deshacía en el suelo.

Algunos intentaron conservarlo de la noche a la mañana.

En la mañana estaba apestoso y lleno de gusanos.

Israel llamó «maná» a esta comida, que significa: «¿Qué es?». Todos los días durante los siguientes cuarenta años, ellos comieron maná. Nunca padecieron hambre. El maná dejó de caer cuando Israel llegó a Canaán.

Preguntas: ¿Por qué Israel se quejó con Moisés? ¿De dónde venía el maná?

Día 51
Agua brota de una roca
Éxodo 17:1-7

El pueblo de Israel estaba viajando por un gran desierto. Era muy difícil hallar agua.

Sus hijos clamaban por agua. El pueblo le gritó a Moisés: «¡Danos agua! ¿Nos sacaste de Egipto para que muriéramos?».

Entonces Moisés clamó a Dios. «¿Qué debo hacer? Ellos podrían matarme por agua».

«Trae la vara que usaste en el mar Rojo –dijo Dios–. Yo estaré parado en la roca de Horeb. Golpea la roca con tu vara y fluirá agua de ella».

Moisés lo hizo y todo Israel bebió el agua.

Preguntas: ¿Por qué el pueblo le gritó a Moisés? ¿De dónde obtuvieron el agua?

Día 52
Moisés, Dios y el monte
Éxodo 19:1–24:18

La nación de Israel viajó durante tres meses.
Finalmente llegaron al monte Sinaí. Este gran monte se levanta en medio del desierto.

Está cerca del lugar donde Moisés vio la zarza ardiente.

Ahí, frente al monte, Israel acampó.

Dios le habló a Moisés desde el monte.

«No dejes que mi pueblo toque este monte. Es un lugar sagrado. Pronto me verán y vendrán a la cima del monte».

Tres días después, Israel subió al monte a encontrarse con Dios. Sinaí estaba envuelto en humo.

Dios había bajado en fuego. Todo el monte se sacudió violentamente y la gente se aterró.

Una trompeta sonó cada vez más fuerte.

Moisés habló con Dios y Dios le respondió en un trueno.

El pueblo pensó que moriría. «Ya no dejes que Dios nos hable», ellos rogaron.

Moisés entró en la nube y en la espesa oscuridad del monte.

Dios lo llamó a la cima del monte.

Dios y él hablaron durante cuarenta días.

Él le habló acerca de todas las leyes que Israel debía obedecer.

Dios le dio a Moisés dos tablas de piedra.

En esas tablas, Dios mismo había escrito los Diez Mandamientos.

Preguntas: ¿Cuánto tiempo estuvo Moisés en el monte Sinaí? ¿Qué le dio Dios ahí?

Día 53
Adorar a un becerro de oro
Éxodo 32:1-6

El pueblo de Israel se preguntó: «¿Qué sucedió con Moisés?».
Él había estado en el monte durante semanas.
Ellos hicieron algo extraño y malvado.
Se hicieron un dios.
Aarón dijo: «Quítense todos los pendientes de oro. Tráiganmelos».
Él derritió el oro y lo moldeó en la forma de un becerro.
«Este es su dios, oh, Israel –el pueblo gritó–. Te salvó de Egipto». Y Aarón construyó un altar para adorar al becerro. A la mañana siguiente comenzó una gran fiesta. El pueblo comió y bebió, y bailó todo el día.

Preguntas: ¿Israel le fue fiel a Dios mientras Moisés no estuvo? ¿El becerro de oro de verdad era un dios?

Moisés destroza el becerro de oro
Éxodo 32:7–34:4

«**A**presúrate a bajar del monte –el Señor le dijo a Moisés–. Tu pueblo ha hecho un ídolo y lo está adorando. Estoy a punto de destruirlos a todos».

«Oh, Señor, por favor, cambia de parecer –oró Moisés–. ¿Recuerdas a Abraham, a Isaac y a Jacob?

Tú prometiste que sus familias serían como las estrellas del cielo. ¿Qué hay de la tierra de Canaán que tú prometiste darles?». Entonces, el Señor cambió de opinión.

De camino abajo, Moisés podía escuchar la gran fiesta que había abajo. Se acercó al campamento y entonces pudo ver el becerro de oro y a la gente bailando.

Se llenó de ira y arrojó las dos tablas de piedra al suelo, y estas se quebraron.

Abriéndose paso por la multitud, Moisés arrancó el becerro de oro del altar. Lo destrozó, lo quemó hasta que quedó en cenizas. «¿Quién está del lado del Señor?», preguntó él. La tribu de Leví se levantó.

«Vayan por el campamento. Maten a los adoradores idólatras».

Los hombres de Leví asesinaron a 3,000 personas ese día.

Moisés oró que Dios perdonara a Israel. Entonces, Moisés subió al monte con dos nuevas tablas de piedra.

Preguntas: ¿Por qué Dios decidió no destruir a Israel? ¿Qué hizo Moisés con el becerro de oro?

Día 55
El resplandeciente rostro de Moisés
Éxodo 34:5–35:1

Por segunda vez, Moisés pasó cuarenta días con Dios. El Señor escribió sus leyes en las nuevas tablas y habló con Moisés.

Moisés bajó del monte con las tablas.

Él no sabía que su rostro brillaba de la luz de Dios.

Su rostro era tan resplandeciente que la gente no podía mirarlo.

Moisés habló con Israel acerca de las leyes de Dios. Él tuvo que cubrirse el rostro con un velo. La luz lastimaba los ojos de la gente al mirarlo.

Preguntas: ¿Qué estaba escrito en las tablas? ¿Por qué brillaba el rostro de Moisés?

Día 56
El tabernáculo de Dios
Éxodo 35:1–40:38

En el monte, Dios le dijo a Moisés el plan que tenía para Israel. Él le mostró a Moisés la manera de construir un tipo especial de tienda. En ella, la gente se encontraría con Dios. Esta tienda se llamaría el tabernáculo. Ellos también la llamaban la tienda de reunión.

Moisés requirió una ofrenda para el Señor. Todos llevaron oro y telas, piel fina, aceite y especias, maderas hermosas y piedras preciosas. Todo esto fue usado para construir el tabernáculo. Muchos de ellos eran carpinteros hábiles y diestros con las manos.

Ellos ayudaron a construir la tienda de reunión.

Esa fue una tienda costosa, grande y hermosa.

Fue elaborada con los mejores materiales, exactamente como el Señor la planeó. Sus paredes eran tablas cubiertas de oro.

Sobre ellas yacía la tienda. Era de tela de lino azul, escarlata y púrpura, y estaba cubierta de pieles y pelajes.

Afuera del tabernáculo se encontraba un altar de bronce para las ofrendas. En el interior había hermosas piezas de muebles especiales. El tabernáculo entero podía desarmarse y llevarse en los viajes de Israel.

Finalmente, Moisés y el pueblo terminaron el tabernáculo.

La nube que los dirigía fuera de Egipto cubría la tienda. La gloria de Dios llenaba el tabernáculo.

Pregunta: ¿Para qué se utilizaba el tabernáculo? ¿Cuál era el otro nombre del tabernáculo?

Día 57
El interior del tabernáculo
Éxodo 35–40

Dentro del tabernáculo había dos habitaciones: el lugar santo y el lugar santísimo. Toda la tienda medía cuarenta y cinco pies de largo, quince de ancho y quince de alto.

En el lugar santo había tres cosas: una mesa de oro con doce piezas de pan; un candelero con siete lámparas; y un altar para el incienso. El lugar santísimo se encontraba en la habitación interior. Solo el sumo sacerdote podía entrar en ese lugar. Ahí yacía el arca del pacto: una caja cubierta de oro. Dentro estaban las dos tablas de piedra.

Esta habitación era el lugar donde Dios moraba.

Preguntas: ¿Cuántas habitaciones había en el tabernáculo? ¿En qué lugar moraba Dios?

Día 58
Los sacerdotes de Dios
Éxodo 27:20–28:5

Dios decidió que Aarón y sus hijos serían sacerdotes. Ellos dirigirían la adoración y le servirían. El sumo sacerdote vestía una hermosa túnica y un sombrero. En su pecho se encontraba una cubierta de piedras preciosas. Los sacerdotes nunca llevaban zapatos.

Solo los sacerdotes podían entrar en la tienda de reunión.

Ahí, ellos llenaban las lámparas de aceite. Estas lámparas siempre estaban ardiendo. Ellos conservaban pan fresco en la tienda y quemaban incienso. Aarón y sus hijos eran miembros de la tribu de Leví. Los otros hombres de la tribu se convirtieron en ayudantes de los sacerdotes.

Preguntas: ¿Quién entraba en la tienda de reunión? ¿De qué tribu de Israel eran miembros los sacerdotes?

Día 59
El chivo expiatorio del pecado
Levítico 16:7–10

Una vez al año llegaba el día de la expiación. Se ofrecían sacrificios de animales especiales a Dios cada día. Estos tenían el propósito de llevarse los pecados de la gente.

En el día de la expiación había un ritual inusual.

Se escogían dos cabras. Estas cabras representaban al pueblo de Israel y sus pecados. Se mataba una cabra como un sacrificio a Dios por el pecado. La segunda cabra era la de la expiación. Esta era liberada en la naturaleza. Nunca podría encontrar su camino de regreso al campamento. Esto significaba que los pecados eran quitados y nunca regresarían.

Preguntas: ¿Para qué eran los sacrificios animales? La cabra expiatoria nunca regresaba al campamento. ¿Qué significaba esto?

Día 60
Espías en la tierra
Números 13:1–33

Israel acampó en el monte Sinaí durante casi un año.
Ellos construyeron un tabernáculo y Moisés les enseñó la ley de Dios. Finalmente, la nube de Dios se levantó del tabernáculo. Esta era una señal de que debía continuar con su viaje hacia Canaán.

Empacaron la tienda de reunión y siguieron a Dios.

El pilar de nubes era su guía en el día.

El pilar de fuego era su guía por la noche.

Finalmente llegaron y acamparon fuera de Canaán, en Cades.

Moisés eligió a un hombre de cada tribu, doce en total.

Él los envió a espiar Canaán. «Vayan y vean cómo es la tierra. Sean valientes y traigan un poco de fruta de la tierra».

Cuarenta días después, los espías regresaron. Dos hombres llevaban un gran racimo de uvas en sus hombros.

«En esta tierra fluye leche y miel –reportaron–. Pero la gente es fuerte y las ciudades son como fortalezas.

Los hombres son tan grandes que nos sentimos como pequeñas langostas».

El pueblo temió de lo que escuchó.

Se olvidaron de lo que Dios había hecho. Él había prometido darles Canaán; pero Israel se negó a entrar en la tierra.

Preguntas: ¿Qué trajeron de vuelta los espías? ¿Qué dijeron de Canaán?

Día 61
El largo viaje en el desierto
Números 14:1–45

El pueblo de Israel se estaba quejando. «Debimos haber muerto en Egipto o en el desierto. ¿Por qué Dios desea que muramos en guerra en Canaán?

Regresemos a Egipto». De pronto, la gloria de Dios brilló desde el tabernáculo. Dios habló: «¿Cuánto tiempo desobedecerá este pueblo y me despreciará?

Ellos no entrarán en Canaán. En cambio, morirán en el desierto.

Sus hijos crecerán y solo ellos entrarán en esta buena tierra.

Mañana deben regresar al desierto.

Vagarán ahí durante cuarenta años».

La gente cambió de parecer. «No –dijeron–. No regresaremos al desierto. Iremos directamente a la tierra ahora».

«Ustedes no deben entrar en Canaán –dijo Moisés–. Dios no irá con ustedes». Pero ellos se apresuraron a entrar en Canaán de todas formas. Las tribus que vivían ahí, los cananeos y los amorreos, los atacaron.

Muchos israelitas murieron. Entonces, finalmente regresaron al desierto.

Durante cuarenta años anduvieron en el desierto.

Los ancianos murieron y los jóvenes fueron capacitados como guerreros. Ellos regresaron a Cades, cerca de Canaán, donde comenzaron.

Preguntas: ¿Por qué el pueblo temió entrar en Canaán? ¿Cuánto tiempo viajaron por el desierto?

Día 62
Una serpiente hecha de bronce
Números 21:5–9

Una vez en el desierto, Israel se quejó contra Dios y Moisés. «¿Por qué nos sacaron de Egipto para morir? –se quejaron–. No tenemos agua y estamos hartos de comer maná».

Dios se molestó y envió serpientes venenosas al campamento. Ellas mordieron a mucha gente que después murió. Israel acudió a Moisés y dijo: «Hemos pecado».

Entonces Dios le dijo a Moisés que hiciera una serpiente de bronce.

«Colócala sobre un asta –Dios dijo–. Quien la mire no morirá».

Moisés lo hizo. La gente que era mordida por la serpiente miraba la serpiente de bronce y vivía.

Preguntas: ¿Por qué Dios envió serpientes venenosas? ¿Qué le dijo Dios a Moisés que hiciera?

Día 63
La muerte de Moisés
Deuteronomio 34:1–12

«Hoy cumplo 120 años –Moisés le dijo a Israel–. El Señor ha dicho que no entraré en Canaán. Entonces ha llegado mi tiempo de morir.

Pero el Señor irá a la tierra con ustedes.

Así que sean fuertes y valientes, y siempre guarden la ley de Dios. El Señor no les fallará ni los abandonará».

Moisés entonces entró en el tabernáculo con Dios.

El pilar de nubes permaneció sobre la puerta de la tienda.

Ese día, Moisés se marchó a solas del campamento. Lentamente subió el monte Nebo. Ahí pudo ver Canaán.

Dios le habló a Moisés. «Esta es la tierra que le prometí a Abraham, a Isaac y a Jacob.

Puedes verla desde aquí, pero no puedes entrar».

Y Moisés miró la tierra prometida al otro lado del río.

Él todavía estaba fuerte y sus ojos estaban sanos.

Pero se recostó en la montaña y murió tal como Dios deseaba. Nadie estuvo ahí para enterrarlo, así que Dios hizo el trabajo. Nadie sabe dónde está enterrado.

Nunca hubo nadie como Moisés.

El Señor lo conocía cara a cara. E Israel estuvo de luto treinta días.

Preguntas: ¿Por qué Canaán es llamada la tierra prometida? ¿Por qué murió Moisés?

Día 64
El acongojado Job
Job 1:1–2:8

Un hombre llamado Job vivía al este de Canaán. Él era muy rico y también era muy bueno.

Una vez, los ángeles estaban parados frente a Dios. Satanás estaba con ellos.

«¿Has visto a mi siervo Job? –Dios preguntó–. No hay nadie como él. Es intachable y recto, y rechaza la maldad».

«Quítale todo lo que tiene. Él te maldecirá», dijo Satanás.

«De acuerdo, Satanás –dijo Dios–. Haz lo que desees con él».

Pronto llegaron los problemas a Job. Sus animales huyeron o fueron asesinados junto con los pastores de Job. Luego, todos sus hijos e hijas fueron asesinados. Su casa se cayó encima de ellos. Todo esto sucedió en un día.

Job dijo: «Llegué a este mundo sin cosas.

Me iré igualmente sin nada. El Señor me dio todo; Él puede llevárselo. Bendito sea el nombre del Señor».

Dios le dijo de nuevo a Satanás: «¿Has visto a Job? Él es intachable y recto».

«Dame el poder de enfermarlo. Entonces veremos cuán bueno es».

«De acuerdo, Satanás –dijo Dios–, solo no lo mates».

Preguntas: ¿Qué clase de hombre era Job? ¿Qué hizo Job cuando perdió todo?

Día 65
La oración de Job
Job 2:7–42:17

Satanás hizo que llagas crecieran en el cuerpo de Job. Eso era muy doloroso. Pero Job no hablaría contra Dios. «Deberías maldecir a Dios y morir», le dijo su esposa.

«¿Deberíamos aceptar lo bueno de Dios y no lo malo?», él respondió.

Los amigos de Job pensaron que Dios había hecho que sucedieran cosas malas. «Tal vez Job ha hecho mal –dijeron ellos–, y este sea un castigo». Job no creyó esto. Él conocía la bondad de Dios.

«Ustedes no dicen la verdad sobre mí –Dios les dijo–, pero Job sí».

Entonces Job oró por sus amigos. Dios le regresó a Job el doble de lo que había perdido.

Preguntas: ¿Dios estaba castigando a Job? ¿Cómo le pagó Dios a Job lo que había perdido?

Día 66
Josué, Jericó y el río Jordán
Josué 1:1–2:1

Luego de que Moisés muriera, Dios escogió a Josué. «Debes tomar el lugar de Moisés y dirigir al pueblo de Israel. No esperes. Guíalos por el río Jordán. Yo les daré la tierra que les prometí a sus ancestros. Esfuérzate y sé valiente. Yo estaré contigo como estuve con Moisés».

Entonces Josué les dio órdenes a los líderes de Israel: «Díganles a todos que se preparen. En tres días cruzaremos el Jordán. Ustedes tomarán la tierra que Dios les ha dado». Israel mudó su campamento hacia el este del río Jordán.

En ese momento del año, el río estaba desbordado.

Solamente un hombre fuerte podía cruzar nadando, e Israel no tenía botes. Cruzando el río, el pueblo podía ver los fuertes muros de Jericó. Antes de que pudieran tomar la tierra, ellos tenían que tomar esta ciudad.

Josué eligió a dos hombres valientes y sabios como espías.

«Vayan y averigüen lo que puedan de Jericó y de la tierra de más allá». Entonces estos hombres nadaron por el río y entraron en Jericó. Pasaron la noche en la casa de una mujer llamada Rahab.

Preguntas: ¿Quién se convirtió en el nuevo líder de Israel? ¿Por qué sería difícil cruzar el río Jordán?

Día 67
La mujer con el cordón escarlata
Josué 2:7–24

El rey de Jericó escuchó sobre los espías de la casa de Rahab. Él envió soldados a capturarlos.

Rahab se apresuró a esconderlos. Ella entonces envió a los soldados a buscar en otra parte.

Antes de que los espías se durmieran, ella les dijo: «Yo sé que Dios les ha dado esta tierra. Prométanme que Israel no matará a mi familia».

«Te lo prometemos, porque tú nos has salvado la vida».

Rahab colgó un cordón escarlata en su ventana.

«Israel verá este cordón escarlata que cuelga de tu ventana —ellos dijeron–. Será una señal para que no te hagan daño».

Preguntas: ¿Qué le prometieron los espías a Rahab? ¿Cómo salieron los espías de Jericó?

Día 68
El Jordán se divide
Josué 3:1–17

Los espías de Josué y de Israel empacaron para viajar. Josué dio la orden y ellos se desplazaron hacia el salvaje río. Los sacerdotes dirigieron el camino cargando el arca del pacto.

Dios le dijo a Josué: «Los pies de los sacerdotes se pararán en el río. Entonces el agua que fluye se dividirá».

Así, los sacerdotes caminaron hacia el Jordán y el río se detuvo. Río arriba, el agua se juntó en un chorro. Toda la nación de Israel cruzó el río Jordán en tierra seca. Cuando los sacerdotes salieron, el río comenzó a fluir de nuevo.

Preguntas: ¿Cómo es que el pueblo pudo pasar por el río? ¿Quién entró primero en el río?

Día 69
El muro de Jericó se derrumba
Josué 6:1–27

Dios le dijo a Josué: «Te he dado la ciudad de Jericó». Él entonces le dijo a Josué cómo derrotar a la ciudad. Se hizo a la manera de Dios.

El ejército de Israel fue a la ciudad como si fueran a pelear.

Con ellos fueron los sacerdotes sosteniendo trompetas hechas de cuernos de carneros. El arca del pacto la llevaban consigo mientras marchaban. Durante seis días, mientras las trompetas sonaban, ellos marcharon alrededor de la ciudad una vez.

Al séptimo día, rodearon la ciudad siete veces.

Cuando Josué ordenó, ¡Israel gritó!

Luego, los muros de Jericó cayeron a una, y ellos tomaron la ciudad.

Preguntas: ¿Quién decidió cómo derrotar a Jericó? ¿Quiénes hicieron sonar las trompetas?

Día 70
Gabaón le miente a Israel
Josué 9:1–27

Las tribus de Canaán escucharon acerca de Israel en Jericó. Ellos se prepararon para pelear con los invasores. No lejos del campamento de Israel vivían los gabaonitas. Ellos sabían que no podían pelear con Israel, de manera que decidieron hacer la paz.

Los hombres de Gabaón se acercaron a Josué con ropas viejas y rasgadas. «Hemos venido de un país lejano. Las cosas que hiciste en Jericó son bien conocidas. Deseamos ser tus amigos y hacer la paz».

Josué y los ancianos de Israel le preguntaron a Dios qué hacer. Ellos aceptaron no destruir a los gabaonitas.

Más tarde, Josué se enteró de que sus ciudades estaban muy cerca. Al principio, los líderes de Israel estaban molestos. Ellos deseaban quebrantar el acuerdo con Gabaón.

Josué los llamo de vuelta al campamento de Israel.

«¿Por qué nos mintieron?», él preguntó. Los gabaonitas respondieron: «Escuchamos que Dios le había prometido esta tierra a Moisés. Temíamos por nuestra vida. Pero ahora estamos en sus manos. Hagan lo que deseen con nosotros».

Ese día, Josué les hizo que cortaran leña y cargaran agua para Israel. Desde entonces, el pueblo de Gabaón sirvió en el campamento de Israel.

Preguntas: ¿Qué error cometió Josué cuando los gabaonitas acudieron a él? ¿Qué les sucedió a los gabaonitas?

La guerra por Canaán
Josué 10:1–11:23

L a ciudad más grande cercana al campamento de Israel era Jerusalén.

Ahí, la gente adoraba ídolos, los cuales son dioses falsos. El rey de Jerusalén se unió con dos ciudades cercanas para destruir Gabaón.

«Ellos hicieron paz con nuestro enemigo, Israel», dijo él.

Pronto, el pueblo de Gabaón escuchó eso. Ellos fueron con Josué y le dijeron: «Ven rápidamente y ayúdanos.

Apresúrate antes de que sea demasiado tarde. Todo el país está acercándose a matarnos».

Josué se movió prontamente, y llamó a su ejército.

Toda la noche marcharon por las montañas.

De pronto, ellos se encontraron con los cinco reyes en Bet-horón.

Ahí pelearon una gran batalla. El enemigo se aterró y el Señor hizo caer granizo sobre sus ejércitos.

Israel destruyó a los ejércitos de los cinco reyes. Entonces Josué se dirigió hacia el norte para pelear ahí con los reyes. En las aguas de Merom, él venció a los reyes del norte.

Hubo seis grandes marchas y seis batallas en la guerra de Israel por Canaán. Tres sucedieron al este del río Jordán, mientras Moisés vivía. Josué ganó las batallas de Jericó, de Bet-horón y de Merom, al este del río. Pero pasaron muchos años antes de que Israel ganara la tierra.

Preguntas: ¿Qué adoraba el pueblo de Jerusalén? ¿Por qué Jerusalén deseaba atacar a Gabaón?

Día 72
La tierra es dividida
Josué 15:1–19:51

Dios le ordenó a Josué que dividiera la tierra entre el pueblo. Había doce tribus en Israel.

Una para cada uno de los hijos de Jacob.

Dos tribus y la mitad de otra ya habían recibido su tierra. Ellos vivían del otro lado del río Jordán. Esto dejaba a nueve y media tribus por recibir tierra.

Judá recibió la ciudad montañosa al oeste del mar Muerto. Simeón estaba al sur, hacia el desierto.

Benjamín estaba al norte de Judá, hacia el río Jordán.

En medio del país vivía la tribu de Efraín. Ahí Josué fue finalmente enterrado. Efraín era un hijo de José.

Josué vivió en Efraín, porque pertenecía a esa tribu.

Al norte de Efraín vivía la otra mitad de la tribu de Manasés. Cuatro tribus vivían en la parte septentrional de la tierra. Isacar estaba en el sur.

Aser vivía al oeste del mar. Zabulón estaba a la mitad, en las montañas. Neftalí estaba al norte, junto a lo que ahora es el mar de Galilea.

La tierra ya no se llamaba Canaán. Se llegó a conocer como la tierra de Israel.

Preguntas: ¿Cuántas tribus estaban en la nación de Israel? ¿Cuál era el nombre de la nueva tierra?

Las ciudades de refugio de Israel
Josué 20:1-9

Dios le dijo a Moisés que eligiera seis ciudades con un propósito especial. Estas debían ser ciudades de refugio.

A veces las personas mataban a los demás por accidente. Si esto sucedía en Israel, ellos podrían estar a salvo en estas ciudades. Esa era una ley de Dios que había sido dada por Moisés. Antes de eso, si alguien mataba a otra persona por accidente, ellos también eran asesinados. Los familiares del hombre muerto lo mataban sin importar si era un accidente.

Por ejemplo, si un hacha se resbalaba y mataba a un hombre, el hombre que sostenía el hacha tendría que pagar con su vida.

O podría haber un accidente de caza en el que un hombre era asesinado. El otro cazador sería asesinado por los familiares del hombre muerto. Pero la nueva ley de Moisés trajo justicia en esos casos.

Cuando un accidente tal ocurría, la persona inocente podía correr a una ciudad de refugio. Entonces, el hombre inocente viviría seguramente en la ciudad de refugio. Cuando el sumo sacerdote moría, él podía regresar a su primer hogar. Ahí podía vivir en paz sin temor.

De esta manera las leyes de Israel hacían que la vida fuera mejor.

Preguntas: ¿Cómo se les llamaba a las seis ciudades especiales? ¿Por qué alguien huía a una ciudad de refugio?

Día 74
El altar junto al río
Josué 22:1–34

Los de la tribu de Leví servían como sacerdotes para Israel. Ellos ministraban en el tabernáculo. Ellos no recibieron parte de la tierra; en cambio, recibieron ciudades.

El pueblo de Leví servía a Dios parte del año. Luego se iban a sus ciudades y trabajaban.

Josué hizo que el tabernáculo se estableciera en Silo, que se encontraba cerca del centro de la tierra. El pueblo iba a Silo tres veces al año para adorar. Era el único lugar donde Dios le permitía a Israel adorar.

Pero las tribus del este del Jordán estaban insatisfechas.

Tener dos lugares de adoración significaba que Israel estaba dividido.

Dios no deseaba eso. Las tribus casi se iban a guerra entre sí. Pero primero, las diez tribus preguntaron: «¿Por qué tienen ese nuevo altar?».

Las tribus del este del Jordán tuvieron una buena respuesta: «¿Ven que nuestro altar está de su lado del río?

Les mostraremos esto a nuestros hijos como un recordatorio. Ellos recordarán que Israel es un pueblo en dos lados de un río. Eso no es para adorar; es para recordar que el Señor es el Dios de todos».

Preguntas: ¿Por qué las diez tribus estaban molestas por el segundo altar? ¿Por qué las otras tribus lo establecieron?

Día 75
Los últimos días de Josué
Josué 23:1–24:33

Josué tenía más de 100 años. Entonces él llamó a los líderes de las doce tribus a que se reunieran.

Josué les habló en amor. Él les dijo que su historia comenzaba con Abraham. Les recordó todo lo que el Señor había hecho. «Ahora –dijo Josué–, teman al Señor. Sírvanle con todo su corazón».

El pueblo dijo: «Lo haremos».

Entonces Josué colocó una enorme piedra junto al roble de Siquem.

«Esta piedra representa el hecho de que Dios ha escuchado su promesa».

Josué murió a los 110 años. Israel sirvió a Dios mientras el pueblo recordó a Josué.

Preguntas: ¿Qué les dijo Josué a los líderes de Israel? ¿Por qué colocó una piedra?

Día 76
Israel se olvida de Dios
Jueces 1:1–3:7

Más adelante, todos los israelitas que conocían a Josué murieron. Los más ancianos adoraban a Dios, pero los más jóvenes se olvidaron de Él.

Dios le dijo a Israel que sacara a la gente que vivía en Canaán.

Pero Israel no lo había hecho. Los cananeos no adoraban al Señor; ellos adoraban ídolos y dioses falsos. Dios detesta eso.

Tristemente, Israel se olvidó del Dios de sus ancestros.

Ellos comenzaron a seguir a los dioses del pueblo que los rodeaba. Dejaron de adorar en el tabernáculo.

En cambio, adoraban a un dios llamado Baal.

Dios estaba muy enfadado por eso. Él dejó que Israel sufriera por ello. Los dejó, de manera que estaban indefensos.

Los enemigos de Israel los atacaron y les robaron.

Su grano, sus uvas, su aceite de oliva y sus animales desaparecieron.

A veces, durante sus sufrimientos, Israel recordaba a Dios y clamaba. Dios encontraba a alguien en Israel que sería su juez. Estos jueces eran sabios y fuertes, y salvarían a Israel. El pueblo se contentaba de nuevo y servía a Dios. Pero luego olvidaban lo que Dios había hecho y regresaban a sus ídolos. Esto sucedió muchas veces.

Preguntas: ¿Qué sucedió cuando Israel adoraba al dios falso, Baal? ¿Quiénes eran los jueces?

Día 77
Débora juzga a Israel
Jueces 4:1–7

Una de las juezas de Israel fue Débora. Ella fue la única mujer en juzgar a Israel.

El pueblo acudía a verla en el monte de Efraín.

Débora se sentaba debajo de una palmera, dando consejos y resolviendo problemas. Como los demás jueces, Débora tenía al Espíritu de Dios con ella.

Es por eso que la gente seguía su consejo.

Pero en el norte, un rey cananeo llamado Jabín atacó a Israel. Israel había dejado a Dios y estaba adorando a ídolos. Débora mandó llamar a Barac. «El Dios de Israel te ordena levantar un ejército.

Él te dejará vencer al ejército de Jabín».

Preguntas: ¿Por qué Israel seguía a Débora? ¿Por qué ella mandó llamar a Barac?

Día 78
La valentía de Débora y Jael
Jueces 4:8–24

Débora había hablado por el Señor. Pero Barac dijo: «No iré a la guerra a menos que vayas conmigo».

«Iré contigo –dijo Débora–. Pero tú no confiaste en Dios, de manera que no recibirás el honor de esta guerra. Dios le dará esta victoria a una mujer».

Juntos, ellos enviaron a llamar a los hombres del norte. Diez mil hombres se les unieron en el monte de Tabor.

Pero este era un ejército pequeño comparado con el de los cananeos.

Débora envió a Barac y a su ejército a atacar.

Los cananeos no tuvieron tiempo de prepararse. Ellos temieron y huyeron. Carruajes, hombres y caballos se pisotearon entre sí. El Señor hizo que el río se desbordara y muchos enemigos se hundieron ahí.

Sísara, el general cananeo, salió de su carruaje y huyó.

Él llegó a la tienda de una mujer llamada Jael.

Ella conocía a Sísera y lo invitó a entrar y lo escondió debajo de una manta. La batalla lo había agotado tanto que Sísera se quedó dormido.

Entonces Jael encajó una estaca de la tienda en la cabeza de Sísera y lo mató.

Débora y Jael fueron suficientemente valientes para liberar a Israel.

Preguntas: ¿Cómo ayudó el Señor a que Israel ganara la batalla? ¿Quién mató a Sísera?

Gedeón se encuentra con Dios

Jueces 6:1–32

El pueblo de Israel se volvió malo otra vez. Entonces el Señor los hizo sufrir por dejarlo.

Durante siete años, los madianitas atacaron la tierra. Ellos se llevaron la cosecha para que Israel no tuviera comida. El pueblo corrió de sus ciudades y campos para esconderse en cuevas. Ellos clamaron a Dios.

Un día, un hombre llamado Gedeón estaba trillando trigo en un lugar escondido. Al levantar la mirada, él vio a un ángel sentado junto a una encina. «Tú eres un poderoso guerrero, Gedeón –dijo el ángel–. El Señor está contigo. Ve y salva a Israel de Madián».

«Pero, señor, mi familia es la más débil de mi tribu. Yo soy el menor de mi familia. ¿Cómo puedo salvar a Israel?».

«Yo estaré contigo. Te ayudaré a sacar a los madianitas».

Entonces Gedeón supo que estaba hablando con Dios.

Él compró comida para una ofrenda y la colocó sobre una roca. El Señor la tocó con su vara.

Fuego salió de la roca y consumió la ofrenda.

Dios se desapareció.

Esa noche, junto con diez hombres, Gedeón destruyó la imagen de Baal. Luego construyó un altar y quemó una ofrenda para el Señor.

Preguntas: ¿Por qué Israel sufrió? ¿A quién vio Gedeón sentado en una encina?

Día 80
La señal del vellón de Gedeón
Jueces 6:33–7:1

El Espíritu del Señor vino sobre Gedeón. Él hizo sonar una trompeta y envió a los hombres a las tribus de Israel. «Vengan a ayudarnos a sacar a los madianitas», ellos gritaron. E Israel le envió guerreros a Gedeón.

Los madianitas vinieron contra Gedeón con un ejército poderoso. Desde las laderas del monte de Gilboa, Gedeón miró hacia el campamento de Madián.

«Oh, Señor Dios –oró Gedeón–, ¿me usarás para salvar a Israel?

Colocaré un vellón de lana en la era. Dame esta señal: mañana, el rocío estará sobre el vellón, pero no en el suelo.

Entonces sabré que venceremos a los madianitas».

A la mañana siguiente, el vellón estaba goteando de rocío. El suelo alrededor estaba seco.

«Oh, Señor, no te enfades conmigo –dijo Gedeón–. Pero dame una señal más. Mañana por la mañana, haz que el vellón esté seco y el suelo mojado de rocío.

Entonces no tendré duda alguna». A la mañana siguiente, el suelo estaba mojado y el vellón seco.

Entonces Gedeón y sus tropas se levantaron temprano y acamparon al norte del valle de Jezreel.

Preguntas: ¿Cómo supo Gedeón que Dios estaba con él? ¿Dios se molestó o fue paciente con Gedeón?

Día 81
El pequeño ejército de Gedeón
Jueces 7:2-15

El Señor le dijo a Gedeón: «Tu ejército es muy grande. La gente dice: "Ganaremos la victoria con nuestro propio poder". Envía a casa a quienes tengan miedo».

Veintidós mil se marcharon. Diez mil se quedaron para pelear.

Entonces el Señor dijo: «Todavía son muchas tropas. Llévalas a beber al manantial. Algunos sorberán el agua con su lengua. Otros se arrodillarán y tomarán el agua con sus manos».

Trescientos hombres lamieron el agua. El resto la tomó con las manos. «Usaré a los trescientos que lamieron para vencer a Madián –dijo Dios–. Los demás pueden marcharse».

Esa noche, Dios le dijo: «Ve al campamento del ejército. Escucharás lo que están diciendo. Esto te ayudará en la pelea».

En el enorme campamento de Madián, Gedeón escuchó que un soldado le contó a otro su sueño. «Soñé que una pieza de pan rodó en nuestro campamento. Golpeó la tienda y la derrumbó». Entonces el otro dijo: «Esa es la espada de Gedeón. Dios nos ha entregado a él».

Gedeón estaba alegre de escuchar que Madián tenía miedo.

Él le agradeció a Dios, regresó al campamento y se preparó para la batalla.

Preguntas: ¿Por qué Dios envió de vuelta a algunos del ejército de Gedeón? ¿Cuántos soldados había en el ejército de Gedeón?

Día 82
La victoria de Gedeón sobre Madián
Jueces 7:16–8:32

G edeón dividió a su ejército en tres partes. Cada soldado llevaba una trompeta y un cántaro de barro con una lámpara escondida dentro. En silencio, ellos avanzaron hacia el monte en la noche. Al extremo del campamento, ellos hicieron sonar sus trompetas. Luego se oyó que sus cántaros de barro se quebraron. Las lámparas proyectaron su luz. Los soldados gritaron: «¡La espada del Señor y de Gedeón!».

Los trescientos hombres permanecieron alrededor del campamento enemigo. Los soldados del campamento gimieron y huyeron. Los madianitas comenzaron a pelear entre sí.

Ellos se estaban matando mutuamente.

Gedeón llamó a los hombres de las tribus cercanas.

Ellos persiguieron a los madianitas. La tribu de Efraín detuvo a Madián en el río Jordán. Los príncipes de Madián, Oreb y Zeeb, fueron asesinados, y Madián nunca volvió a atacar a Israel.

Israel tuvo paz durante cuarenta años mientras Gedeón fue su juez.

El pueblo deseaba hacer a Gedeón su rey.

Pero Gedeón dijo: «No, el Señor Dios es el rey de Israel.

Nadie más que Dios gobierna estas tribus».

En distintos momentos hubo quince jueces sobre Israel.

Pero de todos ellos, Gedeón tuvo la mayor sabiduría, valentía y fe.

Preguntas: ¿Qué gritó el ejército de Gedeón? ¿Por qué Gedeón se negó a ser rey?

Día 83
La tonta promesa de Jefté
Jueces 11:1–40

Cuando Gedeón murió, Israel adoró ídolos otra vez. Los amonitas hicieron guerra con ellos. Esa era la sexta vez que Israel era oprimido. Jefté fue el hombre que los liberó.

Antes de ir a la batalla, Jefté hizo una promesa tonta. «Dios, dame la victoria. Entonces sacrificaré a quien me salude cuando llegue a casa».

Dios le dio a Jefté una gran victoria sobre Amón.

Cuando regresó, su única hija salió corriendo para saludarlo. Jefté clamó: «¡Oh, hija mía!

Debo cumplir mi promesa».

Su hija lloró durante dos meses; luego Jefté cumplió su promesa.

Preguntas: ¿Qué le prometió Jefté a Dios si ganaba la batalla? ¿Quién saludó a Jefté cuando llegó a casa?

Día 84
Sansón el hombre fuerte
Jueces 13:2–14:4

Con el tiempo, Israel comenzó a adorar ídolos de nuevo. Entonces, Dios los entregó a sus enemigos. Estos enemigos fueron los filisteos. Ellos adoraban a un ídolo llamado Dagón. Este dios tenía cabeza de pescado sobre el cuerpo de un hombre.

Los filisteos se llevaron todas las espadas y las lanzas de los israelitas, de manera que no pudieran pelear. Ellos le robaron sus cosechas a Israel, de manera que murieran de hambre.

El pueblo clamó a Dios, y Dios los escuchó.

Entre la tribu de Dan vivía un hombre llamado Manoa.

Un ángel se acercó a la esposa de Manoa y le dijo: «Tendrás un hijo. Cuando crezca, él salvará a Israel de los filisteos. Pero tu hijo no debe beber vino jamás. Su cabello debe crecer largo; él será un sacerdote nazareo».

El niño nació y se llamó Sansón. Él se convirtió en el hombre más fuerte que se menciona en la Biblia.

Él no dirigió a un ejército en la guerra como Gedeón. Las cosas que hizo para liberar a su pueblo las hizo solo.

Sansón conoció a una mujer filistea en Timnat. «La deseo para mi vida», le dijo a su padre. Esto no alegró a los padres de Sansón. Pero ellos no sabían que Dios usaría su matrimonio. Ayudaría a liberar a Israel de los filisteos.

Preguntas: ¿Qué diferencia había en Sansón? ¿Por qué sus padres no se alegraron de la esposa que eligió?

Día 85
El león lleno de miel
Jueces 14:5–9

Sansón fue a Timnat. Cuando iba pasando por un viñedo, un león le rugió.

Entonces, el Espíritu del Señor vino sobre Sansón.

Él despedazó al león con solo sus manos. Continuó su camino y no le contó a nadie acerca del león.

Más tarde, Sansón fue a Timnat para casarse.

Él se detuvo y miró el león muerto que estaba lleno de abejas y de miel. Tomó un poco de miel y la comió mientras caminaba. Sansón les dio un poco de miel a sus padres. Él no les dijo que provenía de un león muerto.

Preguntas: ¿De dónde sacó Sansón la fuerza para matar al león?
¿Qué encontró en el cuerpo muerto del león?

El enigma de la boda
Jueces 14:10-20

El banquete de la boda de Sansón duró toda una semana. Ahí, los filisteos se divirtieron diciendo enigmas.

«Tengo un enigma –dijo Sansón–. Si lo responden, les daré treinta vestidos de lino».

Ellos aceptaron. «Dinos el enigma».

Sansón les dijo el enigma: Del devorador salió algo que comer.

Del fuerte salió algo dulce.

Los filisteos no supieron la respuesta. Finalmente, fueron con la esposa de Sansón. «Pregúntale a Sansón la respuesta del enigma. Si no lo haces, te quemaremos en la casa de tu familia».

«Sansón, si me amas, me explicarás el enigma», su esposa rogó y clamó. Debido a que lo atosigó, él le dijo acerca del león y la miel.

La esposa de Sansón les dijo a los filisteos y Sansón tuvo que llevarles treinta vestidos de lino.

El Espíritu del Señor vino sobre Sansón. Él mató a treinta filisteos y tomó sus vestidos. Sansón estaba tan molesto que dejó a su esposa y regresó a vivir a su casa.

Preguntas: ¿Cómo supieron los filisteos la respuesta al enigma de Sansón? ¿Cómo obtuvo Sansón los vestidos de los filisteos?

Día 87
Mil murieron con una quijada
Jueces 15:9–16:5

Pronto, Sansón se fue a vivir bajo una peña llamada Etam. El ejército filisteo atacó a la tribu de Judá. «¿Qué quieren de nosotros?», preguntó Judá.

«Hemos venido a prender y a matar a Sansón», respondieron ellos.

Entonces, 3,000 hombres de Judá fueron a ver a Sansón.

«¿Por qué mataste a los filisteos –preguntaron ellos–. Nosotros sufrimos por lo que haces». Entonces, atando a Sansón con cuerdas nuevas, se lo llevaron. Los filisteos gritaron alegremente cuando vieron que les llevaban a Sansón. Pero no sabían lo que él estaba a punto de hacer. Sansón rompió las cuerdas nuevas como si fueran hilos. Tomó la quijada de un asno y comenzó a ondearla. Ese día, Sansón mató a mil filisteos. Después, él estaba tan sediento que estaba a punto de morir. Clamó a Dios y el agua brotó de la tierra.

Sansón se enamoró de otra mujer filistea.

El nombre de esa mujer era Dalila.

Los gobernantes filisteos deseaban detener a Sansón más que nunca. Ellos se acercaron a Dalila. «Averigua qué hace tan fuerte a Sansón. Si nos ayudas, te daremos 1,100 piezas de plata».

Preguntas: ¿Por qué los filisteos atacaron Judá? ¿Quién era la mujer de quien se enamoró Sansón?

Día 88
El secreto del hombre fuerte
Jueces 16:6–15

Tres veces Dalila le rogó a Sansón: «Dime el secreto de tu fuerza». Los filisteos no lograban atraparlo cada vez que lo intentaban.

«Átame con mimbres frescos», Sansón dijo.

Pero él las rompió como si fueran cuerda de estopa.

«Átame con cuerdas nuevas. Entonces perderé mi fuerza». Pero él rompió esas cuerdas como hilos.

«Teje mi cabello en tu telar con tela. Entonces seré como todos los demás». Mientras Sansón dormía, Dalila tejió. Pero cuando los filisteos intentaron atraparlo, Sansón rompió el telar.

«¿Cómo puedes decirme que me amas? –Dalila lloró–. Me mentiste».

Preguntas: ¿Por qué Dalila deseaba conocer el secreto de la fuerza de Sansón? ¿Crees que amaba a Sansón?

Día 89
Sansón pierde su fuerza
Jueces 16:16–22

Sansón estaba cansado de las súplicas y la insistencia de Dalila. Día tras día, ella le rogaba que le dijera el secreto de su fuerza. De manera que finalmente le dijo el misterio. «Nunca me han cortado el cabello –dijo él–. He sido un sacerdote nazareo para Dios desde mi nacimiento.

Si cortaran mi cabello, mi voto nazareo se rompería. Dios me dejaría y también mi gran fuerza».

Dalila sonrió. Finalmente tenía el secreto. Los jefes filisteos llegaron con dinero en las manos.

Esa noche, Sansón dormía con su cabeza en el regazo de ella.

Él estaba completamente dormido. Los filisteos cortaron discretamente el largo cabello de Sansón. Él comenzó a despertar, y toda su fuerza se fue. Entonces Dalila gritó: «¡Despierta, Sansón! ¡Los filisteos van detrás de ti!».

Sansón brincó, pensando: «Esta será como las otras veces. Me libraré de ellos». Él no sabía que el Señor lo había dejado.

Su cabello había sido cortado y su voto se había quebrantado. Los filisteos se llevaron prisionero fácilmente a Sansón y le sacaron los ojos.

Lo llevaron a Gaza. Encadenado con grilletes de bronce, Sansón se volvió moledor de piedras.

Preguntas: ¿Cuál era el secreto de la fuerza de Sansón: su largo cabello o su voto con Dios? ¿Qué le hicieron los filisteos a Sansón?

Día 90
La muerte de Sansón
Jueces 16:23–31

«¡Nuestro dios, Dagón, nos ha entregado a Sansón!», gritaron los filisteos, festejando. El templo de Dagón estaba lleno de 3,000 hombres, mujeres y niños.

«Traigan a Sansón para que nos entretenga», ellos se rieron.

Sansón llegó, actuó y descansó apoyado sobre los pilares del templo. Ahí oró: «Oh, Dios, acuérdate de mí y fortaléceme. Déjame vengarme con ellos por mis ojos». Él entonces apoyó su peso contra los pilares.

«Déjame morir con los filisteos», dijo él, empujando fuertemente.

El templo se derrumbó sobre los filisteos que estaban festejando.

Sansón mató a más filisteos en su muerte de los que había matado en toda su vida.

Preguntas: ¿Quién pensaron los filisteos que les entregó a Sansón? ¿Dios respondió la oración de Sansón?

Día 91
Rut acompaña a Noemí
Rut 1:1–22

Una hambruna golpeó la tierra cuando los jueces gobernaban Israel. Elimelec de Belén mudó a su familia a Moab. Luego de diez años ahí, Elimelec murió. Sus dos hijos se casaron con mujeres de Moab.

Pero luego murieron también. Entonces, la esposa de Elimelec, Noemí, y sus nueras, quedaron viudas.

Noemí escuchó que Dios había traído buenas cosechas a Israel y ella decidió regresar. Le dijo a cada una de las esposas de sus hijos: «Regresen a la casa de su madre.

Que Dios sea bueno con ustedes y les dé un nuevo esposo».

Las besó y lloraron juntas.

Una de las jóvenes viudas, Orfa, sí regresó con su familia. Pero la segunda, Rut, no dejó a Noemí.

«Mira –dijo Noemí–, Orfa regresó a su pueblo y a sus dioses.

Tú también vete».

«No hagas que te deje o que deje de seguirte –dijo Rut–. A donde vayas, yo iré. Donde vivas, yo viviré. Tu pueblo será mi pueblo, y tu Dios será mi Dios. Donde mueras, yo moriré, y ahí seré enterrada. Solo la muerte puede separarnos».

Noemí vio que Rut era firme. No dijo más y regresaron juntas a Belén.

Preguntas: ¿Por qué Elimelec mudó a su familia a Moab? ¿Por qué crees que Rut se quedó con Noemí?

Día 92
Rut conoce a Booz
Rut 2:1–9

El tiempo de la cosecha de cebada llegó a Belén. Cuando cosechaban los campos, los israelitas dejaban algo de grano.

Este grano se dejaba para los pobres y era recogido o recolectado más tarde.

Rut salió a recoger de los campos de un hombre llamado Booz. Él pertenecía a la familia de Elimelec, el esposo fallecido de Noemí. Booz estaba mirando la cosecha, cuando vio a Rut. «¿Quién es la joven que está recogiendo en el campo?», les preguntó a sus trabajadores.

«Ella regresó de Moab con Noemí», ellos respondieron.

Booz le dio agua a Rut y le rogó que se quedara en su campo.

Preguntas: ¿Qué es recoger? ¿Por qué Rut estaba en los campos?

Día 93
Rut, madre de reyes
Rut 2:10–4:22

«**E**scuché que saliste de Moab para venir aquí con Noemí –Booz le dijo a Rut–. Te has refugiado bajo las alas del Señor. Que Él te recompense».

Booz le dio comida a Rut para su almuerzo y habló con los recolectores. «Sean amables con ella. Dejen mucho grano para que ella lo recoja».

Esa noche, Rut le mostró a Noemí todo lo que había recogido.

Ella le dijo a Noemí acerca del hombre rico. «Él es pariente mío –Noemí le dijo–. Quédate en su campo hasta que termine la cosecha». Entonces Rut continuó recogiendo en los campos de Booz.

La cosecha terminó. Booz llevó a cabo un banquete en su trilladera. Luego del banquete, Rut se acercó a Booz.

Noemí le había dicho que esto debía hacer.

Rut habló con respeto. «Tú eres parte de la familia de mi esposo. Su padre fue Elimelec.

Por favor, sé bueno conmigo y con Naomí por ellos».

La ley de Israel decía que Booz podía incluir a Rut en su familia.

Booz pronto se enamoró de Rut, y se desposaron.

Ellos llamaron Obed a su hijo. Su nieto fue Isaí, el padre de David, el rey de Israel.

Así es como Rut, la viuda de Moab, se convirtió en madre de los reyes de Israel.

Preguntas: ¿Cómo recompensó Dios a Rut? ¿Quiénes fueron Booz y el nieto de Rut?

Día 94
Samuel se queda en la casa de Dios
1 Samuel 1:1-2:25

Un vez había un sacerdote y juez de Israel, llamado Elí. Él y sus hijos servían a Dios en el tabernáculo de Silo. Cada año, un hombre llamado Elcana y su familia, adoraban ahí.

Como muchos hombres de aquellos días, Elcana tenía dos esposas. Una tenía hijos. La otra, llamada Ana, no.

Ana a menudo lloraba, porque ella no podía tener hijos.

Un año en Silo, Elí vio a Ana orando fuera del tabernáculo.

«Oh, Señor –ella dijo–, mira cuán triste estoy. Acuérdate de mí y permíteme tener un pequeño niño. Te lo entregaré a ti como sacerdote nazareo».

El Señor escuchó la oración de Ana y le dio un bebé.

Ella lo llamó Samuel, que significa «pedido a Dios».

Cuando Samuel todavía estaba pequeño, ella lo llevó con Elí.

Ana le dijo al sacerdote: «Yo le pedí a Dios este niño. Se lo prometí al Señor para toda su vida. Deja que se quede aquí contigo y crezca en la casa de Dios».

Entonces el pequeño Samuel se quedó en Silo, ayudando a Elí, el anciano sacerdote. Los hijos de Elí eran sacerdotes, pero también eran bribones. Entonces Samuel fue un alivio para Elí.

Preguntas: ¿Por qué Ana llamó Samuel a su hijo? ¿Por qué Samuel fue el consuelo de Elí?

Día 95
Dios llama a Samuel
1 Samuel 3:1–10

Una noche, Samuel yacía descansando en el tabernáculo. El Señor lo llamó: «Samuel, Samuel».

«¡Aquí estoy! –dijo Samuel, y corrió a la habitación de Elí–. ¿Me llamó?».

«No –respondió Elí–. Regresa a la cama, hijo».

Lo mismo sucedió una segunda vez.

Samuel no conocía a Dios entonces, ni las palabras de Dios.

Entonces llamaron a Samuel una tercera vez. Finalmente, Elí comprendió que el Señor estaba llamando al chico.

Elí entonces le dijo a Samuel cómo responder.

El Señor vino y se quedó ahí, llamando como antes.

Samuel respondió: «Habla, Señor, tu siervo oye».

Preguntas: ¿Por qué Samuel no supo que Dios era quien lo estaba llamando? ¿En dónde estaba Samuel cuando escuchó a Dios que le llamaba?

Una maldición en la casa de Elí
1 Samuel 3:11-21

Esa noche, Dios le dijo a Samuel lo que estaba a punto de sucederle a la familia de Elí. «Comenzaré a actuar en Israel –el Señor le dijo–. Luego, cuando la gente lo escuche, les retiñirán los oídos. Estoy a punto de castigar a la familia de Elí para siempre. Elí sabe de la maldad de sus hijos. Ellos son una maldición para mí y roban mis sacrificios. Pero Elí no hace nada, de manera que los pecados de la casa de Elí nunca serán borrados».

Samuel permaneció ahí hasta la mañana. Luego se levantó y abrió las puertas de la casa del Señor.

Pero temía decirle a Elí lo que Dios le había dicho.

«Samuel, hijo mío», Elí llamó.

«Aquí estoy».

«¿Qué te dijo el Señor anoche? No me escondas nada».

Entonces Samuel le dijo a Elí todo lo que había escuchado.

«Este es el Señor –dijo Elí–. Que Él haga lo que bien le parezca».

Mientras crecía Samuel, el Señor estaba con él.

Todo lo que decía tenía significado. Todas las tribus de Israel sabían de Samuel. «Él es un profeta en quien se puede confiar», decían.

Preguntas: ¿Por qué Dios maldijo a la familia de Elí? ¿En qué era diferente Samuel a los hijos de Elí?

Día 97
El arca de Dios se extravía
1 Samuel 4:1-22

Anciano y ciego, Elí continuaba siendo sumo sacerdote y juez. En aquellos días, los filisteos hicieron guerra contra Israel. Más de 4,000 hombres murieron en la derrota de Israel.

«¿Por qué el Señor permitió que los filisteos ganaran?».

Los jefes de Israel no sabían acerca de la maldición de Elí.

«Traigamos el arca del pacto de Dios de Silo –decidieron–. Con ella, Dios estará entre nosotros y nos salvará».

Los dos hijos de Elí eran sacerdotes de Silo. Su trabajo era cuidar el arca del pacto. En cambio, ellos dejaron que los guerreros se la llevaran a la batalla.

El ejército de Israel gritó de gozo. El arca de Dios había llegado a su campamento. Pero cuando llegó la batalla, 30,000 soldados israelitas murieron. El arca fue capturada por los filisteos. Los hijos de Elí murieron en la batalla.

Sentado en la puerta de Silo, Elí esperó. Él estaba muy preocupado por el arca. Un hombre llegó apresurado de la batalla con la noticia: «Sus hijos murieron. El arca fue capturada». Al escuchar eso, Elí se cayó de espaldas.

Su cuello estaba roto y murió. Debido a que el arca fue capturada, la gloria de Dios se fue de Israel.

Preguntas: ¿Por qué llevaron el arca a la batalla? ¿Qué sucedió con Elí luego de escuchar las noticias de la batalla?

Israel pide un rey
1 Samuel 8:1-22

Luego de siete meses, los filisteos regresaron el arca del pacto. Samuel juzgo a Israel en paz. El pueblo rompió sus ídolos y sirvió al Señor. Pero las doce tribus deseaban un rey.

«Estás envejeciendo y tus hijos no pueden gobernar bien –le dijeron–. Elígenos un rey como las demás naciones».

Samuel no estaba feliz. Él temía que un rey alejara a Israel de Dios. Pero Dios dijo: «Haz lo que desean, Samuel.

Ellos no te van a dejar a ti, sino a mí, y lo han hecho desde que salieron de Egipto».

«Un rey alejará a tus hijos para que sean siervos y soldados –dijo Samuel–. Ellos trabajarán en sus campos y construyan armas de guerra. Él tomará tus mejores campos para sus amigos. Tus hijas cocinarán y servirán en su palacio.

Los mejores rebaños serán suyos y ustedes serán sus esclavos.

Un rey los hará sufrir y llorar».

Los ancianos rechazaron su consejo. «Deseamos ser como las demás naciones –ellos respondieron–. Danos un rey que nos gobierne y nos dirija en batalla».

Dios le dijo a Samuel: «Dales un rey». Entonces Samuel los despidió.

Preguntas: ¿Por qué Israel deseaba un rey? ¿Por qué Samuel no deseaba que Israel tuviera un rey?

Día 99
Dios elige al rey de Israel
1 Samuel 9:1-25

Saúl, un adinerado benjamita, era un joven alto y bien parecido. Saúl y un siervo estaban cerca de Zuf, buscando asnas perdidas. El siervo dijo: «Un profeta vive en esta ciudad. Él puede saber dónde están las asnas».

El día anterior, el Señor le habló a Samuel.

«Mañana, un hombre vendrá de Benjamín. Hazlo el rey de Israel. Él salvará a mucha gente de los filisteos». Cuando Samuel vio a Saúl subiendo la cuesta, Dios habló de nuevo.

«Este es el hombre del que te hablé ayer».

Saúl le preguntó a Samuel: «¿Dónde vive el profeta?».

«Yo soy el profeta –respondió Samuel–. Ven conmigo y comamos juntos. Y no te preocupes por las asnas.

Ya las encontraron. Sabes que Israel tiene su esperanza en ti y en la casa de tu padre?».

«Yo soy de Benjamín –respondió Saúl–. Esa es la tribu más pequeña de Israel. Mi familia es la más pequeña de Benjamín. ¿Por qué me dices eso?».

Pero Samuel llevó a Saúl al banquete, donde le dieron el mejor asiento. Su comida era lo mejor de todo lo que se sirvió.

Preguntas: ¿Por qué Saúl fue con Samuel? ¿Saúl pensó que era especial?

Día 100
Samuel unge al rey de Israel
1 Samuel 9:26–10:27

En la mañana, Samuel caminó con Saúl desde la ciudad. Al enviar por delante a su siervo, Samuel le dijo a Saúl: «Dios me ha dicho que te unja rey para reinar sobre Israel». Él entonces derramó aceite de oliva de una pequeña botella sobre la cabeza de Saúl.

«Así es como sabrás que es verdad: cuando viajes, irás a la tumba de Raquel. Ahí, dos hombres dirán: "Se han hallado tus asnas. Ahora tu padre te está buscando"».

Y así sucedió.

Luego de 300 años bajo los jueces, Israel tuvo su propio rey.

Preguntas: ¿Cómo supo Samuel hacer rey a Saúl? ¿Cómo lo hizo?

Samuel le entrega el reino a Saúl
1 Samuel 11:1–12:25

Había pasado un mes desde que Saúl fue ungido rey. Mientras tanto, los amonitas atacaron a Israel en Jabes. Las noticias se extendieron e Israel lloró.

Saúl escuchó el llanto mientras trabajaba con sus bueyes. «¿Qué sucede?», preguntó. «¿Por qué está llorando la gente?».

Le informaron a Saúl acerca del ataque contra Jabes.

Cuando Saúl lo escuchó, el Espíritu del Señor vino sobre él. La ira ardía en él como fuego. Rápidamente, cortó sus bueyes en trozos y los envió por Israel. Este era el mensaje de Saúl: «Acompáñenme a pelear con los amonitas.

Si no lo hacen, esto les sucederá a sus bueyes».

Más de 300,000 soldados acompañaron a Saúl a dispersar a los amonitas. Samuel vio la victoria de Saúl.

«Vayamos a Gilgal –Samuel le dijo al pueblo–. Ahí podemos establecer de nuevo el reino». Gilgal era donde Josué acampó la primera vez en Canaán.

Ahí, Samuel le entregó el reino a Saúl. Él le ofreció sacrificios a Dios, despidió al pueblo y relató su historia. «Siempre oraré por ustedes –dijo Samuel–. Sirvan fielmente al Señor. No sean malvados de nuevo. Si lo son, ustedes y su rey serán devastados».

Preguntas: ¿Qué estaba haciendo Saúl cuando escuchó sobre el ataque amonita? ¿Qué dijo Samuel que siempre haría por Israel?

Día 102
Saúl ofrece un sacrificio
1 Samuel 13:1–14

El pueblo esperaba que Saúl derrotara a los filisteos. Pero luego de dos años, los filisteos se habían fortalecido. El ejército de Saúl atacó una fortaleza filistea en Gabaa. Pero esto provocó que los filisteos enviaran jinetes y carruajes.

Había muchos soldados, ellos lucían como la arena junto al mar.

Saúl hizo sonar una trompeta, llamando así a los israelitas a pelear.

Muchos acudieron, pero llegaron con temor.

Saúl esperó siete días. Samuel debía llegar y ofrecer un sacrificio antes de la batalla. Pero no llegó a tiempo.

Saúl no sabía si podía esperar más tiempo. Muchos de su ejército se estaban marchando. Entonces, Saúl mismo quemó una ofrenda a Dios.

Justo entonces, Samuel llegó al campamento.

«¿Qué has hecho?», preguntó.

«Mis hombres se estaban dispersando –respondió Saúl–. Pensé que el enemigo podía atacar. Entonces yo mismo hice la ofrenda».

«Has hecho mal y no has guardado los mandamientos del Señor –dijo Samuel–. Si hubieras obedecido y confiado en Dios, estarías a salvo. Pero ahora Dios encontrará a algún otro hombre para cumplir su voluntad. Este será un hombre que busque al Señor con todo su corazón. Un día, Dios te quitará el reino y se lo dará a él».

Preguntas: ¿Por qué Saúl ofreció el sacrificio? ¿Qué dijo Samuel que sucedería por causa del sacrificio de Saúl?

Día 103
Dios quebranta el reino
1 Samuel 15:1–35

Saúl derrotó a los filisteos. Además, hizo retroceder a todos los enemigos de Israel. Finalmente, Israel tuvo paz.

Pero había una tribu más con que pelear. Dios deseaba que los amalecitas fueran completamente destruidos.

El ejército de Saúl demolió su ciudad, pero salvó a los animales para los sacrificios. Samuel escuchó esto.

Él le dijo a Saúl: «Dios desea tu obediencia más que tus sacrificios Él te ha rechazado como rey». Cuando Samuel se volteó para marcharse, Saúl asió y rasgó su túnica.

Entonces Samuel le dijo a Saúl por última vez: «Hoy, Dios te ha arrancado el reino y se lo ha dado a un hombre mejor».

Preguntas: ¿Qué es más importante para Dios que los sacrificios? ¿Qué le sucedió al reino de Saúl?

Día 104
David, el chico ungido
1 Samuel 16:1–12

Dios le habló de nuevo a Samuel: «Lleva aceite a Belén. Ahí ungirás al hijo de Isaí como el nuevo rey».

En Belén, Samuel le ofreció sacrifico a Dios.

Isaí y sus siete hijos estaban ahí. Samuel pensó: «Ungiré a uno de estos jóvenes». Pero Dios dijo: «Ellos son bien parecidos, pero no los deseo a ellos.

La gente solo mira la apariencia de los demás. Pero yo miro el corazón».

«¿Tienes otro hijo?», preguntó Samuel.

«Mi hijo menor, David, está con las ovejas».

Isaí envió a traer a David. Cuando llegó el muchacho, Dios dijo: «Úngelo. Este es».

Preguntas: ¿En dónde vivían Isaí y sus hijos? Los humanos miran la apariencia de los demás. ¿Qué mira Dios?

Día 105
David, el rey músico
1 Samuel 16:13–23

David tenía solo unos quince años, sus ojos eran brillantes y sus mejillas rosadas. Samuel lo ungió con aceite mientras sus hermanos mayores observaban.

El Espíritu de Dios estuvo con David a partir de ese día.

A la vez, Saúl se volvió triste. Él no estaba en paz con Dios.

Debido a que David tocaba bien el arpa, Isaí lo envió con Saúl.

Los siervos de Saúl pensaban que la música ayudaría a animar al rey. Saúl amaba a David. Su música le hacía sentirse mejor. Pero Saúl no sabía que Samuel había ungido a David. El chico que tocaba el arpa para Saúl era el futuro rey de Israel.

Preguntas: ¿Por qué Saúl estaba triste? ¿Por qué a Saúl le gustaba la música de David?

Día 106
David, el pastor guerrero
1 Samuel 17:1-45

Mientras Saúl era rey, los filisteos pelearon con Israel. Había un gigante filisteo llamado Goliat. Medía nueve pies de alto y era imposible pelear con él. Él desafió a cualquier israelita que peleara con Él: «¡Qué me mate! –Goliat gritó–. Entonces nosotros seremos sus siervos». Pero el ejército de Saúl tenía miedo. «¿Quién es este? –preguntó David–. No permitan que desafíe al ejército de Dios».

Con su vara de pastor en mano, David recogió cinco piedras para su lanza.

Él desafió a Goliat: «Tú vienes con espada.

Yo vengo en el nombre del Señor de los Ejércitos».

Preguntas: ¿Por qué el ejército de Saúl temía a Goliat? El gigante tenía una espada; ¿con qué dijo David que él venía?

Día 107
David, el mata-gigantes
1 Samuel 17:46–52

Goliat vio que David llevaba una vara de pastor. «¿Vas a pelear conmigo con un palo? –Goliat maldijo–. ¿Crees que soy un perro?».

«¡Dios me entregará tu vida hoy! –David gritó–. Te atacaré y te cortaré la cabeza. Las aves y los animales se darán un festín con el ejército filisteo. La Tierra sabrá que hay un Dios en Israel».

Entonces, corriendo hacia Goliat, David colocó una piedra en su lanza. Él arrojó la piedra en medio de la frente del gigante.

Goliat cayó muerto al suelo. Ese día, David ganó una gran batalla para Israel.

Preguntas: ¿Qué creyó Goliat que David usaría como arma? ¿Cómo mató David a Goliat?

Día 108
David, el rey en fuga
1 Samuel 17:57–22:5

David llegó a la tienda de Saúl, sosteniendo la cabeza de Goliat. Saúl no permitiría que David regresara a la casa de su padre. En cambio, David se convirtió en líder del ejército de Israel.

Su mejor amigo era el hijo de Saúl, Jonatán.

David era ganador en todo lo que hacía.

Todos, incluso los siervos de Saúl, estaban felices con él. Un día, el ejército de Saúl estaba regresando de la guerra. Las mujeres los recibieron danzando y cantando. Saúl había matado a sus miles y David a sus diez miles. Eso hizo que Saúl sintiera mucha rabia y envidia. Él deseaba muerto a David.

Con el tiempo, David tuvo que saltar de su ventana para escapar de Saúl.

A medida que huían de Saúl, David y sus hombres sintieron hambre. En el tabernáculo, se les dio pan del lugar santísimo. La espada de Goliat estaba ahí.

Entonces David la tomó para sí y se apresuró para continuar. Finalmente se escondieron en la cueva de Adulam, en Judá. Cuatrocientos hombres pobres y afligidos se unieron ahí a David. Él era su capitán.

David permaneció escondido hasta que Saúl murió.

Preguntas: ¿Por qué Saúl estaba enfadado y celoso de David? ¿Qué clase de hombres se unieron a David?

Día 109
David salva la vida de Saúl
1 Samuel 24:1–22

David huyó de los peñascos de las cabras monteses. Él se escondió de Saúl en una cueva oscura. Saúl llegó solo y descansó ahí. «Esta es tu oportunidad –susurraron los hombres de David–. Mata a tu enemigo».

«No lastimaré al rey ungido de Dios», dijo David.

En cambio, él se arrastró y cortó la orilla del manto de Saúl.

Saúl despertó. Cuando se marchó, David gritó: «Mi señor rey –agitó el pedazo de manto–, esto prueba que no deseo lastimarte».

Y Saúl comenzó a llorar. «Que el Señor te recompense con bien.

Ahora sé que serás rey de Israel».

Preguntas: ¿Por qué David no mató a Saúl? ¿Cómo supo Saúl que David sería rey?

Día 110
Saúl busca el espíritu de Samuel
1 Samuel 28:3-19, 31:1-2; 2 Samuel 1:1-27

Pasaron los años, Samuel murió, y Saúl estaba anciano, enfermo y solo. Los filisteos reunieron un enorme ejército para pelear contra Israel.

Saúl tenía miedo y no tenía idea de qué hacer. Él le preguntó al Señor, pero no obtuvo respuesta.

Saúl supo que una adivina vivía en Endor. Ella afirmaba conectarse con muertos. Saúl se disfrazó y fue a Endor en la noche.

«Has venir el espíritu de Samuel», dijo Saúl.

La adivina respondió: «Veo a un hombre anciano envuelto en un manto que sube de la tierra».

Dios permitió que el espíritu de Samuel le hablara a Saúl.

«¿Por qué has inquietado mi descanso», dijo él.

«¿Qué debo hacer? Los filisteos están en guerra y Dios no me responde».

«Te dije que Dios te ha quitado el reino. Mañana, tus hijos y tú estarán en la muerte conmigo».

Al día siguiente, hubo una enorme batalla en el monte Gilboa. Dos días después, David supo la noticia: «Saúl y sus hijos están muertos; la batalla se perdió».

David y sus hombres lloraron por Saúl, por Jonatán y por sus soldados.

Saúl había sido rey de Israel durante casi quince años.

Preguntas: ¿Por qué Dios no le respondió a Saúl? ¿Qué hizo David cuando escuchó que Saúl estaba muerto?

Día 111
David, el rey conquistador
2 Samuel 5:1–25

Saúl había muerto, pero David no se convirtió en rey. Algunos deseaban que el rey viniera de la familia de Saúl. Pasaron siete años. Israel todavía no tenía su verdadero rey. David tenía treinta años cuando Israel finalmente lo hizo rey.

Otra vez, los filisteos levantaron un ejército contra Israel. Ellos acamparon en el valle de Refaim, mientras David oraba. «Rodéalos –Dios respondió–. Escucharás marchas en las copas de los árboles. Esto significa que yo he ido a la batalla por delante de ti. Derrotaré al ejército filisteo». Ese día, David conquistó a los filisteos luego de 100 años de guerra.

Preguntas: ¿Qué hizo David mientras los filisteos estaban estableciendo su campamento? ¿Qué significaba el sonido de las copas de los árboles?

Día 112
David, el alegre danzarín
2 Samuel 6:1-23

El arca del pacto había estado escondida mientras Saúl gobernó. David decidió que era hora de llevarla a Jerusalén. Un carro nuevo fue construido para cargar el arca. Mientras rodaba hacia Jerusalén, David y los demás israelitas le seguían. Ellos cantaron, hicieron música y bailaron con todas sus fuerzas.

El tabernáculo fue establecido en el monte Sion.

Los sacerdotes cargaron el arca hacia la tienda de reunión y se quemaron ofrendas al Señor. Israel gritaba de gozo, y David usó toda su fuerza para danzar ante el Señor.

Preguntas: ¿Dónde estaba el arca cuando gobernaba Saúl? ¿Qué hizo David cuando el arca fue llevada a Jerusalén?

Día 113
El corazón de David para Dios
2 Samuel 7:1–29

Jerusalén llegó a ser conocida como la Ciudad de David. Ahí, los sacerdotes le ofrecían sacrificios a Dios todos los días en el tabernáculo. Durante largo tiempo, no habían adorado a Dios apropiadamente. Pero ahora, estos servicios se llevaron a cabo en Jerusalén.

David vivía en una hermosa casa de cedro en el monte Sion. Un día, él le habló al profeta Natán: «Mira esto.

Yo vivo en una casa de cedro. Pero el arca de Dios sigue estando en una tienda».

Esa noche, el Señor le habló a Natán: «Yo saqué a Israel de Egipto. Desde entonces, mi arca ha estado en la tienda de reunión. Nadie ha pensado en construirme una casa de cedro. Pero ahora David tiene pasión por construirme mi casa. Dile a mi siervo David "Yo te tomé del redil. Ahí seguías las ovejas. Yo te hice príncipe de mi pueblo, Israel. Te di un gran nombre y gran poder.

Ahora, te daré un reino.

Tu hijo se sentará en el trono después de tu muerte.

Él me edificará casa. Y tus hijos y sus familias tendrán el reino. Este durará para siempre"».

Preguntas: ¿Qué deseaba hacer David para Dios? ¿Qué le prometió Dios a David y a su familia?

Día 114
La muerte de Urías
2 Samuel 11:1–27

Cuando David se convirtió en rey, él fue a la batalla con su ejército. Más tarde, permaneció en su palacio mientras el ejército fue a pelear.

Una tarde, David estaba caminando sobre el tejado de su palacio. Él miró hacia un jardín cercano, y vio a una hermosa mujer. «¿Quién es esa mujer», él le preguntó a su siervo.

«Se llama Betsabé. Ella es la esposa de Urías».

Urías estaba fuera peleando en el ejército de David.

David envió por la esposa de Urías y habló con ella.

Él la amaba y deseaba que fuera su esposa. Pero Betsabé estaba casada con Urías.

David hizo un plan malvado. Él le escribió a Joab, el general del ejército de Israel. «Envía a Urías al frente de la batalla –David escribió–. Déjalo ahí en lo más recio de la batalla. Entonces Urías morirá».

Joab siguió las órdenes de David. Él envió a Urías a pelear cerca de los muros de la ciudad. Ahí, Urías murió.

Betsabé lamentó la muerte de su esposo algún tiempo.

Luego David envió por ella. Él llevó a Betsabé a su casa y se desposó con ella. Un bebé les nació. David amaba al niño. Pero a Dios no le agradaba lo que David le había hecho a Urías.

Preguntas: ¿Quién era Betsabé? ¿Por qué David deseaba muerto a Urías?

Día 115
«¡Tú eres ese hombre!»
2 Samuel 12:1–14

El Señor envió a Natán el profeta con David.
Él le contó esta historia: «Había dos hombres, uno rico y el otro pobre. El hombre pobre tenía una oveja que creció en su casa junto con sus hijos.

Un día, el hombre rico recibió un visitante para cenar.

Pero él no sirvió su propia carne. Le robó al hombre pobre y mató a su oveja para comer».

«¡Ese hombre debe morir!», dijo David.

«¡Tú eres ese hombre! –le dijo Natán–. Dios te hizo rey. Tú lo tienes todo, pero mataste a Urías.

Tú, tus esposas y tus hijos sufrirán por ello».

Preguntas: ¿Por qué David dijo que el hombre rico debía morir? ¿Qué dijo Natán que le sucedería a David debido a lo que le hizo a Urías?

Día 116
Una muerte y un nacimiento
2 Samuel 12:13-24

El regaño de Natán sorprendió y entristeció a David. «He pecado contra el Señor», dijo él.

«El Señor te perdona –respondió Natán–. No morirás. Pero el hijo de Betsabé morirá por lo que tú hiciste».

El bebé estuvo enfermo durante seis días. David no comió ni bebió. Al séptimo día, el bebé de Betsabé murió. Cuando el rey supo acerca de la muerte, se lavó y se vistió. «Mientras mi hijo tenía vida, yo no comí, solo lloré –dijo David–. "Quién sabe–, pensé–, quizá Dios salve a mi hijo". Pero ahora que está muerto, ¿por qué debería llorar? ¿Puedo traerlo de vuelta? Algún día estaré con él.

Pero él nunca regresará a mí».

Betsabé y David tuvieron otro bebé.

David lo llamó Salomón. Natán el profeta lo llamó Jedidías, que significa, «amado de Dios».

Natán había predicho que vendría sufrimiento a David por causa de Urías. Pronto, esto comenzó a suceder.

Muchos de los hijos de David se volvieron salvajes y malvados al crecer. Uno de ellos fue el hijo mayor de David, Absalón, un hombre apuesto con un hermoso cabello largo.

Preguntas: ¿Algún día David estará con su hijo otra vez? ¿Qué significa el nombre Jedidías?

Día 117
David en fuga otra vez
2 Samuel 13:1-15:23

El hermoso hijo de David, Absalón, se enfadó demasiado con Amnón. Ellos eran medio hermanos, ambos hijos de David. Amnón había sido cruel con la hermana de Absalón, Tamar. Absalón escondió su ira hasta el día que ofreció un banquete. Todos los hijos de David estaban ahí, incluso Amnón. Mientras estaban comiendo, los siervos de Absalón entraron de prisa y mataron a Amnón.

Los demás corrieron por su vida de vuelta con David. De camino, David escuchó la noticia. Pero le dijeron que todos sus hijos habían muerto. Él se rasgó la ropa y se lamentó. Absalón corrió hacia el otro lado y se escondió con sus abuelos.

David se lamentó por Amnón. Pero él amaba a Absalón, y luego de tres años, su hijo regresó.

Absalón deseaba ser rey y se hizo poderoso en Israel.

Un día, Absalón se reunió con sus seguidores en Hebrón, como si fueran a adorar. En cambio, él se autoproclamó rey de Israel.

«Absalón es muy amado por todos en Israel». Este reporte alarmó a David.

«¡Levántate! –dijo él–. Corramos o nunca escaparemos de Absalón». Entonces el rey y su casa se escaparon. La gente lloró cuando vio al rey escapar al desierto.

Preguntas: ¿Qué hizo mal Absalón? ¿Cómo se sintió la gente cuando vio a David huir de Absalón?

Día 118
La muerte de Absalón
2 Samuel 17:24-18:33

Al este del Jordán se encuentra Galaad. Es un lugar alto donde David pudo esconderse sin peligro. Ahí, un ejército se reunió alrededor del rey. No era tan grande como el ejército de Absalón, pero era igualmente valiente.

Mientras su ejército marchaba hacia la batalla, David dijo: «Sean gentiles con Absalón».

Los ejércitos pelearon una terrible batalla. Veinte mil hombres murieron. Los ejércitos se dispersaron por el bosque.

Absalón vio que su derrota se acercaba y partió para escapar.

De pronto, su cabello se atoró en las ramas de una encina, y quedó pendiendo del árbol.

Tres dardos había en las manos de Joab cuando encontró a Absalón. Estos atravesaron el corazón del hijo de David.

Absalón fue bajado del árbol y arrojado muerto en un hoyo. Sobre el hoyo construyeron un enorme montículo de piedras.

Mirando por las puertas de la ciudad, David pudo ver que alguien corría. «Este es el mensajero de la batalla», dijo él. El corredor se acercó. David le preguntó: «¿Absalón se encuentra bien?».

«Todos tus enemigos deben morir como él».

«Oh, mi hijo, Absalón –lloró David–. Desearía haber muerto en tu lugar. ¡Mi hijo! ¡Mi hijo!».

Preguntas: ¿Qué dijo David cuando su ejército marchó hacia la batalla? ¿Cómo se sintió David cuando supo de la muerte de Absalón?

Día 119
La tristeza de David
2 Samuel 19:1-8

El ejército del rey escuchó que David no estaba alegre de la muerte de Absalón. La gran victoria se volvió tristeza y dolor para los soldados.

David escondió el rostro. «¡Oh, mi hijo, Absalón, oh, Absalón, mi hijo, mi hijo!», Joab le dijo: «Este ejército te ha salvado la vida.

Tus hijos, tus hijas y tus esposas están a salvo.

Actúas como si amaras al que te odió. ¿Odias a los que te aman? Háblale amablemente a tu ejército.

Si no lo haces, estoy seguro de que vendrá sobre ti un desastre».

Entonces David le dijo palabras amables a sus tropas.

Preguntas: ¿Por qué estaban tristes los soldados? ¿Qué dijo Joab que había hecho el ejército?

Día 120
El lugar de la casa de Dios
2 Samuel 24:1-25; 1 Crónicas 21:1-27

David gobernó un reino espacioso y pacífico en Israel. Sus tierras abarcaban desde el Éufrates hasta la frontera de Egipto. Al oeste se encontraba el mar Mediterráneo. Al este, el gran desierto.

Entonces David cometió un pecado. «Entra en las tribus de Israel –ordenó Joab–, cuenta a la gente para que yo sepa cuántos son».

Joab sabía que esto estaba mal. Pero tenía que obedecer a su rey. Al Señor no le agradó lo que David había hecho.

Entonces envió una enfermedad a la tierra durante tres días. Setenta mil personas murieron. Un ángel destructor se quedó en la era de Arauna, listo para destruir Jerusalén. Pero Dios dijo: «¡Suficiente! No más».

Entonces el ángel le ordenó a David que ofreciera sacrificio ahí.

Arauna trilló en la cima del monte Moriah.

Arauna ofreció su tierra, sus bueyes y sus herramientas sin costo. En cambio, David pagó el precio completo.

Ahí, donde Abraham había ofrecido a Isaac mucho tiempo antes, David hizo sacrificio. Él clamó al Señor, y Dios le respondió con fuego. Él quemó los bueyes con las herramientas para trillar en el altar.

Luego David dijo: «Este es el lugar donde construiremos la casa de Dios. El altar de sacrificio de Israel estará aquí».

Preguntas: ¿Qué hizo David que desagradó a Dios? ¿En dónde ofreció David el sacrificio?

Día 121
Prepararse para la casa de Dios
1 Reyes 1:1–53; 1 Crónicas 22:1–19

David había encontrado el lugar donde construir la casa de Dios. En su corazón, David deseaba edificar el edificio. Pero Dios dijo: «Tú has sido un hombre de guerra. En muchas batallas has matado a muchos hombres. Mi casa será construida por un hombre de paz. Cuando mueras, tu hijo Salomón será rey. Habrá paz, y él edificará mi casa».

Entonces David reunió los materiales para el edificio. Preparó todo para que el templo de Dios fuera construido en el monte Moriah.

«Salomón –dijo él–, Dios prometió paz mientras tú fueras rey. Él estará contigo, y tú edificarás su casa».

David envejeció. Un día, Betsabé se le acercó.

«Rey David –dijo ella–, prometiste que Salomón sería el siguiente rey. Pero el hermano de Absalón, Adonías, ahora se está preparando para volverse rey».

«Betsabé –respondió David–, te prometo que tu hijo, Salomón, se sentará en mi trono. Prepara todo. Hoy haré rey a Salomón».

Salomón se convirtió en rey, y la gente se alegró.

Adonías escuchó el sonido de cantos y vítores que sacudían la tierra. Él temía que Salomón lo matara.

«Ve a casa, Adonías –dijo el rey Salomón–. Si eres honorable, vivirás».

Preguntas: ¿Por qué Dios no permitió que David le edificara su casa? ¿Qué hizo David para ayudar a edificar el templo?

Día 122
Salomón ora por sabiduría
1 Reyes 3:3–15

David gobernó Israel durante treinta años. Luego murió y fue enterrado en Jerusalén.

Salomón se sentó en el trono de David y su reino fue fuerte. Israel estuvo en paz.

Antes de que se construyera el templo, un altar yacía en Gabaón, al norte de Jerusalén. Salomón oró ahí y ofreció mil sacrificios. Una noche, el Señor vino a Salomón en un sueño. «¿Qué te gustaría que te diera?», le preguntó Dios.

Salomón dijo: «Soy solo un joven, Señor. No sé cómo gobernar a este gran pueblo. Dame sabiduría y conocimiento para distinguir lo bueno de lo malo».

Al Señor le agradó que Salomón hubiera pedido eso. «No me pediste una larga vida –dijo Dios–, ni pediste riquezas, victoria ni poder. En cambio, pediste sabiduría para juzgar a mi pueblo.

Entonces te daré más sabiduría que ningún otro rey.

Ningún otro gobernante será más sabio que tú.

Y ya que solo me pediste eso, te daré más.

Tendrás riquezas y honor. Ningún otro gobernante se comparará a ti. Obedece mis palabras, como tu padre, David, obedeció. Entonces tendrás una larga vida y gobernarás muchos años».

Preguntas: ¿Qué le pidió a Dios Salomón? ¿Qué más le dio Dios a Salomón?

Día 123
La sabiduría de Salomón
1 Reyes 3:16–28

Salomón pudo construirle a Dios un gran templo. Él también pudo juzgar con sabiduría los asuntos pequeños.

Un día, dos mujeres llegaron con un bebé. «Su bebé murió y ella lo cambió por el mío», dijo la primera.

«No, el bebé muerto es el tuyo», la otra argumentó.

«Mi hijo está vivo», dijo la primera. Ellas riñeron frente al rey.

«Traigan una espada –ordenó Salomón–. Dividan a este bebé. Cada una puede quedarse con la mitad».

«¡Dénselo a ella!». La primera mujer amaba al niño.

«No maten a mi hijo».

«Esta es la verdadera madre», Salomón decidió.

E Israel estaba asombrado de él.

Preguntas: ¿Cómo mostró su sabiduría Salomón? ¿Cómo mostró la mujer su amor por el bebé?

Día 124
El templo de Dios es edificado
1 Reyes 5:1–8:66

Lo más importante que hizo Salomón fue edificar el templo de Dios, el cual se encontraba en el monte Moriah, en Jerusalén.

Las piedras de los muros del templo fueron cortadas para encajar perfectamente. Los postes de cedro y las vigas fueron tallados y luego llevados a Jerusalén.

De manera que mientras se construía el templo hubo poco ruido. Fue diseñado muy similar al tabernáculo, pero mucho más grande.

Además, el templo no era una tienda. Estaba construido firmemente sobre piedra y madera de cedro.

En siete años, el templo fue completado. El arca fue colocada en el lugar santísimo. Salomón y el pueblo adoraron ahí.

Preguntas: ¿Dónde se encontraba el templo? ¿Cuál era la diferencia entre el templo y el tabernáculo?

Día 125
El reino de Salomón
Primera parte 1 Reyes 9:1–9

Una noche, después de terminado el templo, el Señor le apareció a Salomón: «He escuchado tu oración –Dios le dijo–, y he santificado esta casa.

Esta será mi casa, y yo moraré ahí. Camina conmigo como tu padre David lo hizo. Haz lo que yo deseo.

Entonces tu reino durará para siempre.

Pero si dejas de seguirme, yo abandonaré esta casa.

Dejaré que los enemigos de Israel destruyan el templo que me has construido».

Israel fue más grande que nunca con el rey Salomón.

Muchos países enviaron a sus príncipes a visitar a Salomón y ver sus riquezas. Ellos se asombraron con su sabiduría y entendimiento. Algunos dijeron que era el hombre más sabio del mundo. Salomón escribió muchos de sus dichos sabios en el libro de los Proverbios. Otros se han perdido. Se dice que escribió 1,000 canciones.

El palacio de Salomón se encontraba en el monte Moriah, debajo del templo. Tenía tantos pilares de cedro que parecía un bosque. Se le llamaba «la casa del bosque del Líbano». De ahí se levantaba una ancha escalera de piedra hacia el templo. Salomón utilizaba las escaleras cuando subía para adorar.

Preguntas: ¿Qué le estaba advirtiendo Dios a Salomón? ¿Qué decía la gente de Salomón?

Día 126
La reina de Sabá
1 Reyes 10:1–13

Sabá era una tierra al sur de Arabia, a mil millas de Israel. La reina de Sabá escuchó de la sabiduría de Salomón. Ella llegó a visitarlo con ricos obsequios. Mientras estuvieron juntos, ella le hizo a Salomón muchas preguntas difíciles.

Salomón las respondió todas. Él le mostró su glorioso palacio: su trono, a sus siervos, su comida y los escalones hacia el templo.

«Todo lo que he escuchado de tu sabiduría y grandeza es verdad –dijo ella–. Bendito sea el Señor que te ha puesto en el trono de Israel». La reina le dio grandes tesoros y regresó a Sabá.

Preguntas: ¿Qué tan lejos estaba Sabá de Israel? ¿Qué dijo la reina de Seba acerca de Dios?

El reino de Salomón
Segunda parte 1 Reyes 10:14–11:13

Hubo un lado oscuro en el reino de Salomón. Todos los hermosos edificios y el esplendor de su palacio costó dinero. Todo fue pagado por los altos impuestos sobre la gente. Muchos hombres trabajaron en los edificios y se convirtieron en soldados. Otros trabajaron en los campos de Salomón y eran sus siervos.

A Salomón no le importaban los pobres de Israel.

Tampoco amaba a Dios con todo su corazón.

Su reina era la hija del Faraón de Egipto.

Ella vivía en un hermoso palacio. Salomón tenía muchas esposas de países extranjeros. Cada una adoraba a ídolos en su casa. Para hacerlas felices, Salomón construyó un templo para los ídolos.

Alrededor de Jerusalén había imágenes de dioses falsos. Salomón mismo les ofrecía sacrificios.

Todo eso enfadó mucho al Señor: «Te quitaré el reino –le dijo Dios–. Se lo entregaré a tu siervo; pero no mientras vivas. Lo arrebataré de la mano de tu hijo. Solo quedará una tribu. Tu hijo gobernará porque tu padre David me amó».

El pueblo clamó contra Salomón. Él había dificultado su vida grandemente.

Preguntas: ¿Por qué el Señor se enfadó con Salomón? ¿Por qué Dios dejó una tribu para que la familia de Salomón gobernara?

Día 128
Israel es dividido
1 Reyes 11:42–12:20

Salomón gobernó a Israel durante cuarenta años. Luego murió y fue enterrado en Jerusalén. El hijo de Salomón, Roboam, se sentó como rey en el trono de David.

Pero él fue débil. Jeroboam, quien era el rival de Roboam, dirigió al pueblo. «No seas como tu padre, poniendo sobre la gente impuestos y trabajo en exceso, y podrás ser nuestro rey».

Roboam dijo: «En tres días, te lo haré saber».

Jeroboam y el pueblo esperaron tres días.

Roboam les preguntó a los sabios ancianos de su padre qué hacer.

«Sé sabio –le aconsejaron–. Haz lo que te piden».

Entonces Roboam habló con los tres jóvenes príncipes de Israel. «¿Cómo debo responderle al pueblo?», él les preguntó.

«Diles que tú eres mucho más fuerte que tu padre», le aconsejaron ellos.

Al tercer día, Jeroboam y el pueblo regresaron. Roboam ignoró el consejo de los ancianos. Él hizo lo que los jóvenes le dijeron que hiciera. Ese día, diez de las tribus de Israel se rebelaron e hicieron a Jeroboam su rey.

Preguntas: ¿Qué deseaba el pueblo que hiciera Roboam? ¿Roboam siguió el consejo de los ancianos o de los jóvenes?

El pecado de Jeroboam
1 Reyes 12:32–13:5

Jeroboam gobernó a las diez tribus del norte de Israel. Roboam era rey de la tribu de Judá y parte de la de Benjamín. Ellos vivían en Jerusalén y en el sur de Israel.

Todo Israel, los del norte y los del sur, adoraban en Jerusalén. «Mi pueblo continúa ofreciendo sacrificio en Jerusalén –dijo Jeroboam–. Ellos pueden regresar a Roboam y matarme». Él decidió hacer dos becerros de oro. «Aquí están sus dioses –le dijo a Israel–. Ellos los rescataron de Egipto». Jeroboam colocó un becerro en un altar en Be-tel. El otro lo colocó en Dan. Él hizo que el pueblo de Dios adorara a ídolos. A eso se le ha llamado el pecado de Jeroboam desde entonces.

Jeroboam estaba en Bet-el adorando a un dios falso.

Ese día, un profeta llegó de Judá. Él clamó: «Altar, altar, el Señor dice: "Un hombre llamado Josías vendrá de la familia de David. ¡Altar! Él quemará a los sacerdotes que adoren aquí. Esta es la prueba: el altar se dividirá en dos. Sus cenizas se derramarán"».

Con ira, Jeroboam intentó atrapar al profeta. Se estiró, e instantáneamente su mano se secó. Justo entonces, el altar se rompió y sus cenizas se derramaron.

Preguntas: ¿Por qué Jeroboam puso ídolos? ¿Cuál es el pecado de Jeroboam?

Día 130
El castigo de Jeroboam
1 Reyes 14:1-20

El hijo de Jeroboam, Abías, se enfermó gravemente. El rey le dijo a la mamá del niño: «Disfrázate. Nadie debe saber que eres mi esposa. Ve con el profeta Ahías y pregúntale si el niño se recuperará».

El Señor le dijo a Ahías: «La esposa de Jeroboam viene a verte. Dile lo que sucederá con su hijo».

«Bienvenida, esposa de Jeroboam –dijo el profeta–. Dile a Jeroboam que el Señor dice esto: Yo te hice líder de mi pueblo. Le arrebaté el reino a la familia de David para ti. Pero tú has hecho peor mal que cualquier otro rey. Estoy molesto porque hiciste dioses falsos. Entonces traeré mal a tu familia. Y todos tus hijos morirán. La familia de Jeroboam desaparecerá como estiércol».

Ahías continuó: «Mujer, ve a tu casa. Cuando tus pies entren en la ciudad, el niño morirá. Israel será tomado de su buena tierra. Serán dispersados a lo lejos por causa del pecado de Jeroboam».

Jeroboam reinó veintidós años en Israel y murió.

Su hijo, Nadab, se convirtió en rey.

Preguntas: ¿Por qué Dios estaba molesto con Jeroboam? ¿Qué dijo Dios que le sucedería a Israel por causa del pecado de Jeroboam?

Día 131
La historia de los reyes de Israel
1 Reyes 15:27–16:23

Uno de los siervos del rey Nadab fue llamado Baasa. Él conspiró contra Nadab, lo mató y se proclamó rey. Como Ahías lo profetizó, Baasa mató a la familia de Jeroboam, porque Jeroboam llevó al pueblo de Israel a la idolatría.

Dios envió a Jehú a que profetizara contra Baasa: «Yo te levanté del polvo. Te hice príncipe de Israel.

Pero tú viviste como Jeroboam e hiciste que Israel pecara.

Haré que tu familia sea como la de Jeroboam.

Todos serán destruidos».

Cuando Baasa murió, su hijo, Ela, se convirtió en rey.

El siervo de Ela, Zimri, lo asesinó a él y a su familia, e intentó convertirse en rey. En cambio, Omri y el ejército israelita lo atraparon en su palacio. Zimri lo prendió y lo quemó. Omri se convirtió en rey.

Como los otros reyes, Omri adoró a ídolos.

Pero su reino era fuerte e hizo paz con Judá. Omri construyó la ciudad de Samaria en un monte. En el sur, Jerusalén era la ciudad principal de Judá. Al norte, Samaria era la ciudad principal de Israel.

Después de Omri, llegó el peor rey de todos: Acab.

Su esposa, Jezabel, perseguía a los profetas de Dios y los mataba.

Preguntas: ¿Por qué las familias de Nadab y de Jeroboam fueron asesinadas? ¿Qué era Samaria?

Día 132
Elías el tisbita
1 Reyes 17:1–7

Cuando Acab era rey, un gran profeta salió de Galaad. Ese era Elías el tisbita. Él le dijo a Acab: «El Dios de Israel vive. Yo estoy con Él.

No habrá rocío ni lluvia si yo lo digo». Entonces, Elías se dirigió al Este y se escondió en el arroyo de Querit. «Cuando tengas sed, bebe del arroyo –Dios le dijo–. Les he ordenado a los cuervos que te alimenten cuando tengas hambre».

Los cuervos le llevaban a Elías carne y pan en la mañana y en la noche. Él bebía del arroyo. Pero pronto se secó, porque no caía lluvia en la tierra.

Preguntas: ¿Qué le dijo Elías a Acab? ¿Por qué se secó el arroyo?

Día 133
Elías y la viuda de Sarepta
1 Reyes 17:8–18

Ya que Elías no tenía agua, Dios le dijo: «Ve a vivir a Sarepta. Le he dicho a una viuda que te alimente». Entonces Elías se fue a Sarepta.

Él encontró a la viuda cerca de la puerta, recogiendo leña.

«Tráeme un poco de agua», le pidió él. Cuando la viuda iba por agua, Elías la llamó de nuevo.

«También tráeme un poco de pan».

La viuda respondió: «Estoy a punto de hornear un pan. Entonces toda mi harina y mi aceite se terminarán. Mi hijo y yo comeremos, nos sentaremos y moriremos».

«Primero hornéame un pan a mí –dijo Elías–. El Dios de Israel dice esto: "Tu harina y tu aceite durarán hasta que regrese la lluvia"». La viuda le creyó.

La tinaja de la harina nunca se vació. La vasija de aceite no se acabó. Esto sucedió exactamente como Elías dijo que sucedería.

Pero el hijo de la viuda se enfermó. Su enfermedad empeoró y empeoró hasta que dejó de respirar.

«¿Qué tienes contra mí, oh, hombre de Dios? –ella clamó–. ¿Viniste a recordarme mi pecado? ¿Eres tú la causa de la muerte de mi hijo?».

Preguntas: ¿Por qué la viuda le dio a Elías? ¿Qué le sucedió a su hijo?

Día 134
Elías revive al muerto
1 Reyes 17:19–24

El hijo de la viuda estaba muerto. Elías subió al chico a su habitación. «Oh, Señor –clamó–, ¿le has traído una tragedia a esta mujer al matar a su hijo?».

Él se tendió sobre el niño tres veces. Elías clamó: «¡Oh, Señor mi Dios! Que este niño viva». El Señor escuchó la voz de Elías; la vida del niño regresó.

Elías lo bajó. «Ves, tu hijo está vivo».

«Ahora sé que tú eres un hombre de Dios. Tú de verdad hablas las palabras de Dios».

Preguntas: ¿Qué hizo Elías para regresarle la vida al chico? ¿Qué le dijo la viuda?

Día 135
Los sacerdotes de Baal gritan frenéticamente
1 Reyes 18:1-29

No cayó lluvia durante tres años. Entonces Dios le dijo a Elías: «Ve a visitar a Acab. Yo enviaré lluvia de nuevo». Mientras tanto, Abdías, quien estaba a cargo del palacio de Acab, buscó agua. De camino, él se encontró con Elías.

«¿Eres tú, Elías?».

«Sí, soy yo –respondió Elías–. Dile a Acab que estoy aquí».

Acab vio a Elías y dijo: «¿Es ese el hombre que le ha traído tantos problemas a Israel?».

«Tú provocaste esta sequía, Acab –le dijo Elías–. Tú dejaste a Dios para adorar a Baal. Que los 400 sacerdotes de Baal y los 450 profetas de Asera vengan al monte Carmelo».

En el monte, Elías anunció: «Ustedes deben decidir: seguir a Baal o a Dios el Señor. Traigan dos bueyes; uno para los sacerdotes de Baal, y uno para mí. Los cortaremos y los colocaremos en un altar. Entonces ustedes clamarán a su dios; yo clamaré al Señor. Quien envíe fuego sobre el altar será el Dios de Israel».

Los sacerdotes de Baal colocaron su buey sobre el altar y clamaron a Baal toda la mañana. «Oh, Baal, respóndenos». Elías se rió. «Quizá su dios esté dormido o esté paseando por ahí». Los sacerdotes gritaron frenéticamente hasta pasado el mediodía, sin respuesta.

Preguntas: ¿Cómo es que Acab provocó la sequía en Israel? ¿Qué sucedió cuando los sacerdotes clamaron a Baal?

Día 136
El fiel profeta de Dios
1 Reyes 18:30–39

Elías construyó un altar de doce piedras. Cada piedra representaba una de las tribus de Israel.

El buey y la leña fueron colocados encima. Él cavó una zanja alrededor del altar. Elías ordenó tres veces que derramaran agua sobre el altar. Todo estaba empapado y la zanja estaba llena. Elías oró: «Oh, Dios de Abraham, de Isaac y de Israel, muéstrales que tú eres el Dios de Israel. Trae su corazón de vuelta a ti».

De pronto, fuego cayó del cielo y quemó la ofrenda.

Cuando la gente lo vio, cayeron gritando: «¡El Señor es Dios!».

Preguntas: ¿Qué representaban las doce piedras del altar de Elías? ¿A quién oró Elías?

Día 137
Dios habla en el silencio
1 Reyes 18:40–19:18

La ofrenda de Elías se quemó, el agua se evaporó y él mató a los sacerdotes de Baal. «Cuando Elías oró, ¡llovió!», el rey Acab exclamó. Jezabel le envió un mensaje a Elías: «Te haré como uno de los sacerdotes de Baal».

Elías corrió por su vida. «Toma mi vida, Señor –Elías dijo con desaliento–. No soy mejor que nadie más».

Luego se quedó dormido debajo de un enebro.

Un ángel lo tocó, diciendo: «Despierta y come».

Cerca había pan caliente y agua fresca. Elías comió, luego viajó cuarenta días a una cueva en el monte Horeb. «Oh, Dios –oró él–, Israel te ha dejado, los profetas están muertos y tus altares desechos.

Yo estoy aquí, pero ellos desean matarme».

«Ve al monte –le dijo Dios–, yo pasaré por ahí».

El viento sopló tan fuertemente que destruyó las rocas. Pero Dios no estaba en el viento. Luego vino un terremoto. Dios no estaba ahí. Luego fuego. Dios no estaba en el fuego. Finalmente, hubo un silencio apacible, y Dios habló: «Habrá siete mil en Israel que no han adorado a Baal».

Preguntas: ¿En dónde se escondió Elías de Jezabel? Dios no se presentó ni en el viento, ni en el fuego. ¿Cómo se le apareció a Elías?

Día 138
Elíseo y el manto del profeta
1 Reyes 19:15–21

Dios le habló a Elías en el silencio. «Encuentra a Eliseo, el hijo de Safat. Úngelo para que sea profeta en tu lugar. De camino, unge a Hazael en Damasco como rey de Siria. Luego, unge a Jehú, el hijo de Nimsi, como rey de Israel. Elías matará a quien logre escaparse de la espada de Jehú. A pesar de estas muertes, quedarán siete mil que no han adorado a Baal. Ellos no se han inclinado para besar las imágenes de Baal». Entonces Elías se dirigió al monte Horeb. Ahí encontró a Eliseo trabajando en los campos de Abel-menola. Doce yuntas de bueyes jalaban su arado. Elías pasó por ahí y tiró su manto sobre los hombros de Eliseo. Eliseo supo que había sido hecho profeta como Elías. «Déjame besar a mi madre y a mi padre. ¡Luego yo te seguiré!».

«Regresa, entonces –Elías le dijo–. Si debes hacerlo, yo no te he hecho nada».

Luego Eliseo mató a sus bueyes e hizo una fogata con las yuntas y el arado. El pueblo comió la carne dorada de los veinticuatro bueyes. Eliseo nunca araría de nuevo. Él siguió a Elías por el camino, con el manto del gran profeta. Eliseo se convirtió en el siervo de Elías.

Preguntas: ¿Cuántos bueyes jalaban el arado de Eliseo? ¿Qué colocó Elías sobre los hombros de Eliseo?

Día 139
Un asesinato por una viña
1 Reyes 21:1–29

Junto al palacio de Acab se encontraba una viña que le pertenecía a Nabot. «Déjame comprarte tu viña –dijo Acab–. Deseo plantar legumbres ahí».

«Esta viña era de mi bisabuelo –respondió Nabot–, no la venderé».

Jezabel escuchó que Acab estaba enfadado. Él no podía tener la viña de Nabot. Ella conspiró, hizo que mataran a Nabot y llamó a Acab. «Toma el viñedo de Nabot –le dijo ella–. Él está muerto».

Acab y Jezabel caminaron hacia la viña.

Elías apareció. «Dios hará tu familia como la de Jeroboam –dijo él–. Serán destruidos por lo que tú has hecho. Y a ti, Jezabel, los perros roerán tus huesos en Jezreel».

Preguntas: ¿Por qué Nabot no deseaba vender su viña? ¿Por qué Dios estaba enfadado con Acab y Jezabel?

Día 140
El viaje final de Elías
2 Reyes 2:1-8

Acab murió cobardemente en una batalla con Siria. Su hijo, Ocozías, gobernó en su lugar. Después de dos años, él se cayó de una ventana en su palacio y murió.

Ya que Ocozías no tenía un hijo, su hermano, Joram, se convirtió en rey. Elías y Eliseo estaban de camino a Gilgal.

«El Señor me ha enviado a Bet-el –le dijo el profeta a Eliseo–. Quédate aquí».

«Vive Dios que no te dejaré». Eliseo sabía que Elías pronto sería llevado por Dios.

Luego llegaron a Jericó. Algunos de los seguidores de Elías se acercaron a Eliseo. «¿Sabes que hoy Dios se llevará a tu maestro de tu lado», ellos preguntaron.

«Sí, lo sé –el respondió–. Guarden silencio».

Elías dijo: «Quédate aquí. Dios me ha enviado al río Jordán». Pero Eliseo se negó a marcharse. Juntos, caminaron hacia el río Jordán. Cincuenta de los seguidores del profeta se quedaron observando de cerca. Elías se quitó su manto, lo enrolló y golpeó el agua con este. El río se dividió y los dos profetas cruzaron en tierra seca.

Preguntas: ¿Por qué Eliseo no dejó a Elías? ¿Qué sucedió cuando Elías golpeó el río con su manto?

Día 141
Elías sube en un torbellino
2 Reyes 2:11–12

«Dime, Eliseo, ¿qué puedo hacer por ti antes de que me lleve?», Elías le preguntó.

«Por favor, dame una doble porción de tu espíritu», dijo Eliseo.

«Eso es difícil. Pero si me miras mientras me voy, es tuya».

Los dos profetas continuaron caminando y hablando. De pronto, un carro de fuego halado por caballos de fuego los dividió. Elías subió al cielo en un torbellino.

Elías observó, clamando: «¡Padre, Padre! ¡Los carros de Israel y gente de a caballo!». Cuando perdió de vista a Elías, Eliseo se rasgó la ropa en duelo.

Preguntas: ¿Qué deseaba Eliseo de Elías? ¿Qué clamó Eliseo cuando Elías estaba subiendo al cielo?

Día 142
«Eliseo tiene el espíritu de Elías»
2 Reyes 2:13-22

El manto de Elías se quedó cerca. Se había caído de sus hombros en el torbellino. Eliseo lo recogió, caminó de regreso y permaneció en la ribera. Tomó el manto y golpeó el agua. «¿Dónde está el Señor, el Dios de Elías?», dijo él. Otra vez, el río se dividió y Eliseo caminó por en medio en tierra seca.

Al otro lado, los seguidores del profeta estaban esperando. «Eliseo tiene el espíritu de Elías», ellos declararon y se inclinaron ante Eliseo. «Déjanos enviar a cincuenta hombres a buscar a tu maestro.

Quizá se haya caído en el valle».

«No, no los envíen», respondió Eliseo. Pero ellos le insistieron hasta que él cedió y dijo: «Envíenlos».

Ellos buscaron durante tres días, pero no encontraron a Elías. Cuando regresaron, Eliseo dijo: «¿No les dije que no fueran?».

La gente de Jericó vino a Eliseo. «Esta ciudad es hermosa –dijeron–. Pero el agua es mala y la tierra no nos da fruto».

«Tráiganme una vasija nueva y llénenla de sal». Arrojando la sal al manantial de la ciudad, Eliseo dijo: «El Señor dice: "He sanado esta agua. Ninguna enfermedad ni la muerte saldrán de ella otra vez"». Jericó ha tenido buena agua desde entonces.

Preguntas: ¿Por qué se dividió el río para Eliseo? ¿Por qué los hombres no pudieron hallar a Elías?

Día 143
Las obras de poder de Eliseo
2 Reyes 4:1-7; 6:1-7

Eliseo viajó por Israel visitando a la gente.

Un día, una mujer se le acercó: «Mi esposo está muerto –dijo ella–. Tú sabes que él temía al Señor; pero debía dinero cuando murió. Ellos desean llevarse esclavos a mis hijos como pago».

«¿Tienes algo para pagarles?», le preguntó Eliseo.

«Todo lo que tengo es una vasija y aceite».

«Ve y pide prestadas tantas vasijas como puedas. Llena las vasijas con aceite».

Los vecinos llevaron vasijas, y ella continuó derramando aceite. Todas las vasijas que pudieron encontrar fueron llenas.

«Ve a vender el aceite y paga tus deudas –le dijo el profeta–. Tus hijos y tú vivan con el resto».

Algunos hombres estaban cortando leños en el río Jordán. Mientras uno trabajaba, su hacha se cayó en el agua.

Él clamó: «¡Maestro, es un hacha prestada!». En aquellos días, era difícil conseguir hierro. Eliseo arrojó un palo al agua. El hacha flotó como si fuera madera.

Tales sobras de poder le demostraron a Israel que Eliseo era un profeta de Dios.

Preguntas: ¿Cómo pagó el dinero que debía la mujer? ¿Qué le demostraron a Israel las obras de poder de Eliseo?

Día 144
Eliseo sana a un gran leproso
2 Reyes 5:1–27

El gran líder del ejército sirio, se llamaba Naamán. Él tenía una terrible enfermedad en la piel, llamada lepra. Una chica israelita era la esclava de Naamán.

«Eliseo podría sanar a mi maestro», dijo ella.

Pronto, Naamán viajó a la casa de Eliseo en Samaria. Él envió a su siervo, Giezi, a encontrarse con Naamán.

«Eliseo dice: "Lávate en el río Jordán siete veces. Tu piel se limpiará"».

«¿Por qué no salió Eliseo?», se quejó Naamán, y se marchó enfurecido.

Los siervos de Naamán dijeron: «Maestro, quizá el profeta le hubiera dicho que hiciera algo difícil.

¿No lo habría hecho? Todo lo que Eliseo dijo fue: "Lávate y sé limpio". ¿Por qué no hacerlo?».

Entonces Naamán fue al río y se bañó. Su piel quedó como la de un niño. Luego regresó con el profeta.

«Sé que hay un Dios en Israel –dijo él–. Toma este obsequio por lo que has hecho».

Eliseo rechazó el obsequio.

A medida que se marchaba la caravana, Giezi seguía.

«Eliseo necesita el obsequio ahora», mintió, tomando el oro. Pero Eliseo supo, y Giezi se marchó lleno de lepra.

Preguntas: ¿Qué sanó la lepra de Naamán? ¿Por qué Giezi contrajo lepra?

Día 145
Los carros de fuego de Israel
2 Reyes 6:8–23

Siria e Israel estuvieron en guerra toda la vida de Eliseo. El rey de Siria pensó que había un espía en su ejército. Pero le dijeron: «No hay ningún espía; es Eliseo el profeta».

«¿Dónde está?», preguntó el rey.

«Está en Dotán».

Caballos, carros y un gran ejército fueron enviados a capturar a Eliseo. De noche, ellos rodearon la ciudad.

El siervo de Eliseo se despertó temprano. Había caballos y carros alrededor. «¡Ay, no! –gritó–. Maestro, ¿qué debemos hacer?».

«No temas –lo tranquilizó el profeta–. Son más los que están de nuestro lado que los que están con ellos». Entonces, Eliseo oró: «Señor, por favor ayuda a mi siervo a ver».

Él vio montes llenos de caballos y carros de fuego alrededor.

Cuando los sirios vinieron contra él, Eliseo oró: «Por favor, golpea con ceguera a esta gente».

Eliseo dirigió al eneguecido ejército sirio a Israel.

El rey de Israel preguntó: «Eliseo, ¿debemos matarlos?».

«Tú no los capturaste –respondió–. ¿Por qué los matarías? Sírvales un banquete y déjenlos regresar con su rey». Los sirios entonces detuvieron sus ataques contra Israel.

Preguntas: ¿Por qué el rey de Siria deseaba capturar a Eliseo? ¿Qué vio el siervo cuando el Señor le abrió los ojos?

Día 146
Los leprosos y el campamento vacío
2 Reyes 6:24–7:11

Siria rodeó la ciudad de Samaria y el pueblo estaba hambriento. Eliseo animó al rey a que no se rindiera.

«Mañana habrá mucha comida barata en Samaria», dijo él. Un hombre noble se mofó: «Solo si llueve comida del cielo».

«Lo verá con sus propios ojos, pero no comerá nada».

Esa noche, el Señor obró. Él hizo que los sirios escucharan el sonido de un gran ejército. Todos corrieron de su campamento y dejaron detrás todo. Cuatro leprosos encontraron el campamento vacío y desguarnecido. Ellos corrieron a Samaria con las buenas noticias.

Preguntas: ¿Por qué la gente estaba hambrienta? ¿Qué hizo el Señor para que los sirios dejaran su campamento?

Día 147
La carrera por la comida de los sirios
2 Reyes 7:12-20

El rey de Israel escuchó la noticia sobre el campamento sirio, pero pensó que era una trampa.

«Si salimos de la ciudad, ellos nos capturarán», pensó. Entonces envió a dos hombres a caballo.

Ellos siguieron el camino directo al río Jordán.

Estaba lleno de ropa y armas que el ejército tiró mientras huía. Cuando llegaron a Samaria las noticias, todos se apresuraron a la puerta. Ellos esperaron ahí por comida del campamento Sirio.

Cuando llegó, hubo más que suficiente para toda la gente.

La comida fue vendida a precio bajo, tal como Eliseo dijo que sucedería. El rey escogió al noble burlón para que supervisara la puerta. Él se había reído de Eliseo: «Solo si comida llueve del cielo».

«Verás con tus propios ojos, pero no comerás nada», le respondió el profeta. En la puerta, el hombre noble vio que Eliseo tenía razón. Ellos se apresuraron por la comida, pero el noble no comió nada. La multitud lo derribó al suelo y lo aplastó hasta morir.

Preguntas: ¿Quién fue elegido para supervisar la puerta? ¿Qué sucedió con el hombre noble que se mofó?

Día 148
Hazael asfixia al rey
2 Reyes 8:7-15

Mucho tiempo antes de esto, Dios le habló a Eliseo en el silencio. Ese día, Él le dijo a Eliseo que ungiera a dos reyes: a Hazael, rey de Siria, y a Jehú, rey de Israel.

Este trabajo recayó sobre el siervo de Elías, Eliseo.

El día que Eliseo se dirigió a Siria, el rey Ben-adad estaba enfermo. Él envió a Hazael con el profeta. «Pregúntale a Eliseo si me recuperaré». Hazael llevó obsequios y se fue con el profeta.

Eliseo le dijo a Hazael: «Él se recuperará. Pero el Señor también ha dicho que morirá». Eliseo miró a Hazael y comenzó a llorar.

«¿Por qué lloras, mi señor?».

«Porque sé el mal que harás en Israel. Matarás hombres, mujeres y niños».

«No soy más que un perro. ¿Cómo podré hacer eso?».

Eliseo respondió: «El Señor ha dicho que serás el rey de Siria».

Hazael regresó con el rey Ben-adad. «El hombre de Dios dijo que te mejorarás». Al día siguiente, Hazael entró mientras el rey dormía. Tomó el cobertor y lo sumergió en agua. Luego, Hazael lo presionó sobre el rostro de Ben-adad y lo asfixió. Hazael se convirtió en rey de Siria.

Preguntas: ¿Por qué lloró Eliseo? ¿Cómo murió el rey Ben-adad?

Día 149
Un capitán se convierte en rey
2 Reyes 9:1–15

«Toma este aceite –Eliseo le dijo a un joven profeta–. Ve a Ramot de Galaad. Halla a Jehú. Luego di: "El Señor dice esto: 'Te he ungido rey sobre Israel'". Cuando termines, regresa de inmediato».

El joven profeta llevó la redoma de aceite a Ramot de Galaat. Él encontró a los capitanes sentados juntos en el campamento de Israel. «Tengo un mensaje para usted», dijo él.

«¿Para quién?», preguntó Jehú.

«El mensaje es para usted, señor».

El profeta derramó el aceite sobre la cabeza de Jehú.

«El Señor dice esto: "Te he ungido como rey sobre mi pueblo Israel". Usted destruirá a la familia de Acab, porque ellos mataron a los profetas de Dios». Luego, el profeta se marchó.

«¿Por qué vino a ti aquel loco?», los demás le preguntaron a Jehú.

«Sin razón alguna. Ya saben cómo parlotean».

«Dinos la verdad».

«Acaba de ungirme como rey sobre Israel».

Los capitanes arrojaron su manto a los pies de Jehú.

Una trompeta sonó y todos gritaron: «¡Jehú es rey!».

Preguntas: ¿Qué dijo el joven profeta que Eliseo no le había dicho? ¿Qué hicieron los otros capitanes cuando escucharon que Jehú era rey?

Día 150
Traición, deslealtad y hechicería
2 Reyes 9:16–10:31

El atalaya de Jezreel miraba al otro lado del campo. «Veo una compañía de soldados –reportó–. Jehú debe estar dirigiéndolos. Conduce como maniático. Quizá tenga noticias de la batalla con Siria».

El rey de Judá, Azarías, estaba en Jezreel, visitando al rey Joram de Israel. Ellos salieron en sus carros, esperando noticias. Jehú tenía otros planes, debido a las palabras del joven profeta: «Destruye a la familia de Acab».

«¿Hay paz?», Joram le preguntó.

«¿Cómo puede haber paz?», Jehú respondió.

«Nunca, mientras tu madre, Jezabel, practique hechicería».

Joram volvió sus caballos y corrió gritando: «¡Traición, Azarías!».

Preguntas: ¿Por qué Jehú iba a Jezreel? ¿Por qué Joram pensó que Jehú se dirigía a Jezreel?

Jehú destruye a la familia de Acab
2 Reyes 9:24–31

«¡Traición, Hazarías!». Joram tomo las riendas de su carro y se marchó. Jehú tiró de su arco con toda su fuerza.

El arco perforó el corazón de Joram.

El rey Hazarías condujo a sus caballos por el otro lado. Jehú y sus hombres lo persiguieron.

«Péguenle un tiro a él también». Y lo hicieron. Hazarías condujo hasta llegar a Meguido, y ahí murió. Sus siervos lo llevaron a Jerusalén, donde fue enterrado.

Jezabel escuchó la noticia: «Jehú está en Jezreel».

Ella se maquilló y se puso su corona. Jezabel vio a Jehú entrar por las puertas, y lo llamó: «¿Hay paz, Jehú?».

«¡Arrójenla por la ventana!», él gritó. Jezabel cayó al suelo y fue pisoteada por los caballos.

Más tarde, Jehú ordenó que Jezabel fuera enterrada.

Pero su cuerpo había desaparecido, los perros se lo habían comido, como dijo Elías.

Elías también había dicho que la familia de Acab sería destruida por completo. Jehú lo hizo, al matar a los setenta hijos de Acab. Él destruyó a los sacerdotes de Baal en su propio templo. Baal nunca volvió a ser adorado en Israel.

A Dios le agradó la obra de Jehú. «Tus hijos gobernarán Israel –Él le dijo–. Tu bisnieto se sentará en el trono».

Preguntas: ¿Por qué Jehú mató a los hijos de Acab? ¿Por qué los hijos de Jehú se volvieron reyes de Israel?

Día 152
Los huesos de Eliseo dan vida
2 Reyes 13:14-25

Joacaz, el bisnieto de Jehú, fue rey de Israel cuando Eliseo estaba a punto de morir. «¡Mi abuelo, mi padre!», lloró Joacaz. «Tú eres más importante que los caballos y los carros de Israel».

«Toma arco y flechas, y hala de la cuerda del arco», dijo Eliseo.

Eliseo colocó sus manos sobre las manos del rey.

«Abre la ventana y tira». Joacaz lo hizo.

«Esta es la flecha del Señor de la victoria sobre Siria».

«Ahora, toma las flechas y golpea con ellas el suelo».

Joacaz golpeó con las flechas tres veces. «¿Por qué te detuviste? Debiste golpear el suelo cinco o seis veces. Entonces habrías tenido todas esas victorias.

Ahora derrotarás a Siria tres veces y no más».

Pronto, Eliseo murió y fue enterrado en una cueva. Al año siguiente, un grupo de moabitas enterraron a un hombre en el mismo lugar. Cuando el cuerpo del hombre tocó los huesos de Eliseo, revivió y el moabita se levantó.

Fiel a la palabra de Eliseo, Israel derrotó a Siria tres veces.

Las ciudades capturadas de Israel fueron tomadas otra vez bajo el control de Siria.

Preguntas: Joacaz golpeó el suelo tres veces con las flechas. ¿qué significaba eso? ¿Qué sucedió cuando el cuerpo del moabita tocó los huesos de Eliseo?

Día 153
Jonás huye del Creador
Jonás 1:1–11

Siria estaba perdiendo poder. Pero Asiria se estaba levantando. Su ciudad capital, Nínive, era enorme. A un hombre le tomaría tres días cruzarla. Israel estaba en peligro de caer bajo el poder de Siria. En ese tiempo, el Señor le habló a Jonás. «Ve a Nínive. Clama y háblales.

Yo conozco su maldad».

Jonás no quiso hacerlo. En cambio, se fue hacia el otro lado, al puerto de Tarsis, todavía más lejos que Nínive.

Pero el Señor hizo soplar un gran viento sobre el mar. Hubo una intensa tormenta. La nave estaba en peligro y cada tripulante oró a su dios. Ellos aligeraron la carga de la nave al arrojar el cargamento por la borda. «¿Cómo puedes dormir en un tiempo como este? Levántate. Clama a tu Dios que nos salve».

«Debemos encontrar al hombre que ha causado nuestra aflicción».

Entonces, los marineros echaron suertes, y Jonás perdió.

«Estoy huyendo del Dios que creó el mar y la tierra», él les dijo.

Los marineros tuvieron todavía más miedo.

«No es de sorprenderse que esto suceda». Ellos temblaron.

Preguntas: ¿Qué hizo Dios cuando Jonás corrió? ¿Qué hicieron los marineros cuando golpeó la tormenta?

Día 154
Un pez escupe a Jonás
Jonás 1:11–2:10

Había grandes olas. El barco estaba en peligro. «¿Qué podremos hacer para que se calme el mar?», preguntaron los marineros.

«Arrójenme al mar –respondió Jonás–. Yo he causado este problema». Pero los marineros intentaron dirigirse a la costa. Finalmente, ya no pudieron más.

Mientras oraban por perdón, ellos arrojaron por la borda a Jonás.

De inmediato, el mar se tranquilizó.

El Señor envió a un gran pez a que se tragara a Jonás.

Él estuvo en su vientre durante tres días y tres noches.

Jonás oró a Dios desde el interior del pez. El Señor le habló al pez y este escupió a Jonás en tierra.

Preguntas: ¿Qué sucedió cuando Jonás fue arrojado al mar? ¿Qué hizo Jonás cuando estuvo dentro del pez?

Día 155
Una pequeña planta y una gran ciudad
Jonás 3:1–4:11

«Jonás, levántate y ve a Nínive –dijo Dios–. Habla el mensaje que te doy». Esta vez, Jonás fue. Él caminó todo el día hacia la ciudad. Ahí clamó: «En cuarenta días, Nínive será destruida».

El pueblo de Nínive le creyó a Dios y se apartó de sus pecados. El rey de Nínive declaró: «Nadie puede comer ni beber. Todos deben orar a Dios.

Quién sabe, posiblemente Dios cambie de opinión para que no muramos». Cuando Dios vio eso, Él cambió de opinión. Él no destruyó a Nínive.

Jonás estaba enfadado. «Es por ello que huí en primer lugar –él oró–. Sabía que eras un Dios de amor.

Siempre estás listo para cambiar de opinión acerca de castigar a la gente. Toma mi vida, es mejor que muera».

Al este de la ciudad, Jonás construyó un cobertizo. Ahí se sentó para ver. ¿Qué le sucedería a Nínive? Dios hizo que creciera una planta para que le diera sombra. Esto hizo feliz a Jonás.

Luego, la planta murió, y Jonás sufrió en el calor. Él estaba triste de que la planta muriera. «Lamentaste que la pequeña planta muriera –dijo Dios–. ¿Qué hay de esta gran ciudad?

¿No deberías tener misericordia de sus pequeños?».

Preguntas: ¿Qué dijo el rey de Nínive cuando escuchó el mensaje de Jonás? ¿Por qué se enfadó Jonás?

Día 156
Israel es llevado a cautividad
2 Reyes 17:1–41

Israel se volvió débil e indefenso. Sus reyes fueron asesinos y adoraban a ídolos. Los asirios ganaron muchas victorias en guerra. Los israelitas fueron capturados y expulsados. A los que se quedaron, les robaron todo lo que tenían.

Diecinueve reyes gobernaron las diez tribus que vivían en Israel. El primero fue Jeroboam; el último fue Oseas. En el tiempo de Oseas, Salmanasar, rey de Asiria, se dirigió a Samaria con un gran ejército. Él rodeó la ciudad. Nadie podía entrar ni salir.

Pero Samaria estaba construida sobre un monte.

Salmanasar no pudo tomar fácilmente la ciudad y murió antes de la victoria. Sargón se convirtió rey en su lugar.

En tres años, Samaria cayó bajo Asiria. Sargón mató a Oseas. Casi toda la gente fue echada de la ciudad;

y se fueron a países lejanos del este: Mesopotamia, Media y las tierras cercanas al mar Caspio.

En esas tierras lejanas, el pueblo de Israel cambió para siempre. Se desposaron con extranjeros y adoraron a sus dioses. Perdieron todo el conocimiento del Señor, quien los rescató de Egipto. Ese fue el final de las diez tribus.

Ellos nunca volvieron a ver su propia tierra. Las antiguas tribus de Dios se perdieron entre los pueblos del Lejano Oriente.

Preguntas: ¿Por qué Israel se volvió débil e indefenso? ¿Qué les sucedió a las diez tribus de Israel en el Lejano Oriente?

Día 157
La Ley es enseñada en Judá
2 Crónicas 12:1–17:9

Al sur de Israel se encontraba el reino de Judá. Su ciudad principal era Jerusalén. Ahí yacía el templo de Salomón y el palacio del rey.

Roboam era el hijo de Salomón. Él y su hijo dejaron al Señor, y Judá sufrió. Luego, Asa, nieto de Roboam, se convirtió en rey. Él reconstruyó el altar que se había deteriorado, e inició la correcta adoración. Quemó todos los ídolos de la tierra; pero cuando murió, la adoración a los ídolos regresó. Josafat era el hijo de Asa.

Su corazón era valiente en los caminos del Señor.

Él también destruyó los ídolos; y envió hombres por todo el territorio para que enseñaran la ley de Dios.

Preguntas: ¿Por qué sufrió Judá? ¿Qué hizo Josafat en Judá?

Día 158
La terrible muerte de Joram
2 Crónicas 21:1-20

Josafat fue un rey bueno y sabio en Judá. Pero cometió un grave error: permitió que su hijo Joram se desposara con Atalía. Ella era hija de Acab y Jezabel. Elías estaba viviendo en Israel cuando Joram era rey de Judá. Al rey Joram le llegó una carta del profeta. Elías escribió: «Dios dice: "No estás viviendo como tu padre Josafat, ni como tu abuelo, Asa.

En cambio, vives como Acab y los reyes de Israel. Has alejado a Judá de mí. Acab hizo lo mismo con Israel.

No solo eso, sino que has matado a tus propios hermanos, y ellos eran mejores que tú. Entonces Dios traerá una enfermedad sobre ti y tu familia. Todas tus entrañas se saldrán, por causa de la enfermedad"».

El Señor envió a los filisteos y los árabes contra Judá.

Ellos se llevaron todo lo del rey. Capturaron a sus esposas y a todos sus hijos, salvo al menor. Entonces el Señor le dio una enfermedad incurable en su estómago.

En dos años, las entrañas de Joram se salieron.

Él murió en agonía. Nadie se lamentó. Y Joram ni siquiera fue enterrado con los reyes de Judá.

Preguntas: ¿Qué error cometió Josafat? ¿Por qué Joram murió en agonía?

Día 159
El chico escondido se convierte en rey
2 Crónicas 22:1–23:21

Después de que Joram muriera, Azarías se volvió rey de Judá. Un año después de que Azarías se convirtiera en rey, él estuvo con el rey Joram en Israel. Jehú mató a Azarías cuando él mató a Joram y a la familia de Acab. Ese día, el hijo de Atalía, Azarías, el hermano Joram y la madre Jezabel murieron. Atalía se enfureció y mató a la familia real de Judá.

Solamente sobrevivió el hijo menor de Azarías, el bebé Joás. La hermana de Azarías, Josabet, escondió a Joás en el templo. Mientras tanto, Atalía se autoproclamó reina de Judá. Ella detuvo la adoración al Señor, construyó un templo para Baal y dirigió la adoración a los ídolos.

Siete años más tarde, Joás estaba listo. Joiada sacó a Joás del templo con la gente. Joiada le puso la corona y el pueblo gritó: «¡Qué viva el rey!».

El sonido de alabanza sacó de su palacio a la reina Atalía. «¡Traición, traición!», ella gritó, mientras corría hacia el templo.

«Saquen a esta mujer de la casa del Señor», ordenó Joiada. Atalía fue expulsada y asesinada.

Y entonces, la familia real de David reinó de nuevo en Judá.

Preguntas: ¿Cómo sobrevivió Joás a la masacre de Atalía? ¿Qué hizo Atalía cuando fue reina?

Día 160
Joás repara el templo
2 Crónicas 24:1–15

Joás tenía siete años cuando comenzó a reinar.
De grande, Joás decidió reparar el templo de Salomón. Era muy viejo y había sido maltratado con los años. Fuera de las puertas del templo, Joás colocó una grande caja. Él anunció que todos debían llevar sus obsequios al templo. A la gente le agradó hacerlo.

Día tras día, la caja se llenaba de dinero. Joás y Joiada el sacerdote dieron el dinero para contratar a obreros. Carpinteros, herreros, obreros y artesanos trabajaron y repararon la casa del Señor.

Judá adoró ahí hasta que Joiada murió.

Preguntas: ¿Por qué tuvo que ser reparado el templo? ¿Cuánto tiempo adoró Judá en el templo?

Día 161
Israel roba el templo
2 Crónicas 24:17-25:28

Los príncipes de Judá adoraban a ídolos. El buen sacerdote Joiada estaba muerto. Entonces le rey escuchó a los príncipes. Ellos le convencieron de dejar al Señor. De manera que otra vez, el Señor permitió que los sirios atacaran. Ellos derrotaron al mayor ejército de Judá e hirieron a Joás. Más tarde, los propios siervos del rey lo asesinaron. Joás reinó en Judá durante cuarenta años; pero no fue enterrado con los reyes de Judá.

Amasías, el hijo de Joás, comenzó a reinar a los veinticinco años. Él levantó un ejército de 300,000 para atacar Edom. Le pagó a Israel 7,500 libras de plata para que le ayudara un ejército de 100,000.

Pero un profeta le había dicho: «No dejes que el ejército de Israel vaya contigo. Dios no está con ellos».

«¿Pero ahora cómo recuperaré mi plata?».

«Dios puede darte mucho más de lo que perdiste».

Amasías ganó la batalla sin el ejército de Israel.

Pero regresó a Jerusalén los ídolos de Edom. Un profeta le preguntó: «Estos dioses no pudieron salvar a Edom de tu ejército. ¿Por qué te vuelves a ellos?».

Amasías no quiso escuchar. Entonces el ejército de Israel atacó Judá. Ellos derribaron el muro de Jerusalén, robaron el templo y secuestraron al rey. Quince años después, Amasías murió y fue enterrado con los reyes de Judá.

Preguntas: ¿Por qué Joás escuchó a los príncipes? ¿Qué provocó que Israel atacara Jerusalén?

Día 162
El orgullo de Uzías
2 Crónicas 26:1–20

El hijo de Amazías, Uzías, quien tenía dieciséis años cuando se convirtió en rey, al vivir a la manera de Dios, él fortaleció el reino. Uzías fue victorioso en guerra y construyó ciudades fortificadas en Judá.

A él le encantaban los campos, de manera que los árboles, las viñas y los cultivos florecieron.

Pero cuando Uzías se fortaleció, él se volvió orgulloso.

Él ya era rey, pero también deseaba ser sacerdote.

Un día, entró en el templo para ofrecer incienso.

Ochenta sacerdotes lo siguieron.

«Márchate –le advirtieron–. Esto te meterá en problemas».

Con el incienso en mano, Uzías se enfadó. Justo entonces, su frente se llenó de lepra.

Preguntas: Cuando Uzías se volvió orgulloso, ¿qué deseó ser? ¿Qué sucedió cuando Uzías ofreció incienso?

Día 163
Dios llama a Isaías
Isaías 6:1-9

Acaz era hijo de un buen rey, Jotam, quien creía en Dios. Pero él adoraba a Baal y quemó a sus hijos como sacrificios. Acaz hacía sacrificios en montes, en valles y debajo de todos los árboles verdes.

Cuando Edom atacó Judá, Acaz le pidió ayuda a Asiria.

Pero en lugar de ayudar, ellos tomaron Judá.

Le robaron todo a Acaz, por causa de sus pecados. Judá fue oprimido por Asiria. El profeta de Dios, Isaías, vivió en los días de aquellos reyes. Isaías estaba adorando en el templo, cuando vio a Dios en su trono rodeado por ángeles. El templo se sacudió con voces: «Santo, santo es el Señor de los ejércitos».

Isaías tembló, diciendo: «Yo soy un hombre inmundo de labios; sin embargo, he visto al Señor Dios».

Entonces, un ángel tomó carbón del altar. El carbón ardiente tocó los labios de Isaías.

«Tu pecado es quitado. Eres hecho limpio».

El Señor dijo: «¿Quién será mi mensajero al pueblo?».

«Heme aquí, Señor –dijo Isaías–. Envíame a mí».

El Señor respondió: «Ve y habla con mi pueblo».

Preguntas: ¿Por qué el Señor dejó que Asiria tomara Judá? ¿Qué dijo Isaías cuando el Señor pidió un mensajero?

Día 164
Un árbol crecerá de un tocón
Isaías 6:9–13

El Señor llamó a Isaías y le dijo: «Tú serás mi profeta. Ve con la gente y di mis palabras. Ellos te escucharán, pero no entenderán mi intención. Verán, pero no comprenderán.

Tus palabras no les harán ningún bien. En cambio, harás que su mente se nuble. Que sus oídos y sus ojos sean cerrados.

Ellos no usarán sus ojos para ver. No usarán sus oídos para escuchar. No comprenderán con su mente, se volverán a mí y serán sanados».

Isaías preguntó: «¿Hasta cuándo, Señor?».

«Hasta que las ciudades se vuelvan páramos donde nadie viva. Hasta que las casas estén vacías y la tierra sea estéril. Esto debe ser hasta que envíe a todos a un lugar lejano; hasta que la tierra esté completamente vacía.

Mi pueblo será como un roble: cortado desde abajo.

El tocón es todo lo que queda. De sus raíces crecerá un nuevo árbol».

Las palabras de Isaías parecieron no hacer ningún bien cuando las habló. Pero el Señor deseaba que continuara hablándole a su pueblo. En algún momento lejano en el futuro, Judá sería restaurada para servir a Dios.

Preguntas: Cuando Isaías habló por Dios, ¿qué hizo el pueblo de Dios? Cuando el pueblo de Dios sea cortado hasta el tocón, ¿qué sucederá?

Día 165
Ezequías limpia el templo
2 Crónicas 29:1–19

Ezequías, el hijo de Acaz, reinó después. Lo primero que hizo fue reparar las puertas del templo. Con las puertas abiertas, él ordenó que el templo se limpiara.

«Nuestros ancestros le han sido infieles a Dios –Ezequías les dijo a los sacerdotes–. Han hecho mal y se han alejado de Dios. La casa del Señor ha sido olvidada.

Ellos sacaron sus lámparas, cerraron sus puertas y se alejaron. Nuestros ancestros dejaron de ofrecer incienso y quemar sacrificios al Dios de Israel. Es por ello que la ira de Dios vino sobre Judá y Jerusalén. Su vida fue llena de horror. Fue una increíble burla, como ustedes han visto».

Ezequías continuó hablándoles a los sacerdotes.

«Nuestros padres han sido asesinados por espada. Nuestros hijos, hijas y esposas han sido llevadas lejos. En mi corazón, yo deseo hacer un acuerdo con Dios. Deseo alejar de nosotros su feroz ira. Entonces, no sean perezosos. Dios los ha elegido para ministrarlo y darle ofrendas».

Los sacerdotes se dirigieron a la parte más profunda del templo. Ellos encontraron ídolos detestables. Estos fueron quemados en el vertedero de Jerusalén. Ellos trabajaron más de dos semanas y purificaron la casa del Señor.

Preguntas: ¿Por qué la ira de Dios vino sobre Judá y Jerusalén? ¿Por qué Ezequías quiso hacer un acuerdo con Dios?

Día 166
La victoria de Ezequías sobre Asiria
2 Crónicas 32:1-23

Ezequías siguió a Dios con todo su corazón.
El ejército asirio del rey Senaquerib invadió Judá, pero Ezequías cortó el suministro de agua de Judá. «¿Por qué Asiria debería encontrar agua?», él razonó.

Ellos fortalecieron el muro de Jerusalén. Se elaboraron muchas nuevas armas para la pelea. Entonces, Ezequías reunió a la gente. «Sean fuertes –dijo él–. No teman a Senaquerib ni a su horda. Con nosotros hay uno que es más grande que los que están con él.

Senaquerib solamente tiene fuerza humana. Pero el Señor está aquí para ayudarnos a pelear nuestras batallas».

Mensajeros llegaron de Asiria. Ellos le gritaron a la gente que estaba dentro de Jerusalén. Dijeron cosas terribles de Dios, intentando sacudir su fe. Debido a esto, Ezequías e Isaías oraron. El Señor envió a un ángel al campamento asirio. Ese ángel mató a los guerreros principales.

Senaquerib tuvo que regresar a Asiria en desgracia. Ahí, sus hijos lo asesinaron.

Entonces el Señor salvó a Jerusalén de sus enemigos y les dio descanso. Ezequías se volvió famoso en todas las naciones.

Preguntas: ¿Quién estaba con Jerusalén y no con Asiria? ¿Por qué los mensajeros estaban diciendo cosas terribles acerca de Dios?

Día 167
El reloj solar retrocede
2 Reyes 20:1-21

Los asirios habían invadido Judá. Jerusalén estaba en peligro. El rey Ezequías se enfermó y estuvo a punto de morir. Isaías el profeta fue a hablar con él.

«El Señor dice: "Prepara tu vida, porque morirás. No te recuperarás"».

Ezequías oró: «Recuerda, oh, Señor, cómo te he sido fiel. He hecho lo bueno para ti con todo mi corazón».

Isaías estaba saliendo del palacio. «Regresa –Dios dijo– y habla de nuevo con Ezequías. Dile: "El Dios de tu ancestro David dice: He escuchado tu oración y visto tus lágrimas. Te sanaré y le añadiré quince años a tu vida. La ciudad será salvada de Asiria"».

«¿Cómo comprobará el Señor que me sanará?», Ezequías le preguntó a Isaías.

«Tú elige la señal –respondió Isaías–. ¿El reloj solar deberá ganar diez minutos o perder diez minutos?».

«Normalmente gana tiempo. Que la sobra retroceda».

Isaías clamó a Dios y la sombra retrocedió diez minutos.

En tres días, Ezequías estaba recuperado.

Preguntas: ¿Qué hizo Ezequías cuando le dijeron que moriría? ¿Qué hizo Dios para mostrarle a Ezequías que sería sanado?

El arrepentimiento de Manasés
2 Reyes 21:1–20

El hijo de Ezequías tenía doce años cuando se convirtió en rey. Su nombre era Manasés. Él hizo cosas malas. Reconstruyó los altares de ídolos y adoró a Baal, e incluso colocó ídolos en el templo.

Manasés quemó a sus propios hijos como ofrendas y practicó hechicería. El pueblo siguió a Manasés hacia el mal. Ellos se volvieron más desagradables que las demás tribus que Israel había expulsado de Canaán.

Llevaron a Dios a una gran ira.

«Traeré mucho mal a Jerusalén. Cuando el pueblo lo escuche, sus oídos retiñirán. Los entregaré y desecharé a mi pueblo.

Ellos me han provocado a ira desde el día que salieron de Egipto».

Manasés ignoró las palabras de Dios. Él fue capturado por el ejército asirio; y fue llevado en cadenas a Babilonia.

Ahí fue atormentado. De manera que regresó a Dios. El Señor escuchó su oración y lo regresó a Jerusalén como rey.

Entonces Manasés supo que el Señor era Dios.

A salvo en Jerusalén, Manasés destruyó a los ídolos.

Él comenzó a adorar verdaderamente a Dios y ordenó que Judá sirviera al Señor. Manasés murió luego de cincuenta y cinco años como rey.

Preguntas: ¿Por qué Dios estaba enfadado con Manasés? ¿Por qué Manasés volvió a Dios?

Día 169
Josías limpia de ídolos la tierra
2 Reyes 21:21–23:20

Amón, el hijo de Manasés, reinó dos años. Él fue asesinado por sus propios siervos, y su hijo Josías reinó. Josías tenía ocho años cuando su padre murió. Cuando Josías tenía dieciséis años, él comenzó a buscar a Dios. A los veinte años, él limpió la tierra de ídolos. Ningún rey anterior había destruido completamente los ídolos en Judá. Él incluso salió de Judá rompiendo altares y quemando imágenes. Josías desenterró los huesos de los sacerdotes de los ídolos. Él quemó los huesos de los sacerdotes, junto con los ídolos que adoraban.

Doscientos años antes, Jeroboam había establecido un becerro de oro en Bet-el, al norte de Jerusalén.

Josías quemó ese ídolo y lo trituró hasta que se hizo polvo.

Los huesos de los sacerdotes de los ídolos fueron quemados en sus altares. Ahí, Josías encontró una tumba.

«¿Qué es esa lápida que veo?», preguntó él.

«Esta es la tumba del hombre de Dios de Judá. Él llegó acá cuando Jeroboam estaba ofreciendo incienso. Este profeta predijo que tú harías lo que estás haciendo hoy».

«Déjenlo descansar –dijo Josías–. Nadie debe mover estos huesos».

Preguntas: ¿Qué hizo Josías a los dieciséis años? ¿Por qué Josías no dejó que movieran los huesos?

Día 170
Encuentran la Ley perdida de Dios
2 Crónicas 34:8–22

Mientras Josías estaba destruyendo ídolos, los demás estaban reparando el templo. Ahí, ellos encontraron un antiguo libro escrito en rollos de piel.

Este era el libro de la Ley que Dios le dio a Moisés.

Había estado escondido durante tanto tiempo que se había olvidado. Safán le llevó el libro al rey Josías.

Josías escuchó la lectura de la Ley por primera vez en muchos años. Aterrado, él ordenó: «Vayan a buscar al Señor. Alguien debe saber acerca de la Ley. Hemos tenido todos estos problemas, porque nuestros ancestros ignoraron la palabra de Dios».

Hulda, la profetiza, vivía en Jerusalén. Ella podía entender la Ley de Dios.

Preguntas: ¿Cómo se sintió Josías cuando escuchó la lectura de la Ley? ¿A quién encontró para que le ayudara a comprender la Ley?

172

Día 171
La muerte de Josías
2 Crónicas 34:22–35:27

«El Señor habla –dijo Hulda la profetiza–: "Dile al hombre que te envió que yo enviaré un desastre. Este lugar conocerá todas las maldiciones escritas en la Ley. Judá me ha dejado y ha hecho ofrendas a otros dioses. Eso me ha enfadado. Mi interminable ira se derramará en este lugar.

Pero el corazón del rey de Judá fue bueno conmigo. Él morirá en paz. Josías no verá el desastre que traeré acá"».

El rey Josías llamó a los sacerdotes, a los príncipes y a la gente al templo. Él les leyó el libro de la Ley.

Luego, todos prometieron servir al Señor y guardar su Ley. Ellos mantuvieron esta promesa mientras Josías vivió.

El reino de Judá era parte del gran imperio de Asiria; pero Asiria se estaba debilitando. El Faraón Necao de Egipto atravesó Judá para atacar Asiria. «No tengo nada contra ustedes –él le dijo a Josías–. Por lo tanto, no me estorbes o serás destruido».

Pero Josías y su ejército se encontraron con Egipto en batalla.

El rey fue asesinado en su carruaje, llevado a Jerusalén y enterrado. El profeta Jeremías y todo el pueblo se lamentaron por la última esperanza de Judá.

Preguntas: ¿Por qué Dios dijo que traería desastre a Judá? ¿Por qué Hulda dijo que Josías moriría en paz?

Día 172
Joacaz quema las palabras de Dios
2 Reyes 23:31–24:1; 2 Crónicas 36:1–7

Josías fue asesinado en batalla y enterrado en honra.
El pueblo hizo a su hijo Joacaz el nuevo rey. Pero el Faraón Necao, el nuevo emperador de Judá, no confiaba en Joacaz. El rey de Judá fue llevado cautivo a Egipto.

Jeremías dijo: «No lloren por la muerte de Josías.

En cambio, por aquel que se va, el rey Joacaz. Él nunca regresará ni verá de nuevo su tierra. Él morirá en su prisión».

El Faraón hizo al hermano de Joacaz, Joaquín, rey de Judá. Él llevó de nuevo a la gente a adorar ídolos.

Jeremías le advirtió y Joaquín se enfadó. Él intentó matar al profeta, pero Jeremías fue escondido por sus amigos. Más tarde, el amigo de Jeremías, Barac, le leyó su profecía al pueblo. Soldados le llevaron al rey Joaquín el rollo de Jeremías.

Cuando se lo leyeron, el rey quemó el rollo.

Sus propios príncipes le rogaron que no lo hiciera.

Ellos sabían que Jeremías hablaba palabra de Dios para Judá.

Pero Joaquín los ignoró. Pronto, Babilonia derrotó a Egipto.

Nabucodonosor de Babilonia atacó Jerusalén, y Joaquín se rindió. Pero al poco tiempo, lo mataron, y su cuerpo fue arrojado fuera de Jerusalén.

Preguntas: ¿Por qué Jeremías dijo que lloraran por el rey Joacaz? ¿Por qué Joaquín deseaba matar a Jeremías?

Día 173
La visión que Jeremías tuvo de higos
Jeremías 24:1-10

El hijo menor de Joaquín, Joacim, fue hecho rey de Judá. Pero Nabucodonosor, el rey de Babilonia, invadió Jerusalén y Judá. Él capturó al rey y a otros nombres, y los llevó a Babilonia.

Después de esto, Jeremías tuvo una visión del futuro.

Él vio dos cestas de higos. «¿Qué ves, Jeremías?», el Señor preguntó.

«Higos. Los buenos higos son muy buenos. Los malos son tan malos que no pueden comerse».

El Señor se lo explicó. «Los cautivos llevados a Babilonia son los buenos higos. Yo los cuidaré y los regresaré a esta tierra. Ellos serán mi pueblo y yo seré su Dios. Los malos higos son como el pueblo que se quedó en la tierra.

Entre ellos está su rey, Sedequías, sus príncipes y su pueblo. Ellos sufrirán y serán asesinados. Plagas y hambruna vendrán a ellos hasta que desaparezcan».

Entonces Jeremías les escribió a los cautivos de Babilonia.

«Construyan casas, planten jardines y tengan hijos.

Déjenlos desposarse en esa tierra cuando crezcan.

Después de setenta años, ustedes regresarán a su propia tierra en paz. Los pensamientos de Dios son de paz y de bondad para ustedes».

Preguntas: ¿Como qué personas son los buenos higos? ¿Qué les prometió Dios a los cautivos de Babilonia?

Día 174
Jeremías en una cisterna lodosa
Jeremías 37:1–38:13

Nabucodonosor se llevó a los cautivos e hizo rey a Sedequías. Él prometió servir a Nabucodonosor. Pronto, la promesa se rompió. Él también comenzó a orar a dioses falsos que no podían ayudarlo.

Jeremías le advirtió a Sedequías: «Serás entregado al rey de Babilonia. El pueblo que vaya con los babilonios vivirá. Quienes se queden para pelear morirán en batalla y en hambruna». Indignado, Sedequías arrojó a Jeremías a una cisterna lodosa, donde lo dejó para morir.

Pero un etíope llamado Ebed-melec pidió permiso y rescató a Jeremías. Ebed-melec lo sacó de la cisterna con cuerdas.

Preguntas: ¿Qué le sucedería a la gente que fue con los babilonios?
¿Quién rescató a Jeremías de la cisterna lodosa?

Día 175
La destrucción de Jerusalén
Jeremías 39:1–10; 2 Crónicas 36:15–21

Nabucodonosor rodeó Jerusalén. El pueblo estaba atrapado, hambriento y enfermo. Finalmente, los soldados de Babilonia derribaron el muro.

Todos los tesoros del templo y los palacios fueron arrasados. Los soldados quemaron el templo y todas las casas, y arruinaron el muro de Jerusalén. Los que permanecieron fueron hechos siervos de Nabucodonosor. El rey babilonio asesinó a los hijos de Sedequías ante sus ojos. Él mató a los príncipes de Judá y le sacó los ojos a Sedequías.

El último rey de Judá fue arrastrado a Babilonia en cadenas.

Jeremías fue liberado y le dieron a escoger: ir a Babilonia o permanecer en la tierra que Dios le había prometido a Abraham. Pero cuando el remanente decidió ir a Egipto, Jeremías se fue con ellos. A Jeremías se le conoce como el profeta llorón, porque lloró por los pecados del pueblo.

El rey Nabucodonosor regresó a Babilonia con los tesoros de Jerusalén. El pueblo de Dios eran sus cautivos.

Cuatrocientos años habían pasado desde el primer rey de Judá, Roboam. La ciudad de David era escombros sombríos.

El templo de Salomón era un montón de cenizas.

Preguntas: ¿Qué le sucedió al último rey de Judá? ¿Cuántos años existió el reino de Judá?

Día 176
Los cánticos de Sion
Salmos 137:1–6

Los cautivos de Babilonia no olvidaron su amada tierra natal.

Sus hijos aprendieron cánticos que les enseñaban sobre su historia. Aunque a veces eran tristes, ellos podían cantar esos cánticos: Junto a los ríos de Babilonia, allí nos sentábamos, y aun llorábamos, acordándonos de Sion.

Sobre los sauces en medio de ella, colgamos nuestras arpas.

Y los que nos habían llevado cautivos nos pedían que cantásemos, y los que nos habían desolado nos pedían alegría, diciendo:

«Cantadnos algunos de los cánticos de Sion».

¿Cómo cantaremos cántico al Señor en tierra de extraños?

Si me olvidare de ti, oh Jerusalén, pierda mi diestra su destreza.

Mi lengua se pegue a mi paladar, si de ti no me acordare; si no enalteciere a Jerusalén como preferente asunto de mi alegría.

Preguntas: ¿Por qué el pueblo lloró en Babilonia? ¿Qué clase de cánticos deseaba los babilonios que cantaran los cautivos?

Día 177
El valle de los huesos secos
Ezequiel 37:1–28

El Señor envió profetas a los israelitas incluso en Babilonia. Ezequiel profetizó acerca del futuro de Israel: «El Espíritu del Señor me llevó a un valle que estaba lleno de huesos. Había muchos, muchos huesos por todas partes, y estaban muy secos. El Señor me preguntó: "Hombre, ¿estos huesos pueden vivir?".

"Tú lo sabes, Señor", respondí yo. "Entonces háblales.

Diles que el Señor dice esto: 'Pondré aliento en ustedes y vivirán. Pondré músculos y piel en ustedes. Les daré aliento. Entonces sabrán que yo soy el Señor'".

Entonces les hablé esto a los huesos secos. De pronto, hubo un ruido. Escuché un temblor, y los huesos se juntaron.

Hablé a los cuatro vientos y aliento entró en sus cuerpos. Ellos estaban vivos y sobre sus pies.

"Esta es la nación de Israel. Diles que los sacaré de la cautividad. Los volveré a la tierra de Israel.

Pondré mi espíritu en ustedes y vivirán. Entonces sabrán que su Dios ha hablado y hará"».

Preguntas: ¿Quién llevó a Ezequiel al valle? Cuando los huesos revivieron, ¿qué significó eso para la nación de Israel?

Día 178
Daniel y sus amigos
Daniel 1:1-7

Entre los cautivos de Babilonia había un muchacho llamado Daniel. Dios lo preparó para convertirse en un gran profeta de Israel.

El rey Nabucodonosor deseaba que los jóvenes judíos sirvieran en su palacio. Ellos debían ser jóvenes inteligentes, apuestos y fuertes. Cada uno debía aprender el idioma de Babilonia y leer sus libros. Hombres sabios les enseñaban durante tres años. Luego, ellos tendrían empleos en el palacio real.

Entre ellos se encontraban Daniel, Ananías, Misael y Azarías. Estos hombres eran de Judá. El rey ordenó que les dieran nombres babilonios. Entonces se les llamó Belsasar, Sadrac, Mesac, y Abed-nego.

Preguntas: ¿Para qué preparó Dios a Daniel? ¿Por qué Nabucodonosor deseaba que los jóvenes judíos estudiaran en su palacio?

Día 179
La virtud de Daniel
Daniel 1:8–21

Daniel y sus amigos llegaron al palacio de Nabucodonosor. Pero su comida había sido ofrecida a ídolos. Daniel fue con el jefe del palacio. «Por favor, no me hagas deshonrarme al comer alimentos entregados a ídolos».

«El rey mismo te ha dado esta comida. Si no la comes, no estarás sano. Entonces mi vida podría estar en peligro por la ira del rey».

«Probemos durante diez días –Daniel sugirió–. Solo danos verduras para comer y agua para beber. Entonces verás si estamos sanos».

El jefe del palacio aceptó. Luego de diez días, Daniel y sus tres amigos lucían más sanos que los demás.

Ellos nunca comieron la comida de los ídolos.

Dios les dio a estos cuatro sabiduría y habilidad en el conocimiento babilonio. Daniel también podía entender sueños y visiones. Después de una capacitación de tres años, ellos fueron llevados con Nabucodonosor.

El rey les habló. Nadie podía compararse con Daniel, Ananías, Misael y Azarías. Ellos se volvieron parte de la propia corte del rey. El rey estaba complacido.

Estos cuatro eran diez veces mejores que sus propios magos y psíquicos.

Preguntas: ¿Por qué Daniel no comió la comida del rey? ¿Quién les dio sabiduría y habilidad a los cuatro jóvenes en el conocimiento babilonio?

Día 180
El buen juicio de Daniel
Daniel 2:1–24

El rey Nabucodonosor tuvo un sueño perturbador.
Por lo tanto, él llamó a sus magos y psíquicos.
«Debo conocer el significado de mi sueño».
«Cuéntanos el sueño, oh rey. Nosotros te mostraremos su significado».
«No, ustedes deben contarme el sueño y su significado.
Si no lo hacen, haré que los maten; si lo hacen, serán ricos».
Con temor, los magos y los psíquicos dijeron: «Nadie en la tierra puede hacer lo que pides. Solo nuestros dioses podrían decirte tu propio sueño».

El rey entró en una violenta ira. «Destruye a todos los hombres sabios de Babilonia», ordenó. Esta orden incluía a Daniel y a sus amigos.

Daniel usó su buen juicio al hablar con el verdugo del rey, y pudo ganar tiempo para el rey. Los cuatro amigos oraron a Dios acerca del sueño. Ellos pidieron que ni ellos ni los hombres babilonios murieran. Esa noche, el Señor le dio a Daniel el secreto del sueño.

«No mates a los hombres sabios –le dijo al verdugo–. Yo le mostraré al rey su sueño y su significado».

Preguntas: ¿Qué esperaba el rey que sus magos hicieran por él?
¿Quién le dio a Daniel el secreto del sueño del rey?

Día 181
El sueño del rey Nabucodonosor
Daniel 2:17-49

«Ningún mago puede decirte el misterio de su sueño», Daniel le dijo al rey Nabucodonosor. «Pero hay un Dios en el cielo que abre misterios. Usted vio una gran estatua resplandeciente. Su cabeza estaba hecha de oro. Su pecho y sus brazos eran de plata. Su cintura y sus muslos eran de bronce. Sus piernas de hierro. Sus pies, parte de hierro y parte de barro.

Mientras la miraba, una piedra fue cortada no por manos humanas. Esta piedra golpeó los pies de la estatua, hechos de hierro y barro, y se rompieron en pedazos. Luego, la estatua completa se rompió en pedazos y se deshizo.

La piedra se volvió una gran montaña que llenaba la Tierra.

Este es el significado del sueño: su reino es la cabeza de oro. Más adelante vendrá otro reino: los hombros y los brazos de plata de la estatua. Luego vendrá un tercer reino de bronce. Más tarde, un reino tan fuerte como el hierro se levantará. Finalmente, un reino dividido que en parte es fuerte gobernará. En aquellos días, Dios establecerá su reino eterno.

Terminará con todos los reinos de la Tierra y crecerá para llenar toda la Tierra».

Nabucodonosor lloró asombrado. «¡Tu Dios es el Dios de dioses!».

Preguntas: ¿Qué significa la piedra que aplastó la estatua? ¿Qué dijo Nabucodonosor cuando escuchó el significado del sueño?

Día 182
El horno de fuego abrasador
Daniel 3:1–23

Nabucodonosor hizo una estatua de oro de nueve pies de alto. Se hizo un anuncio para que todos adoraran la estatua, o serían arrojados al horno.

Todos adoraron al ídolo que Nabucodonosor había colocado. Todos, excepto Sadrac, Mesac y Abed-nego, los amigos de Daniel. Ellos se presentaron ante el enfadado rey.

«Deben adorar la estatua de oro que coloqué. Si no, serán arrojados al horno».

«Ah, Nabucodonosor, solo podemos decir esto: creemos que nuestro Dios puede salvarnos del horno. Si no, aun así no serviremos a tus dioses. Tampoco adoraremos tu estatua de oro».

Nabucodonosor estaba tan lleno de rabia que su rostro se deformó.

«Calienten el horno siete veces más», ordenó.

Sus más fuertes guardias ataron a Sadrac, a Mesac y a Abed-nego.

El horno ardía de calor y mató a los guardias. Sadrac, Mesac y Abed-nego cayeron en sus llamas.

Preguntas: ¿Quién se negó a adorar la estatua de oro? ¿Quién murió en el horno?

Día 183
Cuatro hombres caminan en el fuego
Daniel 3:25–30

Nabucodonosor estaba asombrado mirando hacia el horno. «¿No atamos a tres hombres y los metimos al fuego?».

«Así es, oh rey».

«Pero yo veo a cuatro hombres desatados, caminando por el fuego. No están lastimados. Uno de ellos parece como un dios». Entonces el rey gritó: «¡Sadrac, Mesac, Abed-nego, sirvientes del Dios altísimo, salgan!».

Los tres hombres salieron con el rey. Ellos no estaban quemados, y tampoco olían a fuego.

«Bendito sea el nombre del Dios de Sadrac, Mesac y Abed-nego! –declaró el rey–. Nadie podrá hablar jamás contra su Dios».

Preguntas: ¿A quién arrojó Nabucodonosor al horno? ¿A cuántos hombres vio caminando en el fuego?

Día 184
La lección que Dios le enseñó a Nabucodonosor
Primera parte Daniel 4:1–18

«Yo, Nabucodonosor, estaba viviendo en paz. Una noche tuve un sueño aterrador. Entonces llamé a los sabios de Babilonia a mi palacio. Ellos debían decirme el significado de mi sueño. Pero ellos no tenían idea de lo que significaba.

Finalmente, Daniel vino a mí. Él es el hombre que posee el espíritu de los santos dioses. Este es el sueño que le conté a Daniel: Había un árbol muy alto en la tierra.

Creció y su copa alcanzó el cielo. Todos en la tierra podían ver sus hermosas hojas y su fruto. Este árbol le daba de comer a todos. Los animales descansaban bajo su sombra y las aves anidaban en sus ramas. A medida que continué mirando, vino un santo del cielo. Esto es lo que clamó: "Corta el árbol y sus ramas. Arranca sus hojas y dispersa su fruto. Deja la cepa del árbol y sus raíces en la tierra.

Dale la mente de un animal y deja que pasen siete años.

Luego, todos sabrán que Dios gobierna sobre la Tierra".

Ahora, Daniel, dime lo que significa».

Preguntas: Describe el árbol del sueño de Nabucodonosor. ¿Qué quedó cuando el árbol fue cortado?

La lección de Dios a Nabucodonosor
Segunda parte Daniel 4:19–37

«Espero que este sueño sea para tus enemigos –dijo Daniel–. El alto y hermoso árbol que viste, el árbol que alimentaba a toda la Tierra, ¡ese árbol eres tú, oh rey! Tú te has vuelto grande y fuerte. Tu grandeza alcanza el cielo y tu poder cubre la Tierra.

Las palabras del santo del cielo son la orden de Dios. Serás expulsado por todos y vivirás con animales salvajes. El tronco significa que tu reino regresará. Esto sucederá cuando aprendas que Dios es rey. Acepta mi consejo.

Deja tus pecados; preocúpate por los demás. Entonces, Dios te dará más días de paz».

Todo esto le sucedió a Nabucodonosor. Un día, él se jactó de su poder; al día siguiente había desaparecido.

Nabucodonosor fue expulsado por todos. Él comía césped como un buey. Su cuerpo se bañaba de rocío. Su cabello creció como plumas de águila. Las uñas de sus dedos eran como garras de ave. Luego de siete años, Nabucodonosor celebró y honró a Dios: «Todas sus obras son verdad; sus caminos son justos. Él es capaz de humillar a los que andan con soberbia».

Preguntas: ¿Cuál era el significado del hermoso árbol? ¿Por qué Nabucodonosor perdió su reino?

Día 186
La escritura en la pared
Primera parte
Daniel 5:1–12

El rey Ciro y su ejército persa habían rodeado Babilonia. Pero Belsasar, el rey babilonio, estaba dando un gran festín en honor a su dios. «Traigan los vasos de oro y plata del templo de Salomón», Belsasar ordenó.

Los babilonios adoraban a sus dioses falsos. Mientras tanto, ellos bebían de los vasos santos robados de Jerusalén.

De pronto, aparecieron una mano y dedos. Estos escribieron en la pared del palacio. El rey Belsasar se aterró, sus rodillas le temblaban. «¡Llamen a los magos y a los adivinos!», él ordenó.

«Lean esta escritura –Belsasar les ordenó a los adivinos–. Si lo hacen, los haré ricos y famosos». Pero no pudieron leer las palabras que la mano había escrito.

La reina dijo: «Hay un hombre en tu reino. Él tiene el espíritu de los santos dioses. Deja que llamen a Daniel.

Él leerá estas palabras».

Preguntas: ¿Qué estaba sucediendo en Babilonia mientras Belsasar daba su festín? ¿Qué ofreció Belsasar por leer la escritura de la pared?

Día 187
La escritura en la pared
Segunda parte
Daniel 5:13–31

D aniel ahora era un hombre anciano. Belsasar le dijo: «Lee la escritura de la pared y te daré dinero y poder». «Guárdate tus palabras. Sin embargo, te leeré la escritura, oh rey. Dios le dio a tu padre, Nabucodonosor, este reino. Pero Nabucodonosor se volvió orgulloso y fue desechado. Cuando se humilló, Nabucodonosor regresó. Pero tú también eres orgulloso. Incluso has bebido el vino de los ídolos en vasos de la casa de Dios.

No has alabado a Dios que te da este poder. Por lo tanto, Dios envió esta mano para que escribiera en tu pared.

Esta es la escritura: MENE significa contado; MENE de nuevo significa numerado; TEKEL significa pesado;

UPARSIN significa dividido. Este es el mensaje de Dios: MENE, MENE: Dios ha numerado los días de tu reino.

Él lo ha llevado a un final. TEKEL: has sido pesado en balanza.

Eres demasiado liviano. UPARSIN: tu reino está dividido. Se les ha entregado a los medos y a los persas».

Esa noche, Ciro el persa murió en Babilonia.

Preguntas: ¿En qué se parecía Belsasar a su padre? ¿Qué decía la escritura que le sucedería al reino de Belsasar?

Día 188
Una ley contra la oración
Daniel 6:1–10

Los persas establecieron a Darío, un medo, como rey de Babilonia.

Daniel fue hecho uno de los tres presidentes de la tierra.

Pero los otros dos presidentes tenían envidia de Daniel, e hicieron un plan.

Los presidentes supieron que Daniel oraba a Dios tres veces al día. Entonces fueron con Darío.

«Rey, todos deben orarte a ti y no a otro dios.

Nosotros deseamos hacer una nueva ley: nadie puede orarle a otro dios. Si lo hacen, los arrojaremos a los leones».

Darío declaró esta ley. Daniel continuó orando a Dios.

Preguntas: ¿Cuál fue la nueva ley de Babilonia? ¿Daniel obedeció esta ley?

Daniel es arrojado a los leones
Daniel 6:11–17

A pesar de la nueva ley contra la oración, Daniel oraba hacia Jerusalén tres veces al día.

Sus enemigos buscaron rodearlo y le preguntaron al rey por la sentencia de muerte con respecto a la ley.

«Hay alguien, rey, que no obedece esta ley. Es Daniel de Judá. Antes de la ley, él oraba tres veces al día. Y todavía lo hace». El rey se molestó tanto de que Daniel hubiera sido acusado. Él pasó todo un día intentando salvar a su sabio presidente. Esa tarde, los celosos presidentes insistieron que Daniel fuera castigado.

Entonces, el rey Darío tuvo que dar la orden.

Daniel fue llevado y arrojado en un foso de leones.

«Tú sirves fielmente a tu Dios, Daniel –dijo el rey–. Espero que tu Dios te salve de los leones».

Llevaron una piedra para sellar la boca de la cueva.

Nadie podía sacar a Daniel del foso de los leones.

Preguntas: ¿Cuántas veces al día oraba Daniel? ¿Qué dijo el rey cuando arrojó a Daniel a los leones?

Día 190
Daniel es salvado de los leones
Daniel 6:18–28

Después de que el rey Darío encerrara a Daniel en el foso de los leones, él no pudo dormir. Estaba preocupado por Daniel. La mañana siguiente, corrió temprano hacia el foso de los leones.

Él llamó: «Daniel, ¿Dios te guardó a salvo de los leones?».

El rey pensó que escucharía rugir a los leones. Pero en cambio, oyó la voz de Daniel: «Dios envió a su ángel a cerrarle la boca a los leones.

Él sabía que yo no había hecho nada malo. Los leones no me han lastimado». Entonces el rey sacó del foso a Daniel. Él castigó a los hombres que le tenían envidia a Daniel.

Preguntas: ¿Quién mantuvo a salvo a Daniel? ¿Cómo salvó Dios de los leones a Daniel?

Día 191
La liberación de Babilonia
Esdras 1:1–2:67

Ciro, el emperador de Persia, era amigo de los judíos. Años antes, el profeta Jeremías había hablado acerca de su cautividad. Él dijo que los judíos estarían cautivos en Babilonia durante setenta años.

Pasaron setenta años y Dios movió el espíritu de Ciro. Él ordenó: «El Señor me ha dado todos los reinos de la Tierra. Él ahora me dijo que construyera su templo en Jerusalén, en Judá. Todo el pueblo de Dios tiene mi permiso para ir a Jerusalén. Pueden reconstruir la casa del Señor. ¡Que Dios sea con ellos! Denles plata y oro a los judíos, bienes y animales. Hagan ofrendas para la casa de Dios en Jerusalén».

Los líderes de Judá y Benjamín se alistaron. Los sacerdotes y levitas se prepararon. El rey Ciro mismo les dio los vasos de la casa del Señor: vasos de oro y plata, platos y tazones. Hubo 5,400 vasos en total.

Un total de 42,360 judíos regresaron a Jerusalén con este tesoro. Además, 7,337 siervos y 200 cantores siguieron.

En la enorme caravana había 245 mulas, 435 camellos y 6,720 asnos.

Preguntas: ¿Por qué Ciro dejó que el pueblo regresara a Jerusalén? ¿Qué debían hacer los judíos cuando regresaran a Jerusalén?

Día 192
Comienza la reconstrucción
Esdras 2:70–3:13

Los judíos regresaron a la ciudad arruinada. Los sacerdotes, los levitas y algunas otras personas vivieron en Jerusalén. Los demás vivieron en ciudades cercanas.

Luego de meses, Jesúa y Zorobabel comenzaron a construir el altar. Jesúa era el sacerdote. Zorobabel era el líder de la obra de reconstrucción. Ellos encontraron el lugar del primer altar en el monte Moriah.

Ahí, mucho tiempo antes, Abraham había ofrecido a su hijo Isaac, el rey David había hecho sacrificios a Dios y Salomón construyó el primer templo.

Los cautivos que regresaron quemaban ofrendas ahí día y noche. Pronto, el trabajo comenzó en el templo.

Los constructores limpiaron los escombros y colocaron los cimientos del edificio. Los sacerdotes estaban ahí con trompetas. Los levitas tenían címbalos. Ellos le entonaron al Señor este cántico: «Porque Él es bueno, porque para siempre es su misericordia sobre Israel».

Todo el pueblo alabó a Dios porque se endechaban los cimientos. Muchos eran ancianos. Ellos habían visto el primer templo en ese lugar. Esas personas lloraron cuando vieron los nuevos cimientos. Otros gritaron de gozo. El sonido del llanto se mezcló con los gritos y se escuchó a lo lejos.

Preguntas: ¿En dónde se construyó el altar? ¿Por qué la gente estaba llorando cuando se endecharon los cimientos?

Día 193
Los enemigos del edificio de Dios
Esdras 4:1-16

Al norte de Jerusalén vivían los samaritanos.
Esas personas eran una mezcla de israelitas y asirios.

Ellos adoraban al Señor, pero también a dioses falsos.

Los samaritanos acudieron a Zorobabel. «Déjanos ayudar a construir el templo. Nosotros adoramos a tu Dios.

Hemos estado haciendo sacrificios como ustedes desde que llegamos de Asiria».

«Ustedes no pueden construir con nosotros –respondió él–. Solamente construiremos para Dios. El rey Ciro de Persia lo ha ordenado».

Entonces los samaritanos intimidaron a los judíos para construir. Ellos escribieron cartas y les pagaron a príncipes persas para detener la obra. Ciro estaba lejos en guerra y no podía ayudarlos. Al poco tiempo, él murió.

Entonces Artajerjes gobernó el Imperio persa. Él, pronto recibió una carta. «Tus siervos al otro lado del río te saludan. Nos gustaría que supieras que los judíos han venido a Jerusalén. Ellos están reconstruyendo esa malvada ciudad y sus muros. Si esta ciudad es construida, los judíos no te pagarán los impuestos. Nosotros te somos fieles y no deseamos ponerte en vergüenza.

La historia muestra que Jerusalén fue destruida a causa de sus rebeldes. Si es reconstruida, tú perderás tu poder de este lado del río».

Preguntas: ¿Quiénes eran los samaritanos? ¿Qué le dijeron a Artajerjes sobre los judíos?

Día 194
Los profetas del edificio de Dios
Esdras 4:17–5:2

«A los líderes samaritanos que están al otro lado del río –Artajerjes les respondió a los enemigos del edificio de Dios–, me han leído su carta. Yo creo que Jerusalén ha tenido poderosos reyes. Ellos gobernaron todo el país más allá del río. Jerusalén también ha peleado contra los reyes de los antiguos imperios. Este pueblo debe detener su obra en Jerusalén. La ciudad no puede ser reconstruida hasta que yo decida que puede serlo».

Los samaritanos forzaron que la construcción se detuviera.

Pronto, un nuevo rey llamado Darío llegó al poder en Persia.

En ese tiempo, dos profetas comenzaron a hablar en Jerusalén.

«Tus casas están terminadas y la casa de Dios está en ruinas –el profeta Hageo amonestó a los judíos–. Vayan a los montes, traigan madera y construyan la casa. Su gloria será mayor que la gloria del templo de Salomón.

La casa de Dios no es construida con poder».

Zacarías era el otro sacerdote que hablaba por Dios.

«No con poder ni con fuerza, sino por mi Espíritu, dice el Señor. Zorobabel echó los cimientos del templo.

Sus manos lo terminarán. Él colocará la última piedra con gritos de "¡Gracia sea!"».

Entonces los judíos continuaron construyendo la casa de Dios.

Preguntas: ¿Cómo amonestó Hageo a los judíos? ¿Qué dijo Zacarías para animar a los judíos?

El rey comanda el edificio de Dios
Esdras 5:11–6:12

Los líderes de Jerusalén le escribieron al rey Darío.
«Estamos reconstruyendo el templo de Dios construido hace muchos años. Nuestros ancestros enfadaron a Dios. Por lo tanto, Nabucodonosor destruyó este templo y se llevó al pueblo a Babilonia. Todos sus vasos santos fueron colocados en el templo allá. Por favor, busca tus registros. Lee la orden del rey Ciro para la reconstrucción de este templo. Luego escríbenos con tu decisión».

Darío buscó y encontró un rollo. Este hablaba sobre la orden de Ciro para reconstruir el templo.

«Que la obra de esta casa de Dios continúe».

Darío les envió su orden a los samaritanos.

«Dejen que los judíos reconstruyan este templo en su lugar. De hecho, el costo debe ser pagado con sus impuestos. Deles a los sacerdotes judíos todo lo que necesiten para sus sacrificios a Dios. Si alguien cambia esta orden, que lo maten».

Preguntas: ¿Qué le pidieron los líderes que hiciera al rey Darío?
¿Quién debía pagar la construcción de Jerusalén?

Día 196
Los judíos completan el edificio de Dios
Esdras 6:13-22

Los judíos reconstruyeron el templo de Dios en Jerusalén ayudados por las profecías de Hageo y de Zacarías. Ellos terminaron su edificio por la orden del Dios de Israel. El templo fue construido por la orden de tres reyes poderosos: Ciro, Darío y Artajerjes de Persia.

El pueblo de Israel, los sacerdotes y los levitas celebraron. Ellos se llenaron de gozo cuando se dedicó el templo. Esta es una lista de sus ofrendas a Dios aquel día: 100 becerros, 200 carneros y 400 coderos; como ofrenda por el pecado: 12 machos cabríos, uno por cada tribu de Israel.

Cientos de años antes, Israel había guardado la Pascua en Egipto. Ellos celebraron la Pascua de nuevo en la tierra de la promesa de Dios. Los sacerdotes fueron purificados y el cordero de la Pascua fue matado.

El pueblo de Israel que había regresado de Babilonia se lo comió. Ellos celebraron con el gozo del Señor durante siete días.

El segundo templo fue similar al templo de Salomón.

Ahí, las personas adoraron como antes. Pero el arca del pacto se perdió y nunca regresó a Jerusalén.

Preguntas: ¿Quiénes fueron los profetas que ayudaron a la construcción? ¿Quiénes fueron los tres reyes que hicieron posible la construcción?

Día 197
Un imperio sin reina
Ester 1:1–2:4

El rey Darío de Persia murió. Su hijo, Asuero, tomó su lugar como rey. Asuero dio un gran banquete en el palacio de Susa. Los nobles del imperio celebraron durante 180 días. Todo el pueblo de Susa llegó durante los últimos siete días. El rey ordenó que las siervas de la reina la llevaran a la fiesta.

Él deseaba que todos vieran su belleza. Pero la reina Vasti, al ser modesta, se negó.

El rey se llenó de ira. ¡Vasti no había obedecido su orden! Entonces se le ocurrió una idea tonta: «Todas las mujeres de mi imperio ahora le faltarán el respecto a su esposo». Y el reino del rey Asuero era vasto: se extendía de la India a Etiopía.

«¿Qué debo hacer con Vasti?», el rey les preguntó a sus consejeros.

«No vuelvas a verla. Elige a otra reina».

El rey asuero envió cartas a todo el imperio. Él declaró que Vasti ya no era reina. Más tarde, su ira se apagó. Asuero extrañaba a la reina Vasti. Sus consejeros le aconsejaron: «Trae mujeres de todo el imperio.

Elige a una nueva reina de entre ellas».

De manera que llevaron a jóvenes de todas partes.

Hegai, el siervo del palacio, procuró a todas.

Preguntas: ¿Por qué Vasti no quiso asistir a la fiesta? ¿Qué hizo el rey Asuero para encontrar una nueva reina?

Día 198
Ester, la reina de Persia
Ester 2:5-23

Muchos miles de judíos vivían en el Imperio persa. No todos habían regresado a Jerusalén. Uno de estos judíos era un hombre de Susa llamado Mardoqueo.

Con él vivía su prima, una joven llamada Ester.

Mardoqueo la adoptó como hija cuando sus padres murieron.

Ester significa «estrella», y ella era hermosa como su nombre. Llevaron a Ester al palacio, junto con otras mujeres del imperio. Una de ellas sería elegida como reina. Ahí, ella fue puesta bajo el cuidado de Hegai.

A Hegai le agradaba Ester y le ayudó en el palacio.

Ester no le dijo a Hegai que era judía. Con el tiempo, el rey Asuero eligió a Ester sobre las demás.

En un gran banquete, Ester fue hecha reina de Persia.

Cuando el rey deseaba ver a Ester, él enviaba por ella.

Nadie podía entrar en las habitaciones del rey sin invitación. Ni siquiera la reina.

En ese tiempo, Mardoqueo estaba sentado en la puerta del palacio. Él escuchó a dos hombres que planeaban matar al rey. Mardoqueo le avisó a Ester, quien le dijo a Asuero. Los hombres fueron capturados y castigados con muerte. Mardoqueo había salvado la vida del rey.

Esto fue escrito en la historia del imperio de Asuero.

Preguntas: ¿Cómo podía visitar Ester al rey Asuero? ¿Cómo salvó Mardoqueo la vida del rey?

Día 199
Amán trama contra los judíos
Primera parte Ester 3:1–6

El rey Asuero le dio el poder del imperio a un hombre llamado Amán. El rey le permitió a Amán hacer todo lo que deseaba. Incluso le ordenó al pueblo que se inclinara ante Amán cuando pasara.

Todos lo hacían. Todos menos Mardoqueo, quien solamente se inclinaba para adorar a Dios. Amán se enfureció de que Mardoqueo no se inclinara ante él. Pero él sintió que era demasiado importante como para lidiar con un judío. Por lo tanto, Amán tramó destruir a todos los judíos del imperio. Nadie sabía que Mardoqueo era primo de la reina Ester. Tampoco se sabía que Ester era judía.

Preguntas: ¿Por qué Mardoqueo no se inclinaba ante Amán? ¿Qué tramó Amán debido a que Mardoqueo no se inclinaba ante él?

Día 200
Amán trama contra los judíos
Segunda parte Ester 3:7-4:8

Amán habló con el rey Asuero. «Algunas personas de tu imperio no guardan tus leyes. Rey, deberías ordenar que los judíos sean destruidos. Yo pagaré para llevarlos a muerte. El dinero irá a tu tesoro».

«Haz como mejor te parezca», respondió el rey.

Entonces Amán escribió cartas para cada parte del imperio. «Destruyan, maten eliminen a todos los judíos –decían las órdenes–. Esto incluye a los jóvenes y los ancianos, a las mujeres y los niños. Háganlo en un solo día: el día décimo noveno del mes duodécimo. Quienes maten a la gente tomen su propiedad». Amán marcó las órdenes con el sello del rey y las envió. «¡Prepárense para ese día!», Amán ordenó.

Amán y el rey se sentaron a beber. Pero la ciudad alrededor estaba inquieta. Mardoqueo escuchó sobre la ley y se dirigió a la puerta del rey llorando.

Los judíos del imperio estaban en aflicción y pena.

Ester envió a un siervo con Mardoqueo para conocer la noticia. Mardoqueo le dio una copia de la orden con un mensaje: «Llévale esto a Ester», dijo él.

Preguntas: ¿Qué diferencia dijo Amán que había con los judíos? ¿Qué les prometían las órdenes a las personas que mataran a los judíos?

Día 201
«Si muero, que muera»
Ester 4:8–5:8

«**V**e con el rey –la reina Ester leyó el mensaje de Mardoqueo–. Ruégale que salve a tu pueblo».

La reina Ester envió de vuelta un mensaje: «Nadie puede entrar en los aposentos del rey sin invitación, o mueren».

Mardoqueo le dijo a Ester: «Serás asesinada como todos los demás judíos. Puede quedarte callada, Ester, pero Dios nos rescatará de otra manera. Quién sabe, posiblemente para esta hora te has vuelto reina». «Ve entonces, Mardoqueo –escribió Ester–. Reúne a los judíos en Susa.

Oren por mí tres días. Yo haré lo mismo. Luego acudiré al rey. Si muero, que muera».

Ester, vestida en sus vestidos reales, se presentó en la corte del rey. El rey, al verla, extendió el cetro real. Esa era su invitación. «¿Qué deseas, reina Ester? Te daré lo que sea».

«He venido a invitar al rey y a Amán a cenar».

«Comuníquenlo –ordenó él–. Hoy, Amán cena con el rey y la reina».

Los tres comieron juntos. «¿Qué deseas, Ester?», preguntó el rey.

«Por favor, ambos cenen conmigo mañana. Entonces te diré mi deseo».

Preguntas: ¿Qué dijo Mardoqueo que sucedería si Ester no ayudaba a los judíos? ¿Qué deseaba Ester que Amán y los judíos hicieran por ella?

Día 202
«Cuelga a Mardoqueo»
Ester 5:9-6:11

Amán se fue a casa presumiéndole a su esposa, Zeres, todos sus honores. «Incluso la reina Ester solo me permite a mí cenar con el rey».

Luego, Amán se amargó. «Pero nada de esto me hace bien. Mardoqueo se niega a inclinarse a mí».

«Cuelga a Mardoqueo –sugirió Zeres–, luego podrás comer con el rey y te sentirás feliz». A Amán le agradó la idea y ordenó que se construyera una gran horca.

Mardoqueo sería colgado al día siguiente.

Esa noche, el rey Asuero no pudo dormir, de manera que leyó la historia de su imperio. Entonces supo que Mardoqueo le había salvado la vida. *Me pregunto cómo puedo honrar a este hombre*, pensó él.

«¿Cuál es la mejor manera de que honre a un hombre, Amán?». Amán pensó que el rey deseaba honrarlo a él. «Dale tus vestidos reales y tu caballo. Envía a un noble con él cuando ande por la ciudad. Que ese hombre grite: "Este es el hombre a quien el rey honra"».

«Rápidamente, haz esto para Mardoqueo, el judío», ordenó el rey. Entonces Amán fue el hombre noble que gritó en Susa: «Mardoqueo es el hombre a quien el rey honra».

Preguntas: ¿Por qué el rey deseaba honrar a Mardoqueo? Amán no colgó a Mardoqueo. ¿Qué hizo para él?

Día 203
«¡Este malvado Amán!»
Ester 6:12–7:6

«Tu caída ha comenzado –Zeres le advirtió a Amán–. Si Mardoqueo es del pueblo judío, tu caída es segura». Pronto, el rey y Amán acudieron al banquete de Ester.

«Te daré lo que sea –dijo el rey–. Incluso te daré la mitad de mi reino».

«Que me sea dada la vida –respondió Ester–. Y no elimines a mi pueblo. Hemos sido vendidos para ser destruidos.

No hay precio que pueda pagar este daño a tu imperio».

El rey Asuero le dijo a la reina Ester: «¿Quién es él? ¿Dónde está el que ha imaginado hacer esto?».

«Un rival y enemigo –declaró Ester–. ¡Este malvado Amán!».

Preguntas: ¿Qué le dijo Zeres a Amán? ¿Qué ofreció el rey darle a Ester?

Día 204
Los judíos celebran el Purim
Ester 7:7–10:3

El rey se marchó enfurecido del banquete. Amán se tiró en el sofá de Ester, suplicando misericordia.

Cuando regresó, el rey vio esto. «¡Miren, está atacando a la reina!», dijo el rey. Los guardias de Amán le cubrieron la cabeza. Él estaba condenado.

«Miren, esa es la horca –Harbona el guarda dijo–. Amán la construyó para ahorcar a Mardoqueo».

Entonces, ellos colgaron a Amán en su propia horca.

Ese día, Asuero le dio a Ester toda la propiedad de Amán. Ella le dijo al rey que Mardoqueo era su primo.

Así que el rey le dio su anillo a Mardoqueo. Este anillo había estado en el dedo de Amán.

«Oh, rey –dijo Ester–, cancela la orden de matar a mi pueblo».

«Escribe una orden –respondió Asuero–. Di lo que desees. Ponle mi sello. La enviaremos con veloces caballos a todo el imperio».

De manera que Mardoqueo escribió la orden. Esta se fue a los 127 estados del imperio, de India a Etiopía.

La reina Ester ordenó una fiesta especial llamada Purim.

El pueblo hebreo celebró su liberación de la muerte.

Hasta el día de hoy, en el Purim, ellos cuentan la historia de Ester y Mardoqueo.

Preguntas: ¿Qué le sucedió a Amán? ¿Qué es el Purim?

Día 205
Esdras regresa a Jerusalén
Esdras 7:1–10:44

Mientras tanto, los judíos habían estado viviendo en Judea durante noventa años. Jerusalén continuaba siendo una pequeña ciudad. Sus casas estaban en ruinas y no había muro. El pueblo estaba indefenso contra los bandidos del desierto que les robaban.

En Babilonia vivía un sacerdote y escriba judío, llamado Esdras. Él estudiaba y guardaba la Ley de Dios.

Además enseñaba la Ley. Él reunió todos los escritos antiguos. Por primera vez, los libros del Antiguo Testamento estaban juntos. Esdras y otros sacerdotes llevaron esos rollos a Jerusalén.

Ahí, él encontró que algunos se habían desposado con personas que adoraban ídolos. Incluso los líderes judíos lo habían hecho. Sus hijos no conocían el idioma hebreo ni al Dios de Israel. Esdras se horrorizó. Él dejó de comer y solo oraba: «Hemos escapado y solamente quedan remanentes de Israel. Pero nuestra culpa se ha amontonado hasta el cielo. Por eso no podemos mirarte».

Mientras Esdras oraba, el pueblo se reunió alrededor, sentados bajo la fuerte lluvia. Esdras despidió a todos los que se habían desposado con un extranjero.

Y entonces, ellos se marcharon de Jerusalén con su esposa y sus hijos.

Preguntas: ¿Qué hizo Esdras con los escritos antiguos? ¿Qué descubrió Esdras cuando se dirigió a Jerusalén?

Día 206
Nehemías: el constructor de la ciudad
Nehemías 1:1–2:9

En los días de Esdras, vivía un hombre llamado Nehemías. Él le servía vino al rey persa, Artajerjes.

Pero Nehemías amaba a Jerusalén más que al palacio del rey. Una vez, cuando llegaron hombres de visita de Judea, él preguntó: «¿Cómo está Jerusalén?».

«La gente es muy pobre –le dijeron a Nehemías–. Nadie los respeta. El muro de Jerusalén está derribado y sus puertas quemadas».

Más tarde, Nehemías escribió: «Cuando escuché estas palabras, me senté y lloré. Dije: "Oh, gran y asombroso Dios, escucha mi oración. Tú prometiste reunir a tus hijos en Jerusalén de debajo de los cielos más lejanos. Oh, Dios, tú los trajiste con gran poder.

Yo le diré al rey acerca de esto. Haz que él me otorgue mi petición».

«Cuando le serví al rey su vino, él observó que me encontraba triste. "No estás enfermo –dijo él–. Entonces, ¿por qué estás triste?". Oré en silencio.

"La ciudad donde mis ancestros están enterrados está en ruinas", respondí. "¿Qué deseas". "Envíame a Judea, donde mis ancestros están enterrados. Permíteme reconstruir la ciudad". El rey estuvo feliz de enviarme a Jerusalén».

Preguntas: ¿Qué escuchó Nehemías acerca de Jerusalén? ¿Qué deseaba hacer Nehemías?

Día 207
La construcción comienza
Nehemías 2:11–3:32

Nehemías y un grupo de hombres a caballo viajaron 1,000 millas hacia Jerusalén. Él estuvo ahí durante tres días.

Pero Nehemías no le dijo a nadie por qué Dios lo había enviado.

«Me levanté en la noche –escribió Nehemías–. Algunos hombres y yo fuimos a ver los muros de Jerusalén. El camino era demasiado escarpado. De manera que dejé mi caballo y caminé. Los muros estaban en ruinas y las puertas hechas cenizas.

Regresé a la ciudad. Ahí dije: "Vengan, reconstruyamos el muro de Jerusalén. Luego, toda la gente que nos rodee nos respetará". Les dije lo que Dios había hecho conmigo.

Además, les dije que el rey me había enviado. Entonces ellos dijeron: "¡Comencemos a construir!". Pronto, la gente que vivía en las tierras de alrededor se burló de nosotros. "¿Qué están haciendo? ¿Rebelándose contra el rey?". "El Dios del cielo nos dará éxito –respondí–. Nosotros, sus siervos, comenzaremos a construir. Ustedes no pueden compartir esta obra"».

Cada familia de Jerusalén aceptó construir parte del muro. El sumo sacerdote construyó una de las puertas.

Un hombre rico construyó una larga sección.

Otros, hicieron un poco. Algunos construyeron mucho, y otros tantos, nada.

Preguntas: ¿Por qué Nehemías dijo que debían construir el muro?
¿Quién construyó el muro de Jerusalén?

La construcción es terminada

Nehemías 4:1–6:16

Sanbalat era samaritano. «¿Qué están haciendo estos débiles judíos?», se burló.

Tobías, un amonita, apoyó a Sanbalat.

«Una zorra que corra al muro lo derribará», él se rió.

El pueblo de Jerusalén reconstruyó el muro a la mitad de su altura. Los árabes, los amonitas y los de Asdod estaban muy molestos. Ellos no deseaban que la ciudad fuera fuerte.

Los judíos pusieron guarda día y noche, y continuaron trabajando. «No les teman –dijo Nehemías–. Recuerden que el Señor es grande y asombroso. Peleen por sus familias y sus hogares».

Sanbalat y Tobías vieron que no podían atacar.

Entonces le enviaron un mensaje a Nehemías: «Ven y reúnete con nosotros en el valle de Ono».

Ellos deseaban matar ahí a Nehemías.

«Estoy haciendo una gran obra –respondió él–. ¿Por qué debo detener esta obra para reunirme con ustedes?».

Finalmente, cincuenta y dos días después de que comenzaran, la obra fue terminada. Las puertas estaban cerradas y los guardas fueron colocados.

Los enemigos de alrededor temían. Ellos sabían que la obra había sido hecha con la ayuda de Dios.

Preguntas: ¿Qué querían hacer Sanbalat y Tobías en el valle de Ono?

Día 209
Esdras lee la ley
Nehemías 8:1–15:31

El muro de Jerusalén fue construido. El pueblo de Israel se estableció sin peligro en sus ciudades y aldeas.

Con Esdras en Jerusalén, todos se reunieron en la plaza junto a la puerta de las Aguas. «Trae el libro de la Ley de Moisés», ellos le dijeron a Esdras.

Cuando Esdras abrió los libros, el pueblo estuvo atento. Él bendijo al Señor, y todo el pueblo respondió: «Amén, amén». Desde el alba hasta el atardecer, Esdras les leyó. Escuchando con atención, el pueblo lloró cuando escuchó las palabras de la Ley.

«Este día es santo para el Señor –Esdras y los sacerdotes les dijeron–. No se lamenten ni lloren».

Entonces la gente regresó a su casa y comió con deleite.

Nehemías regresó a Susa y al rey de Persia. Más tarde, Él volvió a Jerusalén. Ahí vio a gente trabajando en el Sabbat. Esto va contra la ley de Dios para los judíos.

«¿Qué es esto malvado que están haciendo? –Nehemías preguntó–. ¿Cómo pueden deshonrar el Sabbat?».

Él ordenó que las puertas de la ciudad se cerraran al atardecer, antes del Sabbat. Y no eran abiertas sino hasta la mañana después del Sabbat. Jerusalén comenzó a crecer y a prosperar a medida que los judíos regresaban de todas las tierras.

Preguntas: ¿Qué le leyó Esdras al pueblo? ¿Qué maldad vio Nehemías que el pueblo estaba haciendo?

Día 210
Zacarías ve a un ángel
Lucas 1:1–23

Justo antes de que Jesús naciera, el rey Herodes gobernaba Judea para el Imperio romano. Herodes había reconstruido el antiguo templo judío. Ahí, un sacerdote ayudaba con la adoración. Su nombre era Zacarías; su esposa era Elisabet.

Un día, Zacarías estaba ministrando en el Lugar Santo. El exterior del patio estaba lleno de adoradores.

De pronto, él vio un ángel. Zacarías estaba aterrado.

«No temas –le dijo el ángel–. Dios ha escuchado tu oración. Elisabet tendrá un niño. Lo llamarán Juan.

Muchos se gozarán cuando nazca. Él tendrá el espíritu de Elías y volverá a muchos al Señor».

«¿Cómo sabré que esto es verdad? –preguntó Zacarías–. Soy un hombre anciano y mi esposa es anciana también».

«Yo soy Gabriel –dijo el ángel–. Dios me envió a darte buenas noticias, pero tú no me crees. Yo dije que eso sucedería, pero tú no hablarás hasta que suceda».

Cuando Zacarías salió, la gente pudo saber que él había tenido una visión. Intentó hacerles señas, pero ellos no pudieron comprender. Cuando terminó su servicio en el templo, Zacarías se fue a casa.

Preguntas: ¿Qué le dijo el ángel a Zacarías? ¿Por qué Zacarías no pudo hablar después de ver al ángel?

Día 211
Gabriel saluda a María
Lucas 1:26–38

«¡Esto es lo que Dios ha hecho por mí!», alabó Elisabet. Ella acababa de enterarse de que Zacarías y ella tendrían un bebé.

Después, Dios envió al ángel Gabriel a Nazaret.

Esta es una ciudad de Galilea, al norte de Judea. Ahí se encontraba viviendo una chica llamada María, quien estaba prometida a José. «Saludos –dijo Gabriel–. Tú eres la mujer favorita de Dios. Dios está contigo».

«¿Qué clase de habla es esta?», María se preguntó.

«No temas –Gabriel Continuó–. Tendrás un hijo.

Llamarás su nombre, Jesús. Él será llamado el Hijo de Dios».

Preguntas: ¿Qué hizo Elisabet cuando supo que tendría un bebé? ¿Qué le dijo Gabriel a María?

Día 212
El nacimiento de Juan el bautista
Lucas 1:39–80

«Hola, Elisabet». María había ido a ver a su prima, Elisabet. Cuando Elisabet escuchó la voz de María, su bebé saltó en su interior. Ella estaba llena del Espíritu Santo.

«¡María! Eres la mujer más bendecida de todas –exclamó Elisabet–. Tu bebé también es bendito.

¿Por qué ha venido a verme la madre de mi Señor?

Cuando escuché tu voz, mi bebé saltó de gozo dentro de mí».

Meses después, el bebé de Elisabet, Juan, nació.

Él crecería en el desierto: como un sacerdote nazareo para Dios. Este fue el último profeta: Juan el bautista.

Preguntas: ¿Qué sucedió cuando Elisabet escuchó la voz de María? ¿Quién era el hijo de Elisabet?

Día 213
El nacimiento de Jesucristo
Mateo 1:18–21; Lucas 2:1–7

José era carpintero en Nazaret. Él pronto se desposaría con María. Una noche tuvo un sueño. En este, un ángel le habló: «José, despósate con María. El niño que hay en su interior es del Espíritu Santo. Cuando nazca, llámalo Jesús. Él salvará a su pueblo de sus pecados».

En aquellos días, el emperador Augusto César ordenó que su pueblo fuera contado. Para hacerlo, todos fueron a su ciudad natal. Para María y José, su pueblo era Belén.

Belén también era la ciudad natal del rey David.

Fue un largo viaje de Nazaret a Belén. María, quien casi estaba lista para tener a su bebé, viajó con José.

Ellos se fueron por los montes de Galilea, hacia el río Jordán. Luego siguieron el río de Judea hasta los montes de Judea y llegaron a Jerusalén. La ciudad estaba llena de gente que había acudido para ser contada.

Ahí había una posada, pero estaba llena de gente.

Pronto, María tuvo que dar a luz. De manera que entraron en un establo. Ahí, María tuvo a su hijo, Jesús.

Ella lo envolvió en una manta y lo puso a dormir en un pesebre.

Preguntas: ¿Qué le dijo el ángel a José que haría Jesús? ¿En dónde nació Jesús?

Día 214
El anuncio del ángel
Lucas 2:8–20

Esa noche, los pastores guardaron a sus ovejas cerca de Belén. De pronto, estaban rodeados de luz.

Un ángel estaba ahí.

Los pastores estaban aterrados.

«No teman, he venido a darles buenas noticias. Hoy, en Belén, Cristo el Señor ha nacido. Ustedes lo hallarán envuelto en una manta, durmiendo en un pesebre».

De repente, el cielo se llenó de ángeles que adoraban a Dios. «¡Gloria a Dios en el cielo! En la Tierra paz y buena voluntad».

«Vayamos a Belén a ver esto grandioso».

Y fueron, y encontraron a María, a José y a Jesús, tal como el ángel les dijo.

Preguntas: ¿Quién dijeron los ángeles que había nacido? ¿Qué dijeron los ángeles cuando adoraron a Dios?

Día 215
La adoración de Simeón
Lucas 2:21–35

Un anciano llamado Simeón estaba en el templo de Jerusalén. En sus brazos se encontraba el bebé Jesús.

Simeón adoró a Dios: «Gracias, Señor, por permitirme dejar esta vida en paz. Finalmente he visto tu salvación para toda la gente. Él es luz para que los gentiles puedan verte; y Él es la gloria de tu pueblo, Israel».

María y José habían llevado a Jesús al templo. La Ley decía que debían prometerlo a Dios. El Espíritu le dijo a Simeón que también estuviera ahí. «Muchos en Israel se levantarán y caerán por su causa», Simeón les dijo a los padres de Jesús.

Preguntas: ¿Qué dijo Simeón acerca de Jesús? ¿Porqué María y José llevaron a Jesús al templo?

Día 216
La estrella de Cristo que se alza
Mateo 2:1-10

En el oriente, lejos de Belén, vivían algunos hombres muy sabios que estudiaban las estrellas. Ellos viajaron a Jerusalén para hacer una pregunta: «¿Dónde está el niño que nació para ser rey de los judíos? Vimos su estrella alzarse en el cielo, entonces vinimos a honrarlo».

Cuando el rey Herodes escuchó esto, él temió perder su reino. «Llamen a los principales sacerdotes y escribas –ordenó él–. Ellos sabrán dónde nacerá Cristo».

Los sacerdotes judíos le explicaron a Herodes las palabras del profeta Miqueas: Belén, en Judea, es una de sus ciudades más pequeñas.

Pero de ella vendrá el gobernador de Israel.

En secreto, Herodes les habló a los magos del oriente: «Cuando encuentren al niño, díganmelo. Deseo honrarlo también».

Cuando escucharon al rey, los hombres emprendieron el viaje. Ahí, adelante de ellos, iba una estrella que ellos habían visto alzarse y que se detuvo en una casa de Belén.

Los viajeros se llenaron de gozo.

Preguntas: ¿Qué estaban buscando los hombres del oriente? ¿Cómo supieron los sacerdotes dónde nacería Jesús?

Día 217
Regalos preciosos para Jesús
Mateo 2:11–14

Los alegres hombres entraron en la casa y vieron al niño con María. Ellos se arrodillaron en reverencia.

Luego, al abrir sus cofres de tesoros, ellos le ofrecieron regalos a Jesús. Le dieron oro precioso, incienso y mirra.

Cuando se marcharon, los hombres no regresaron con Herodes. De manera que viajaron a su tierra por otro camino.

José vio a un ángel en un sueño: «Apresúrense a Egipto –dijo el ángel–. Herodes desea matar al niño».

Esa noche, la familia huyó a Egipto.

Preguntas: ¿Qué regalos le dieron los hombres a Jesús? ¿Por qué no regresaron con Herodes?

Día 218
Cristo es ocultado en Egipto
Mateo 2:15-23

H erodes se enfadó cuando vio que los sabios lo habían engañado. Él les ordenó a sus soldados que mataran a todos los bebés de Belén. Deseaba asegurarse de matar al rey de los judíos.

Cientos de años antes, Jeremías dijo que eso sucedería: Escucho una voz en Ramá, cerca de Belén.

Es Raquel que llora por sus hijos.

Ella no será consolada, porque se han ido.

Pero Jesús estaba a salvo con su familia en Egipto.

Cuando Herodes murió, un ángel vino a José en un sueño.

«Levántate y regresen a Israel –el ángel le dijo–. Quienes deseaban matar al niño están muertos».

Mucho tiempo antes, un profeta había dicho esto: «De Egipto he llamado a mi hijo», escribió él.

Pero la familia no regresó a Judea. El hijo de Herodes estaba gobernando ahí, y José tuvo miedo.

Otra vez, él había recibido advertencia en un sueño.

Entonces José se llevó a María y a Jesús a Nazaret, en Galilea. Ahí estuvieron a salvo. Otro profeta había visto que esto sucedería. Él dijo: «Él será llamado nazareno».

Preguntas: ¿Por qué Herodes mató a los niños de Belén? ¿Por qué José se fue a vivir a Nazaret?

Día 219
En la casa de su padre
Lucas 2:40–52

Jesús creció y se fortaleció. Él estaba lleno de sabiduría y Dios lo amaba.

Cuando Jesús tenía doce años, su familia se fue a Jerusalén para la Pascua. Al terminar, ellos partieron a casa, pero el niño Jesús se quedó atrás en Jerusalén. Al no poder hallarlo, ellos regresaron a Jerusalén. Ahí, ellos buscaron a Jesús.

Luego de tres días, ellos lo encontraron en el templo.

Los maestros estaban asombrados de su entendimiento y sus respuestas. Cuando sus padres lo vieron, ellos se sorprendieron. Su madre le dijo: «Hijo, ¿por qué nos hiciste esto? Tú padre y yo te hemos estado buscando.

Hemos estado angustiados».

«¿Por qué me estaban buscando? –Jesús le preguntó–. ¿No saben que estaría en la casa de mi Padre?». Pero ellos no comprendieron a qué se refería.

Entonces Jesús se fue con ellos de Jerusalén.

Regresaron a Nazaret, y Él les obedeció. Su madre siempre recordaba las cosas que Él hacía y decía.

Jesús creció en sabiduría y en edad. Él era amado por Dios y por la gente.

Preguntas: ¿Por qué Jesús y su familia fueron a Jerusalén? ¿Qué estaba haciendo Jesús cuando lo encontraron?

Día 220
La obra de Juan el bautista
Lucas 3:1–14

Juan, el hijo de Elisabet y Zacarías, vivía en el desierto. El hijo de Zacarías además fue el último profeta de Israel. Cuando tenía treinta años, Dios lo envió al pueblo judío. Él les dijo que se alejaran del pecado y fueran perdonados. Juan bautizaba en el río Jordán a quienes se alejaban del pecado.

Anteriormente, el profeta Isaías habló de Juan el bautista: Su voz está clamando en el desierto.

Él irá delante del Señor para hacer caminos rectos para Él. Entonces todos verán la salvación de Dios.

Juan el bautista vestía ropa áspera tejida de pelo de camello y un cinto de cuero. Comía langostas secas y miel silvestre de los árboles. Las palabras de Juan también eran diferentes. Él dijo: «Aléjense del pecado y hagan el bien. El reino del cielo se acerca. Su rey pronto estará aquí».

Los fariseos eran hombres de Israel que presumían ser buenos.

Juan les dijo: «Ustedes son hijos de víboras. ¿Quién les dijo que escaparan de la ira de Dios contra ustedes?».

Preguntas: ¿Qué le dijo Juan el bautista a la gente? ¿Qué hacía cuando se alejaban del pecado?

Día 221
Juan bautiza a Jesús
Lucas 3:12–22; Mateo 3:13–17

«¿Será el Cristo?», todos se preguntaban esto acerca de Juan el bautista.

«Yo los bautizo con agua –el respondió–. El que viene es mayor que yo. Él los bautizará con el Espíritu Santo y fuego». Juan estaba hablando de Jesús.

Jesús se acercó para ser bautizado por Juan. Pero Juan dijo: «Tú deberías bautizarme a mí». Jesús respondió: «Así nos conviene –Jesús respondió–. Haremos lo correcto».

Juan bautizó a Jesús. Justo entonces, el Espíritu de Dios descendió como paloma. Y Dios habló: «Este es mi Hijo a quien amo. Él me agrada».

Preguntas: ¿Qué sucedió cuando Jesús fue bautizado? ¿Qué dijo Dios acerca de Jesús?

Día 222
El diablo tienta a Jesús
Lucas 4:1–11

El Espíritu de Dios llevó a Jesús al desierto. Ahí, él fue tentado por el diablo.

Cuando tuvo hambre, el diablo se acercó: «Si eres el Hijo de Dios, convierte estas piedras en pan».

«Uno no solamente vive de pan. Las palabras de Dios también son alimento».

El diablo lo llevó a la cúspide del templo. «Los ángeles no dejarán que te lastimes –le tentó–, salta al suelo».

«Está escrito, "No pruebes a Dios"».

«Yo te daré todos los reinos de la tierra; ¡adórame!», le ordenó Satanás.

«¡Vete de aquí, Satanás! La Biblia dice: "Adora y sirve solamente a Dios"».

Preguntas: El pan es alimento. ¿Qué más dijo Jesús que es alimento? ¿Qué dice la Biblia acerca de la adoración?

Día 223
Jesús encuentra a sus seguidores
Juan 1:29-41

Cuando el diablo dejó a Jesús, los ángeles llegaron y lo cuidaron. Entonces, Él regresó a donde estaba Juan, junto al Jordán.

Juan vio que Jesús se estaba acercando. «¡Miren! Ese es el Cordero de Dios que quita el pecado del mundo. Él es quien dije que era más grande que yo. Lo he visto, y ahora les digo: ¡Este es el Hijo de Dios!».

A la mañana siguiente, Juan estaba con dos de sus seguidores. Jesús pasó por ahí, y Juan gritó: «¡Miren, aquí está el Cordero de Dios!». Sus dos seguidores lo escucharon y siguieron a Jesús.

Jesús volteó y dijo: «¿Qué están buscando?».

«Maestro –ellos respondieron–, ¿en dónde vives?».

«Vengan a ver».

Un hombre, Andrés, encontró a su hermano, Simón, y le dijo: «¡Hemos encontrado al Cristo!». Él llevó a Simón con Jesús.

Jesús miró a Simón y le dijo: «Tú eres el hijo de Juan, Simón. Pero tu nuevo nombre es Pedro».

Al día siguiente, Jesús fue a Galilea. Él le dijo a Felipe: «Sígueme».

Más tarde, Jesús se encontró con Natanael, quien dijo: «Maestro, ¡tú eres el Hijo de Dios! ¡Eres el rey de Israel!».

Preguntas: ¿Quién dijo Juan el bautista que era Jesús? ¿Quién dijo Natanael que era Jesús?

Día 224
"Tú serás pescador de hombres"
Mateo 4:18–22

Jesús caminaba junto al mar de Galilea. Ahí vio a Pedro y a Andrés de nuevo. Ellos estaban echando su red al mar, porque eran pescadores. Él les dijo: «Síganme y pescarán personas».

Inmediatamente, ellos dejaron sus redes y lo siguieron.

Más adelante en la playa, Jesús vio a dos hermanos.

Santiago y Juan estaban pescando en una barca con su padre, Zebedeo. Ellos estaban arreglando sus redes. Jesús los llamó.

En seguida, ambos dejaron a su padre en la barca y lo siguieron.

Preguntas: ¿Qué estaban haciendo Pedro y Andrés cuando Jesús los llamó? ¿Qué estaban haciendo Santiago y Juan cuando Jesús los llamó?

Día 225
El milagro en la boda
Juan 2:1–11

Jesús y sus seguidores fueron a una ciudad llamada Canaán. En esa ciudad había una boda. Todos estaban divirtiéndose y comiendo un gran banquete; pero antes de que terminara el banquete, el vino se acabó.

María, la madre de Jesús, sabía que Él podía ayudar.

Ella le dijo a Jesús: «Ya no tienen vino». Él le dijo: «No es tiempo de que haga milagros». Pero María le dijo a la gente: «Hagan lo que Él les diga».

Ahí había seis grandes tinajas de piedra. Cada una almacenaba tanta agua como una bañera. Jesús dijo: «Llenen de agua esas tinajas». Los siervos hicieron lo que Él les dijo.

Entonces, Jesús les dijo: «Llévenle un poco al líder de esta boda». Ellos vaciaron un poco de agua de las tinajas, y se había convertido en vino.

El líder de la boda se sorprendió. Él le dijo al novio: «Este vino es mejor que el que has servido hasta ahora.

Guardaste el mejor vino para el final».

Esta fue la primera vez que Jesús hizo algo para comprobar que era el Hijo de Dios. Cuando sus seguidores lo vieron, ellos creyeron todavía más en Jesús.

Preguntas: ¿Qué sucedió con el agua? ¿Por qué Jesús convirtió el agua en vino?

Día 226
Él limpia la casa de su Padre
Juan 2:13–22

Jesús fue a Jerusalén para la Pascua.

En el templo, Él encontró a personas vendiendo ovejas y palomas para los sacrificios. Había cambistas en sus mesas.

Jesús elaboró un látigo de cuerdas y lo utilizó para expulsar a esas personas del templo. Él ahuyentó a sus ovejas hacia la calle y volcó sus monedas.

«¡Saquen esto de aquí!», él gritó.

«¡Dejen de hacer un mercado de la casa de mi Padre!».

Los judíos le dijeron: «¿Qué derecho tienes de hacer esto? Muéstranos una señal de que Dios te ha dado el control del templo».

«Esta es tu señal –Jesús dijo–. Destruyan este templo, y en tres días lo levantaré».

«Ha tomado cuarenta y seis años construir este templo.

Aún no se termina –dijeron los judíos–. ¿Lo levantarás en tres días?».

Pero Jesús no estaba hablando acerca de ese templo del monte Moriah. Él estaba hablando del templo de su cuerpo.

Ellos lo llevarían a la muerte, pero Él resucitaría de la muerte en tres días. Sus seguidores recordaron que Él lo había dicho.

De manera que cuando Jesús resucitó, ellos creyeron sus palabras.

Preguntas: ¿Qué utilizó Jesús para expulsar del templo a la gente? ¿A qué se refería Jesús cuando dijo que levantaría el templo en tres días?

Día 227
«Seré levantado en una cruz»
Juan 3:1–21

Nicodemo visitó a Jesús esa noche. Él era fariseo y líder de los judíos. «Sabemos que tú eres un maestro de Dios –él le dijo–. Nadie puede hacer esas cosas a menos que Dios esté con él».

«De veras te digo –Jesús le respondió–, nadie puede ver el reino de Dios sin nacer del Espíritu».

«¿Cómo es que un hombre viejo puede nacer de nuevo?».

«Lo que nace de una mujer es humano. Lo que nace del Espíritu es espíritu».

«¿Cómo puede suceder eso?», Nicodemo se cuestionaba.

«¿Eres un maestro de Israel? –Jesús le preguntó–. ¿Y sin embargo no comprendes?». Luego Jesús dijo: «¿Recuerdas cómo Moisés colocó una serpiente de bronce sobre un asta? Quien la miraba era sanado del veneno de serpiente».

«Sí», dijo Nicodemo.

«Bueno, yo soy el Hijo del Hombre. Yo seré levantado en una cruz. Quien crea en mí será sano del pecado y tendrá vida eterna. Porque Dios amó tanto al mundo que Él dio a su único Hijo, para que todo aquel que crea en Él no muera para siempre. Tendrán vida eterna».

Preguntas: ¿Cómo puede una persona ver el reino de Dios? ¿Qué sucede cuando una persona cree en Jesús?

Día 228
La mujer del pozo de Jacob
Primera parte
Juan 4:7-18

Jesús viajó de Judea a Samaria. Alrededor del mediodía, Jesús descansó junto al pozo de Jacob, y sus seguidores fueron a comprar comida.

Una mujer fue al pozo a sacar agua. «Dame de beber», dijo Jesús.

«Tú eres judío –ella dijo–. Yo soy samaritana. Los judíos no comparten con los samaritanos».

«No sabes quién te está pidiendo de beber. Si supieras, me pedirías tú de beber. Entonces te daría agua viva».

«Usted no trae un balde, señor. ¿Cómo obtendrá esa agua viva?».

«Quien beba de este pozo –dijo Jesús–, tendrá sed de nuevo. Pero cuando yo te doy agua, el pozo está en tu interior, y borbotea para darte vida eterna».

«Señor –dijo la mujer–, por favor, dame de esa agua. Así, no volveré a tener sed. No tendré que venir a este pozo».

«Ve por tu esposo y regresa».

«No tengo esposo».

«Es verdad –Jesús le dijo–. Has tenido cinco esposos, y el hombre que ahora tienes no es tu esposo».

Preguntas: ¿Qué clase de agua provee Jesús? ¿Qué te proporciona esta agua?

Día 229
La mujer del pozo de Jacob
Segunda parte
Juan 4:19–42

La mujer samaritana dijo: «Veo que eres un profeta. Dime, qué es lo correcto, ¿adorar en este monte o en Jerusalén?».

«Créeme –respondió Jesús–. La hora viene cuando no adorarás al Padre en ninguno de los dos lugares.

Los verdaderos adoradores adoran al Padre en espíritu y en verdad. Dios está buscando personas que le adoren de esta manera. Verás, Dios es Espíritu. Por lo tanto, quienes le adoran deben adorarle en espíritu y en verdad».

La mujer dijo: «Yo sé que Cristo viene. Cuando lo haga, Él nos enseñará todo».

«Soy yo quien te habla. Soy Cristo».

Justo entonces, los seguidores de Jesús regresaron con la comida. Ellos se sorprendieron de que Jesús estuviera hablando con esta mujer samaritana. Ella dejó su cántaro en el pozo y se apresuró a volver a la ciudad. «¡Vengan a ver a un hombre que me dijo todo lo que he hecho!

¿Será el Cristo?».

Mucha gente de esa ciudad creyó en Jesús por causa de la mujer. Jesús permaneció ahí dos días. Muchos más creyeron porque escucharon sus palabras.

Preguntas: ¿Cómo dijo Jesús que debíamos adorar al Padre? ¿Qué sucedió con la gente de la ciudad debido a la mujer del pozo?

Día 230
La casa de un noble cree
Juan 4:46–5:1

Cuando Jesús regresó a Galilea, el pueblo lo recibió. Ellos habían visto lo que había hecho en Jerusalén. Jesús fue a Canaán, donde transformó el agua en vino. Cerca de ahí, en Capernaum, había un noble cuyo hijo estaba enfermo. Él había escuchado que Jesús había llegado de Judea. Este hombre subió los montes de la orilla del mar para ver a Jesús. Él le rogó: «Ven a sanar a mi hijo. Él está a punto de morir».

«A menos que veas milagros no creerás», respondió Jesús.

El noble le dijo: «Señor, ven antes de que mi pequeño muera».

«Ve, tu hijo vivirá».

El hombre creyó las palabras de Jesús y partió a casa.

Al día siguiente, sus esclavos lo encontraron en el camino.

«¡Su hijo está vivo!», exclamaron.

Él les preguntó a qué hora había comenzado a recuperarse.

«Ayer, a la una de la tarde, su fiebre descendió». Esa fue la misma hora en que Jesús dijo: «Tu hijo vivirá». Entonces, el noble creyó, al igual que toda su casa.

Esta fue la segunda vez que Jesús hizo algo para comprobar que era el Hijo de Dios.

Preguntas: Cuando Jesús dijo que su hijo viviría, ¿qué hizo el noble? ¿Quién más creyó cuando creyó el noble?

Día 231
Problemas en Nazaret
Primera parte
Lucas 4:16–24

Jesús regresó a su ciudad natal de Nazaret. En la sinagoga, Jesús se levantó para leer el capítulo sesenta y uno de Isaías: El Espíritu del Señor está sobre mí. Estoy ungido para llevarles buenas nuevas a los pobres.

Él me envió para proclamar «¡Libertad!» a los cautivos y darles vista a los ciegos; a liberar a los sobrecargados; y a proclamar el año de la gracia de Dios para todos.

Luego, Jesús enrolló el pergamino y lo entregó. Todos lo estaban mirando. Él dijo: «Hoy, estas palabras se han vuelto verdad». Todos estaban asombrados de sus palabras llenas de gracia. Pero luego, alguien dijo: «¿No es este el hijo de José? Conocemos a sus hermanos y sus hermanas. ¿Cómo puede Él enseñarnos?».

Jesús dijo: «Ustedes están pensando: "¿Por qué no hace milagros como lo hizo en Capernaum?". Yo les digo la verdad. Un profeta nunca es bienvenido en su propia tierra».

Preguntas: ¿Qué es aquello que dijo la Escritura que Jesús venía a hacer? ¿Por qué la gente cuestionó a Jesús?

Día 232
Problemas en Nazaret
Segunda parte
Lucas 4:24–32

«Les digo la verdad. Un profeta nunca es bienvenido en su propia tierra». Jesús estaba hablando con la gente en la sinagoga de Nazaret.

«En el tiempo de Elías, no llovió durante tres años y medio. Había muchas viudas en Israel. Pero, ¿a qué viuda le dijo Dios a Elías que ayudara? A una mujer que estaba fuera de Israel; no a una judía. Y, ¿no había muchos leprosos en el tiempo de Eliseo? Pero al único leproso que sanó el profeta fue a Namán, de Siria».

Cuando ellos escucharon esto, todos los que se encontraban en la sinagoga se enfurecieron. Ellos deseaban milagros como los de Capernaum. Se levantaron y sacaron a Jesús de la ciudad. Nazaret estaba construida en una ladera.

Ellos lo llevaron a la cima del monte más alto. Deseaban arrojarlo por el acantilado. Pero Jesús se zafó y fue por su camino. Todavía no era tiempo de morir.

En Capernaum, junto al mar de Galilea, Jesús enseñó el siguiente día de Sabbat. Ellos se asombraron de su enseñanza. A diferencia de otros maestros, Jesús hablaba como un experto.

Preguntas: ¿Qué ejemplo dio Jesús que muestra que la gente no es recibida en su propia ciudad? ¿Por qué la gente estaba enfadada con Jesús?

Día 233
«¡Tú eres el Hijo de Dios!»
Lucas 4:33-41

En Capernaum vivía un hombre que estaba controlado por un demonio. Él vio a Jesús, y el demonio clamó: «¡Déjanos en paz, Jesús de Nazaret! ¿Has venido a destruirnos? Yo te conozco, tú eres el Santo de Dios».

Jesús le ordenó al demonio: «¡Cállate y sal de él!».

El demonio tiró al suelo al hombre y salió. El hombre estaba lastimado. Todos alrededor estaban asombrados.

«¿Qué tipo de palabra es esta? –ellos se preguntaron–. Él tiene poder para ordenarles a los espíritus malignos.

¡Y ellos salen!».

En todos lados se escuchaban reportes de Jesús.

Luego de esto, Jesús entró en la casa de Pedro. Ahí, la suegra de Pedro estaba sufriendo de una alta fiebre.

Ellos le preguntaron sobre ella. Jesús se inclinó hacia la mujer y reprendió la fiebre, y esta la dejó.

De inmediato, la suegra de Pedro se levantó de la cama y les sirvió la comida.

Al atardecer, la gente le llevó a Jesús a los enfermos.

Demonios salieron de mucha gente, gritando: «¡Tú eres el Hijo de Dios!». Jesús no dejaba que los demonios hablaran, porque ellos sabían que Él era Cristo.

Preguntas: ¿Qué hizo Jesús para que los demonios salieran? ¿Por qué Jesús no dejaba que los demonios hablaran?

Día 234
«Dejen sus redes de pescar»
Lucas 5:1-11

Una vez, Jesús se encontraba en el mar de Galilea. Cerca, estaban dos barcas de pescar que les pertenecían a Pedro y a Andrés, y a Santiago y a Juan.

Estos jóvenes discípulos estaban cerca lavando sus redes.

Jesús subió a la barca de Pedro y se sentó enseñándoles a las multitudes.

Jesús terminó de enseñar. «Pedro –dijo Él–, ve mar adentro y suelta tus redes».

«Maestro –respondió Pedro–, hemos trabajado toda la noche y no atrapamos nada. Pero si lo dices, soltaré las redes».

Cuando lo hicieron, atraparon tantos peces en sus redes que se estaban rasgando. ¡Pedro les hizo señas a Santiago y a Juan, quienes llegaron y llenaron ambas barcas hasta rebosar!

Asombrado por la maravilla de Dios, él cayó y clamó: «Aléjate de mí, Señor. ¡Soy un pecador!».

«No temas –Jesús consoló a Pedro–. De ahora en adelante, pescarás a personas». Los jóvenes dejaron sus barcas y todo lo que tenían, y siguieron a Jesús.

Preguntas: ¿Por qué Jesús entró en la barca? ¿Por qué crees que Jesús llevara tantos peces a la red de Pedro?

Día 235
«Sé limpio»
Lucas 5:12–16

En una ciudad había un hombre cubierto de lepra. Cuando vio a Jesús, se postró al suelo. «Si lo decides –el rogó–, puedes limpiarme».

«Decido hacerlo –le dijo Jesús–. Sé limpio».

Instantáneamente, la lepra se fue. Jesús le ordenó que no le dijera a nadie. «Muéstrale al sacerdote y hazle una ofrenda a Dios».

Pero como nunca antes, las noticias acerca de Jesús comenzaron a extenderse. La gente se asombraba cuando lo escuchaba. Multitudes se reunían para escuchar y eran sanados de la enfermedad. A veces, Jesús se iba a lugares apartados para orar.

Preguntas: ¿Qué le dijo Jesús al leproso que hiciera? ¿Qué hacía Jesús cuando se alejaba de las multitudes?

El poder para perdonar los pecados
Lucas 5:17–26

Llegaron fariseos y maestros de todas las aldeas de Galilea. Vinieron de Jerusalén a Capernaum.

Jesús les estaba enseñando, y el poder de Dios estaba con Él para sanar. En ese momento, algunos hombres se acercaron cargando a un hombre paralítico en un lecho.

Ellos intentaron llevarlo a la casa con Jesús, pero estaba demasiado llena. Entonces subieron al tejado y quitaron algunas tejas. Ellos bajaron al paralítico hacia la casa.

Ahí estuvo él frente a Jesús, en medio de la multitud.

Jesús vio que estos hombres tenían fe. «Amigo –dijo Él– tus pecados te son perdonados».

Los fariseos cuestionaron esto. «Él está diciendo herejías –ellos susurraron–. Nadie puede perdonar los pecados excepto Dios».

Jesús conocía sus pensamientos: «¿Por qué cuestionan esto? Es más fácil decir: "Tus pecados te son perdonados", o: "Levántate y anda"? Quiero que sepan que tengo poder para perdonar los pecados». Entonces Jesús le habló al hombre paralítico: «Levántate, toma tu lecho y ve a casa».

Y el hombre lo hizo, adorando a Dios.

Todos estaban asombrados y adoraron a Dios. «Hemos visto grandes cosas hoy», dijeron ellos.

Preguntas: ¿Por qué los hombres bajaron por el tejado al hombre paralítico? ¿Qué dijeron los fariseos cuando Jesús perdonó el pecado del hombre?

Jesús ignora el Sabbat
Primera parte
Juan 5:1–18

Jesús fue al festival de Pascua. Ahí, cerca de la puerta de las ovejas, se encuentra un estanque llamado Betesda. Muchos ciegos, cojos y paralíticos esperaban ahí a que el agua borboteara, debido a su poder sanador.

Jesús le preguntó a un hombre que había estado enfermo durante treinta y ocho años si deseaba recuperarse.

«Alguien siempre llega al estanque antes que yo».

Jesús le dijo: «Levántate, toma tu lecho y anda».

Alguien dijo: «Hoy es el Sabbat. Está contra la ley cargar ese lecho».

«El hombre que me sanó me dijo que tomara mi lecho».

«¿Quién era?», preguntaron los fariseos.

«No lo sé».

Jesús se marchó del lugar. Más tarde, cuando el hombre vio a Jesús en el templo, él les dijo a los fariseos, y ellos amenazaron a Jesús por sanar en el Sabbat.

«Mi Padre trabaja todos los días, y yo también», Jesús respondió. Los fariseos deseaban matar a Jesús por ello.

Él se había proclamado Dios.

Preguntas: ¿Cómo quebrantó la ley el hombre sanado? ¿Por qué los fariseos deseaban matar a Jesús?

Día 238
Jesús ignora el Sabbat
Segunda parte
Marcos 3:1–6

Jesús fue a la sinagoga en el Sabbat.

Ahí había un hombre cuya mano estaba incapacitada.

La gente se preguntaba si podía sanar en el Sabbat.

Jesús les preguntó: «¿Está contra la ley hacer bien en el Sabbat? ¿Qué acerca de hacer el mal? ¿Su ley no me permite salvar una vida en el Sabbat?

¿Qué acerca de matar?». Ellos no respondieron.

«Estira tu mano –le dijo él al hombre–. La mano fue sanada. De inmediato, los fariseos tramaron junto con los romanos destruir a Jesús».

Preguntas: ¿Qué le preguntó Jesús a la gente? ¿Los fariseos deseaban destruir a Jesús porque había sanado al hombre o porque ignoró la ley del Sabbat?

Día 239
Jesús enseña en el monte
Mateo 5:1–9

Jesús vio a las grandes multitudes en el monte. Sus discípulos también vinieron y Él les enseñó: Benditos son los pobres de espíritu, porque suyo es el reino de los cielos.

Benditos son los mansos, porque ellos heredarán la Tierra.

Quien está hambriento de hacer lo correcto es bendecido, porque ellos serán saciados.

Quienes tienen misericordia son benditos, porque ellos recibirán misericordia.

Los puros de corazón son bendecidos, porque ellos verán a Dios.

Benditos son los que hacen la paz, porque ellos serán llamados hijos de Dios.

Preguntas: ¿Qué personas heredarán la Tierra? ¿Qué clase de personas son llamadas hijos de Dios?

Día 240
La fe de un centurión
Lucas 7:1–10

En Capernaum vivía un oficial del ejército romano. A él se le llamaba centurión, porque dirigía a cien hombres.

Como romano, él era extranjero en Israel.

Los judíos llamaban «gentiles» a los extranjeros y a los no judíos. De manera que este centurión era un gentil.

Él tenía un siervo favorito que casi moría. El centurión mandó por Jesús: «Pídanle que venga y salve a mi esclavo», dijo él.

«Este centurión merece tu ayuda –ellos le dijeron a Jesús–. Él ama a la gente y pagó por construir nuestra sinagoga».

No lejos de la casa del hombre, los amigos del centurión se encontraron con Jesús. «El centurión envía este mensaje –dijeron ellos–. "Señor, no te preocupes. No merezco que vayas a mi casa. Si simplemente dices las palabras, mi siervo será sano. Yo soy como tú, Señor: alguien más me dice qué hacer. Entonces yo les doy las órdenes a mis soldados y a mis siervos"».

Jesús se asombró de que el centurión dijera eso.

Él le habló a la multitud: «No he hallado esta clase de fe en todo Israel».

Cuando volvieron los amigos del centurión, el siervo estaba sano.

Preguntas: El líder judío dijo que el hombre merecía la ayuda de Jesús. ¿Qué dijo el centurión? ¿Qué dijo Jesús acerca de la fe de este hombre?

Día 241
El funeral de Naín
Lucas 7:11–16

Jesús y sus discípulos fueron a la ciudad de Naín.
Una gran multitud los siguió. Ahí, salió por la puerta de la
ciudad un cortejo fúnebre. Un joven había muerto.
Su madre, una viuda, seguía su cuerpo, llorando.
Una gran multitud de la ciudad se encontraba ahí.
El Señor la vio y tuvo misericordia. «No llores», le dijo él
y detuvo el cortejo. Luego dijo: «Joven, te digo, ¡levántate!». El
hombre se sentó y comenzó a hablar.
Jesús se lo entregó a su madre. Las multitudes temían.
«Un gran profeta ha venido a nosotros», ellos declararon.

*Preguntas: ¿Qué hizo el Señor cuando vio llorando a la viuda? ¿Qué
dijo la multitud acerca de Jesús?*

Día 242
Los pecados y el amor
Primera parte
Lucas 7:36–36

Un fariseo llamado Simón invitó a Jesús a cenar. Ahí, una mujer llegó con un hermoso frasquito de perfume.

Ella estaba llorando a los pies de Jesús. Era una mujer bien conocida por su pecado que vivía en la ciudad.

Los pies de Jesús estaban bañados de lágrimas, la mujer los secó con su cabello. Cuando esta mujer besó los pies de Jesús, ella los ungió con perfume.

«No creo que este hombre sea un profeta –Simón se dijo a sí mismo–. Si lo fuera, sabría quién lo está tocando. Ella es una pecadora».

Preguntas: ¿Qué hizo la mujer cuando se acercó a Jesús? ¿Qué clase de mujer era ella?

Día 243
Los pecados y el amor
Segunda parte
Lucas 7:40–50

Jesús dijo: «Simón, quiero contarte una historia. Dos personas se debían dinero. El primero debía 500 dólares. El otro debía 50 dólares. Ninguno de los dos podía pagar. Entonces él les dijo a ambos que no necesitaban pagarle. ¿A quién amaba más?».

Simón el fariseo respondió: «Supongo que al que le debía más dinero».

Jesús le dijo: «Tienes razón. Yo fui a tu casa. ¿Me diste agua para lavar mis pies? No. ¿Ves a esta mujer, Simón? Ella me lavó los pies y los limpió con su cabello. Tú no me saludaste con un beso; pero desde que llegué, ella no ha dejado de besarme los pies.

Tú no ungiste mi cabeza con aceite; pero ella ha ungido mis pies. Te digo, sus muchos pecados son perdonados. Pero el que ha hecho poco para perdonar, ama poco».

Jesús le dijo a la mujer: «Tus pecados te son perdonados».

Quienes estaban alrededor de la mesa murmuraron: «¿Quién es este que perdona los pecados?».

Y Él le dijo a la mujer: «Tu fe te ha salvado; ve en paz».

Preguntas: ¿Quién tenía más pecados, Simón el fariseo o la mujer que lloraba? ¿Quién amaba más a Jesús?

Día 244
Las semillas de la Palabra de Dios
Lucas 8:4–15

Una gran multitud se reunió, y Jesús les enseñó una historia: «Un sembrador estaba plantando semillas. Él las extendió, algunas cayeron en el camino. Las aves se comieron estas semillas. Algunas semillas cayeron en las piedras y murieron, porque no había suficiente agua. Semillas cayeron en la maleza y no pudieron crecer. Otras cayeron en buena tierra. Estas semillas crecieron y le dieron una buena cosecha al sembrador».

Más tarde, Jesús les dijo a sus discípulos: «Estas semillas son la Palabra de Dios. Las que cayeron en el camino suponen esto: algunas personas escuchan la Palabra de Dios.

Luego el diablo se las quita de su corazón, entonces no pueden creer y ser salvas.

Las semillas de las piedras son las personas que creen felizmente durante un tiempo. Pero en los tiempos difíciles, ellos se olvidan de la Palabra de Dios.

Las semillas de la maleza quieren decir lo siguiente: algunas personas escuchan la Palabra de Dios y van por su propio camino. La palabra no puede crecer, porque su corazón está lleno de otras cosas.

Luego están las semillas en buena tierra. Estas muestran la Palabra de Dios en un buen corazón.

La vida de esa persona es transformada para siempre».

Preguntas: ¿Qué son las semillas del sembrador en esta historia? ¿Qué sucede cuando la Palabra de Dios entra en un corazón sincero?

Día 245
El viento y el mar le obedecen
Marcos 4:35–5:6

En la noche, Jesús dijo: «Crucemos al otro lado». Con sus barcas, los discípulos remaron hacia el otro lado del mar de Galilea. Una gran tormenta golpeó.

Las olas golpearon la barca y esta estuvo a punto de inundarse. Pero Jesús estaba dormido en la popa de la barca.

Ellos lo despertaron. «Maestro, ¿no te importa que estemos a punto de hundirnos?».

Él se despertó y reprendió el viento. Hablándole al mar, Jesús dijo: «¡Calma! Enmudece». El viento se detuvo y hubo una completa calma en el agua.

«¿Por qué temen? –Él les preguntó– ¿Todavía no tienen fe?».

Ellos se llenaron de gran asombro. «¿Quién es Él? –se preguntaron entre sí–. Incluso el viento le obedece».

Ellos llegaron al otro lado del mar. Esta era la región de los gadarenos. Un hombre vivía en un cementerio ahí.

Él gritaba a los montes y se lastimaba con piedras.

Un espíritu inmundo vivía en este hombre. Cuando lo capturaban, él rompía las cadenas y escapaba.

Este hombre que tenía un espíritu inmundo vio a Jesús y llegó a la orilla del mar.

Preguntas: ¿Qué dijo Jesús acerca de la fe de los discípulos? ¿Cómo se sintieron los discípulos después de que Jesús calmara el mar?

Día 246
El hombre de los espíritus inmundos
Marcos 5:6-20

El hombre que tenía espíritus inmundos espió a Jesús. Él gritó y vociferó: «¿Qué tienes conmigo, Jesús, Hijo del Dios Altísimo?».

«¡Sal de él, espíritu inmundo!», Jesús ordenó.

«Te ruego en el nombre de Dios, no me hagas sufrir», respondió.

«¿Cómo te llamas?», Jesús le preguntó al espíritu.

«Me llamo legión, porque somos muchos los que estamos en este hombre. Por favor, no nos eches fuera».

Cerca, pacía una manada de cerdos. «Déjanos entrar en los cerdos», le rogaron los espíritus. Jesús les dio permiso. La legión de espíritus salió del hombre, entró en los cerdos y todos los animales se fueron por un despeñadero hacia el mar.

La gente encontró al hombre de los espíritus inmundos completamente vestido y sentado con Jesús en cordura.

Ellos temieron y le suplicaron a Jesús: «¡Vete de aquí!».

Antes de marcharse, Jesús le habló al hombre.

«Ve a casa. Diles a tus amigos cuánto ha hecho el Señor por ti». El hombre fue a diez ciudades diciendo lo que Jesús había hecho.

Preguntas: ¿Qué sucedió cuando los espíritus entraron en los cerdos? ¿Qué hizo el hombre que tenía espíritus cuando Jesús se marchó?

Día 247
«¿Quién me tocó?»
Marcos 5:22–34

Una vez más, cruzaron el mar en la barca. Al otro lado de la orilla se reunió una gran multitud. Un líder judío llamado Jairo se adelantó y cayó a sus pies. «Mi pequeña hija está a punto de morir. Ven y tócala para que viva».

Entonces Jesús fue con él. La multitud los seguía y los empujaba.

En la multitud se encontraba una mujer que había estado sangrando durante doce años. Ella había gastado todo su dinero en médicos. Ellos no pudieron ayudarlo; de hecho, ella empeoró. La mujer había escuchado acerca de Jesús y se le acercó por detrás. Ella se dijo: *Si toco su ropa, seré sanada.*

Ella tocó su manto. Instantáneamente, su sangrado se detuvo.

Esta mujer supo que estaba sana.

Jesús también supo que algo había sucedido. Él sintió que había salido poder de Él. «¿Quién me tocó?», preguntó.

«La multitud te está empujando –le dijeron los discípulos–, ¿cómo preguntas: "¿Quién me tocó?"».

Pero Él miró alrededor para saber quién lo había hecho.

La mujer se le acercó con temor y temblor.

Ella le contó toda la historia. «Hija, dijo Él–, tu fe te ha hecho bien. Ve en paz y sé sana».

Preguntas: ¿Qué le sucedió a Jesús cuando la mujer lo tocó? ¿Qué dijo Jesús que le había hecho bien?

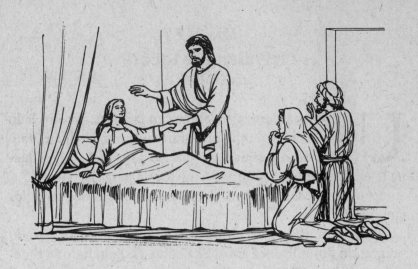

Día 248
«Ella no está muerta; solo duerme»
Marcos 5:35-43

«Tu hija está muerta, Jairo –le dijo la gente–. No molestes al maestro». Pero Jesús lo escuchó.

«No temas, Jairo –le dijo–, solo cree».

Jesús no dejó que nadie lo siguiera a la casa de Jairo. Solo Pedro, Santiago y Juan los siguieron.

Ahí, la gente lloraba fuertemente.

«¿Por qué hay tanto ruido? Ella no está muerta; solo duerme».

Ellos se rieron de Jesús. Él los sacó. Con sus padres y los discípulos, Jesús se le acercó a la niña y tomó su mano.

«Pequeña, levántate». Ella se levantó y caminó por ahí.

Ellos se abrumaron de asombro. «No le digan a nadie –Jesús ordenó–. Y denle algo que comer».

Preguntas: ¿Qué le dijo Jesús a Jairo que hiciera? ¿Qué hacía la gente cuando Jesús llegó a la casa?

Día 249
La muerte de Juan el bautista
Mateo 14:1–12; 11:7–15

El rey Herodes era malvado y estaba confundido. Él se había desposado con la esposa de su hermano, Herodías. Cuando Juan el bautista escuchó esto, dijo: «Eso va contra la ley». De manera que Herodes encerró a Juan en prisión. Él temía matarlo, porque Juan era un profeta honrado.

En el cumpleaños de Herodes, ellos hicieron un banquete. La hija de Herodías bailó, y Herodes estuvo feliz con ella. «Te daré lo que desees», él le prometió.

Su madre le dijo: «Pide que te dé la cabeza de Juan en un plato». Y lo hizo. El rey se entristeció. Entonces envió guardias a cortarle la cabeza a Juan; se la dieron a la chica, quien se la dio a Herodías.

Jesús les habló a los discípulos acerca de Juan: «Él fue más que un profeta. Él es el hombre de quien escribió el profeta Malaquías. "Miren, les envío a mi mensajero delante de ustedes. Él les preparará camino".

Juan lo hizo para mí».

«No se ha levantado uno mayor que Juan el bautista. Pero el más pequeño del reino es más grande que él. Ahora las buenas nuevas son suyas».

Preguntas: ¿Qué hizo Juan el bautista para Jesús? ¿Por qué los más pequeños del reino son más grandes que Juan?

Día 250
Jesús alimenta a las multitudes
Mateo 14:13-18

Jesús escuchó que habían asesinado a Juan el bautista. Él se retiró a una barca en un lugar apartado. El pueblo lo siguió caminando por el mar de Galilea.

Entonces, cuando Jesús se dirigió a la orilla, él vio que grandes multitudes estaban esperando. Ahí, él se ocupó de ellos. «Es tarde –dijeron los discípulos–. Envíalos a comer».

«No necesitan marcharse –dijo Jesús–. Ustedes denles de comer».

«Todo lo que tenemos son cinco panes y dos peces».

Tomándolos, Jesús miró al cielo. Él bendijo y partió los panes.

Entonces todos comieron hasta llenarse. Ellos llenaron doce canastas de sobras.

Preguntas: ¿Por qué los discípulos deseaban despedir a la gente? ¿Qué deseaba Jesús que hicieran los discípulos?

Jesús camina sobre el mar

Mateo 14:22–36

Después de alimentar a las multitudes, Jesús envió a los discípulos de vuelta a la barca. Él subió al monte para orar solo. Al atardecer, la barca estaba lejos de la orilla. Los discípulos batallaron para navegar contra las altas olas y los fuertes vientos. Al anochecer, Jesús se les acercó caminando sobre el mar.

«¡Es un fantasma!», ellos gritaron con temor.

«Tengan ánimo; soy yo –dijo Jesús–. No teman».

Pedro respondió: «Señor, ordéname caminar sobre el agua».

Él dijo: «Ven».

Entonces Pedro comenzó a caminar sobre el agua hacia Jesús.

Pero cuando Pedro sintió el viento, él comenzó a hundirse.

Pedro clamó: «¡Señor, sálvame!».

De inmediato, Jesús se estiró y lo alcanzó. «Tienes muy poca fe –Jesús dijo–. ¿Por qué dudaste?». De vuelta en la barca, el viento se detuvo.

«De verdad eres el Hijo de Dios», dijeron. Y los discípulos lo adoraron. Cuando la barca llegó a tierra, le llevaron a Jesús los enfermos. «Solo déjanos tocar el borde de tu manto», rogó la gente. Todos los que lo tocaron fueron sanados.

Preguntas: ¿Qué pensaron los discípulos cuando vieron a Jesús caminando en el mar? ¿Por qué Pedro comenzó a hundirse?

Día 252
Jesús, el Pan de vida
Juan 6:25–68

Jesús le dijo a la multitud: «Me desean porque los alimenté ayer. Pero tengan hambre de comida que les dé vida eterna. Yo les daré de esa comida».

«¿Qué buenas obras podemos hacer para Dios?», ellos preguntaron.

«Crean en aquel a quien Dios ha enviado».

Ellos dijeron: «Cuando veamos un milagro, creeremos en ti.

Nuestros ancestros comieron maná del cielo.

¿Tú qué vas a hacer por nosotros?».

«Mi Padre les ha dado pan de verdad del cielo. El pan de Dios es aquel a quien ha enviado para darle vida al mundo».

«Señor –ellos suplicaron–, danos siempre este pan».

Entonces Jesús les dijo: «Yo soy el pan de vida. El que viene a mí, nunca tendrá hambre. Quien crea en mí, nunca tendrá sed.

Sus ancestros comieron el maná y aun así murieron. Yo soy el pan viviente que viene del cielo. Quien coma de este pan vivirá para siempre».

Algunos de sus discípulos se quejaron de esa enseñanza y lo abandonaron.

«¿Ustedes también se marcharán?», Jesús les preguntó.

«¿A dónde iremos? –respondió Pedro–Tú tienes las palabras de vida eterna».

Preguntas: Las multitudes deseaban trabajar para Dios. ¿Qué les dijo Jesús que debían hacer? ¿Quién es el verdadero pan?

Día 253
Un perro gentil y el Pan de vida
Mateo 15:21–31

Al marcharse de Capernaum y viajar hacia el norte, Jesús llegó a Tiro y a Sidón, un lugar donde vivían los gentiles. Una mujer cananea gritó: «¡Ten misericordia de mí, Señor, Hijo de David! Mi hija es atormentada por un demonio».

Sus discípulos le rogaron: «Despídela».

Ella se acercó y se arrodilló: «Señor, ayúdame».

«No sería justo –respondió Él–. No puedo arrojar el pan de Israel a los perrillos gentiles».

«Eso es cierto, Señor –dijo ella–. Pero los perrillos se comen las migajas que caen de la mesa de su amo».

«¡Mujer, tienes una gran fe! Puedes tener lo que deseas».

Y su hija fue sanada instantáneamente.

Luego de esto, Jesús viajó de vuelta por el mar de Galilea.

Él subió un monte y se sentó. Grandes multitudes se acercaron con los cojos, los ciegos, los mudos y demás enfermos. Se los llevaban y Él los sanaba. La multitud estaba asombrada.

Ellos vieron a los mudos hablar, los cojos caminar y los ciegos ver, y alabaron al Dios de Israel.

Preguntas: Al principio, Jesús no pudo ayudar a la mujer. ¿Por qué?
¿Qué dijo la mujer que le mostró a Jesús que tenía fe?

Día 254
«¿Quién dice la gente que soy?»
Mateo 16:13–23

En Cesarea de Filipo, Jesús les preguntó a los discípulos: «¿Quién dice la gente que soy?».

«Algunos dicen que eres Juan el bautista. Otro dicen que Elías.

Aun otros dicen que eres Jeremías o uno de los profetas».

Él les dijo: «¿Quién dicen ustedes que soy?».

Pedro dijo: «Tú eres el Cristo, el hijo del Dios viviente».

«Bienaventurado seas, Pedro –dijo Jesús–. Ningún hombre te lo dijo. Mi Padre en el cielo te lo ha mostrado. Esta es la roca sobre la que edificaré mi iglesia.

Tú, Pedro, eres la piedra de ese edificio. Y la iglesia que edificaré será más fuerte que las puertas del infierno».

Él les dijo firmemente: «No le digan a nadie que yo soy el Cristo».

Él comenzó a decirles a sus discípulos lo que sucedería pronto: «Iré a Jerusalén. Ahí sufriré y seré asesinado. Tres días después, regresaré de la muerte».

«En ninguna manera –declaró Pedro–. ¡Eso nunca debe sucederte!».

Jesús reprendió a Pedro: «Si piensas así, obstruirás mis planes.

Tus palabras son de Satanás. Ustedes me ven como un rey humano.

En cambio, deben comprender: Dios me envió para que esto pudiera suceder».

Preguntas: ¿Quién dijo Pedro que era Jesús? ¿Qué le sucedería a Jesús en Jerusalén?

Día 255
La voz en el monte
Mateo 17:1–8

Seis días después, Jesús se llevó a Pedro, a Santiago y a Juan al monte. Ahí, Jesús fue transformado. Su rostro brillaba como el sol. Su ropa estaba resplandeciente.

De pronto, Moisés y Elías aparecieron y hablaron con Jesús. Pedro dijo: «¿Montamos tres tiendas? Una para adorarte a ti, una para adorar a Moisés y otra para Elías?». Pedro estaba hablando, cuando una nube brillante los cubrió.

Una voz habló desde la nube: «Este es mi Hijo amado. En Él me complazco. ¡Escúchenlo!». Los discípulos cayeron al suelo en temor. Cuando levantaron la mirada, solamente Jesús estaba ahí.

Preguntas: ¿Qué deseaba hacer Pedro cuando vio a Jesús transformado? ¿Qué deseaba Dios que hiciera Pedro?

Nada es imposible con fe
Mateo 17:14-21

Jesús y los tres discípulos bajaron del monte hacia la multitud.

Un hombre se arrodilló frente a Jesús: «Señor, ten misericordia de mi hijo. Un espíritu maligno lo controla; él sufre terriblemente. A veces se cae en el fuego. Otras veces se cae al agua. Se lo llevé a tus discípulos, pero ellos no pudieron sanarlo».

Jesús dijo: «Gente incrédula. Ustedes son tan perversos. ¿Cuánto tiempo más tengo que soportarlos? Tráiganme al chico».

Jesús reprendió al demonio y este salió. El chico fue sanado instantáneamente.

Los discípulos lo apartaron y preguntaron: «¿Por qué no pudimos hacer eso nosotros?».

«Porque su fe es muy pequeña. Podrían haber hecho mucho con una pequeñísima fe. Una fe del tamaño de una semilla de mostaza puede echar una montaña al mar. Con fe, nada les sería imposible».

Todos estaban viviendo en Galilea. Ahí, Jesús les dijo: «Me atraparán y me venderán a hombres en Jerusalén. Ellos me asesinarán. Tres días más tarde, regresaré de la muerte».

Estas palabras intranquilizaron y preocuparon a los discípulos.

Preguntas: ¿Por qué los discípulos no pudieron sanar al chico? ¿Por qué los discípulos estaban preocupados por Jesús?

Día 257
El más grande del reino
Mateo 17:24–8:5

En Capernaum, había llegado el momento de recoger los impuestos del templo. Los recolectores de impuestos se acercaron a Pedro. «¿Jesús paga el impuesto?», ellos le preguntaron.

«Sí, lo paga», respondió Pedro.

Cuando Pedro llegó a casa, Jesús le hizo esta pregunta: «¿De quién recolectan impuestos los reyes? ¿Toman el dinero de sus propios hijos o de los demás?».

«De los demás», respondió Pedro.

«Los hijos del rey no pagan el impuesto del templo.

Sin embargo, nosotros no deseamos problemas con los recolectores de impuestos. Ve al mar y hecha un anzuelo.

Saca el primer pez que atrapes. Cuando abras su boca, encontrarás una moneda. Tómala y dásela. Con ella pagarás tu impuesto y el mío».

Entonces los discípulos le hicieron una pregunta a Jesús: «¿Quién de nosotros será el más grande en el reino del cielo?».

Jesús llamó a un pequeño niño. «Les digo la verdad. ¿Desean entrar en el reino? Entonces tendrán que cambiar y volverse como un pequeño niño. Quien sea humilde como este niño será el mayor en el reino. Quien recibe a un niño como este, me recibe a mí».

Preguntas: ¿Por qué Jesús no tendría que pagar el impuesto del templo? ¿Qué clase de persona entra en el reino del cielo?

Día 258
«Perdona a los demás de corazón»
Mateo 18:21-35

Pedro preguntó: «¿Cuán a menudo debo perdonar a alguien? ¿Siete veces?».

Jesús respondió: «No siete veces; te digo: setenta veces siete.

Una vez, el siervo de un rey le debía diez millones de dólares y no podía pagar. El rey ordenó: "Vendan a este hombre y a su familia como esclavos para pagar su deuda". El siervo suplicó: "Sé paciente. Te pagaré todo".

«Sintiendo misericordia por él, el rey dijo: "No tienes que pagar".

Más tarde, un hombre le debía 100 dólares. "Págame lo que me debes", exigió. El hombre le rogó: "Ten paciencia. ¡Te pagaré!". Pero el siervo lo envió a prisión hasta que pudiera pagar.

«Otros siervos vieron esto y le dijeron al rey. El rey le dijo al siervo: "Siervo malvado, yo te perdoné tu deuda porque me suplicaste.

Yo tuve misericordia de ti. ¿No debiste haber tenido tú misericordia de ese hombre?". El rey lo envió a prisión hasta que le pagara su deuda.

Pedro, la lección es esta: mi Padre es como el rey de esta historia. Tú eres como el siervo. Por lo tanto, siempre perdona a los demás de corazón».

Preguntas: Pedro deseaba perdonar siete veces. ¿Cuántas veces dijo Jesús que perdonara? ¿Cuál es la lección de la historia de Jesús?

Día 259
El camello en el ojo de una aguja
Mateo 19:16–26

Más tarde, un joven le preguntó: «¿Qué tengo que hacer para tener vida eterna?».

«Guarda los mandamientos», le respondió Jesús.

«He guardado todos. ¿Qué más falta?».

«Vende todo. Dales el dinero a los pobres. Ven y sígueme». Cuando el joven escuchó esto, tristemente, se marchó. Él era muy adinerado.

Jesús les habló a sus discípulos: «¿Un camello puede entrar en el ojo de una aguja? Así de difícil es que este rico entre en el reino».

«¿Entonces quién puede ser salvo?», ellos se preguntaron.

«Para ustedes es imposible –respondió–. Pero Dios puede hacerlo todo».

Preguntas: ¿Qué deseaba el joven? ¿Qué deseaba conservar el joven?

Día 260
Lo único que se necesita
Lucas 10:38–42

Un día Jesús fue a la casa de Marta y María. María le había ungido los pies a Jesús un día, y los había limpiado con su cabello. Ella disfrutaba sentarse a los pies del Señor, escuchándole hablar. Marta estaba muy ocupada con otras cosas en la casa. Ella le dijo a Jesús: «Mi hermana me ha dejado todo el trabajo a mí. ¿Eso no te molesta?».

«Marta, Marta –respondió Él–, tú estás preocupada por muchas cosas. Pero solamente hay una que es necesaria. María ha elegido amarme, y eso no le será quitado».

Preguntas: ¿De qué estaba molesta Marta? ¿Qué es lo único que María había elegido?

Día 261
Lodo en los ojos de un hombre ciego
Primera parte
Juan 9:1–9

Cuando Jesús entró en Jerusalén, Él vio a un hombre ciego. Este hombre había nacido ciego. Sus discípulos le hicieron esta pregunta: «Maestro, ¿de quién fue la culpa de que naciera ciego? ¿Sus padres pecaron? ¿Fue su propio pecado lo que causó esto?».

«Él nació ciego por una razón –respondió Jesús–. Esto no tiene nada que ver con el pecado de nadie. Dios desea obrar en él.

Nosotros debemos hacer la obra de Dios mientras es de día.

La noche viene cuando nadie pueda trabajar. Mientras yo esté en el mundo, yo soy la luz del mundo».

Entonces Jesús escupió en el suelo, hizo lodo con su saliva y la extendió en los ojos del hombre. «Ve a lavarte los ojos en el estanque de Siloé», Jesús le dijo.

El hombre ciego fue al estanque con el lodo en sus ojos. Él se lavó, y por primera vez en su vida, pudo ver. Sus vecinos siempre lo habían visto mendigando. «¿No es ese el hombre que solía sentarse a mendigar», ellos preguntaron.

«Es el mismo hombre», algunos dijeron.

«No –otros dijeron–. Ese hombre se parece a él».

Él les dijo: «Soy el mismo hombre».

Preguntas: ¿Cuál era la razón por la que el hombre era ciego? Cuando Jesús estuvo en el mundo, ¿qué era Él?

Día 262
Lodo en los ojos de un hombre ciego
Segunda parte
Juan 9:10-25

El que alguna vez había sido un mendigo ciego, intentó explicar por qué pudo ver: «Jesús me untó lodo en mis ojos y dijo: "Lávate en el estanque de Siloé"».

Debido a que era Sabbat, ellos llevaron al hombre con los fariseos. «Este hombre no es de Dios», dijeron los fariseos.

«¿Pero cómo un pecador puede hacer este milagro?», preguntaron otros. Los fariseos no pudieron ponerse de acuerdo.

Entonces ellos le preguntaron al mendigo ciego. «¿Qué piensas tú?

Él te dio la vista».

«Él es un profeta».

Los fariseos no le creían. «Él nunca fue ciego», dijeron.

Entonces les preguntaron a sus padres.

«Este es nuestro hijo –dijeron ellos–. Él nació ciego.

No sabemos por qué ahora puede ver. Él es un hombre adulto.

Pregúntenle a él». Entonces los fariseos llamaron al hombre por segunda vez.

«Solamente debes adorar a Dios de que ahora veas –ellos le dijeron–. Jesús hizo lodo en el Sabbat. Él es un pecador, Él no es un hacedor de milagros».

«Yo no sé si Él es pecador –respondió el hombre–. Lo que sí sé es que una vez fui ciego. Ahora veo».

Preguntas: ¿Por qué llevaron al hombre con los fariseos? ¿Por qué los fariseos dijeron que Jesús era un pecador?

Día 263
Lodo en los ojos de un hombre ciego
Tercera parte
Juan 9:26–41

«Yo ya les dije, Jesús me devolvió la vista –dijo el que una vez había sido un mendigo ciego–. ¿Desean ser sus seguidores como yo?».

Los fariseos lo maldijeron. «Tú sigues a Jesús. Pero nosotros somos seguidores de Moisés. Sabemos que Dios le habló a Moisés. Pero no sabemos de dónde viene Jesús».

«¡Es asombroso! –explicó el hombre– ¿No saben de dónde viene Jesús? ¡Él me abrió los ojos! Todos saben que Dios no escucha a los pecadores. Dios escucha a quienes lo adoran y le obedecen.

Desde la fundación del mundo, ningún ciego pudo ver. Si Jesús no fuera de Dios, Él no podría hacer esto».

«Tú naciste pecador –le dijeron los fariseos–. ¿Crees que puedes enseñarnos? –ellos lo rechazaron–. Ya no puedes ser judío».

Jesús escuchó que ellos habían rechazado al hombre, y fue a buscarlo. Él encontró al hombre y le preguntó: «¿Crees en el Hijo de Dios?».

«¿Quién es Él, señor?».

«Tú lo has visto. Él está hablando contigo ahora mismo», Jesús respondió.

«Señor, creo». Y el hombre adoró a Jesús.

Preguntas: ¿A quién escucha Dios? ¿Qué le sucedió al hombre por seguir a Jesús?

Día 264
Jesús, el buen pastor
Juan 10:1–39

«U n pastor mantiene a sus ovejas a salvo en un establo. El pastor siempre entra en el establo por la puerta. Un ladrón se escabulle en el establo de otra manera. El pastor conoce a sus ovejas por nombre, y ellas conocen su voz.

Ellas no seguirán a un extraño».

Jesús estaba explicando por qué el hombre que una vez fue ciego lo siguió. Pero la gente no podía comprender el significado. Entonces, Él intentó de nuevo: «Esta es la verdad. Yo soy la puerta del establo. Todos los que han venido antes de mí son ladrones. Pero las ovejas no los escucharon. Recuerden, yo soy la puerta. Quien entre a través de mí será salvo. Ellos entran y salen de la pastura.

Los ladrones vienen a matar. Yo vine para que pudieran tener vida, vida abundante.

Yo soy el buen pastor. El buen pastor entrega su vida por las ovejas. Yo conozco a mis propias ovejas y mis ovejas me conocen.

Tal como el Padre me conoce, yo conozco a mi Padre».

«Tú eres humano. ¡Dios no es tu Padre!».

Algunos judíos recogieron piedras para arrojárselas a Jesús.

«He hecho muchas de las buenas obras de mi Padre.

¿Es por ello que desean apedrearme?». Cuando ellos intentaron arrestar a Jesús, él escapó.

Preguntas: ¿Por qué vino Jesús? ¿Por qué algunos deseaban arrojarle piedras a Jesús?

Día 265
Ovejas entre los lobos
Lucas 10:1–24

Jesús envió a setenta discípulos en pares a cada ciudad que visitaría pronto. "Ahí hay una cosecha de gente –Él les dijo–. Oren al Señor de la cosecha por más obreros.

Yo los envío como ovejas entre los lobos. No lleven bolsa, ni dinero, ni zapatos extras. Cuando entren en la casa de alguien, digan: "La paz sea en esta casa". Cuando la gente los reciba en la ciudad, coman lo que les ofrezcan. Sanen a los enfermos. Díganles: "El reino de Dios se ha acercado".

Quien los escuche a ustedes, me escucha a mí. Si los rechazan, me han rechazado a mí».

Los setenta apóstoles regresaron llenos de gozo.

«Señor, en tu nombre, ¡incluso los espíritus malignos nos obedecen!».

«No se alegren de esto –dijo Él–. En cambio, alégrense de que su nombre esté escrito en el cielo».

Cerca se encontraba un abogado que conocía la ley judía.

Este hombre le preguntó al Señor: «¿Qué debo hacer para obtener la vida eterna?».

«¿Qué dice la ley?», preguntó Jesús.

«Amar a Dios con todo tu corazón –respondió el abogado–. Y amar a tu prójimo como a ti mismo».

«Así es. Haz esto y tendrás vida eterna», dijo Jesús.

Preguntas: ¿Qué debían decirle a la gente los setenta apóstoles? ¿De qué debían alegrarse los apóstoles?

Día 266
El buen samaritano
Lucas 10:30–37

El abogado deseaba engañar a Jesús. Él le preguntó: «¿Quién es mi prójimo?».

Jesús le respondió con una historia: «Un hombre viajó de Jerusalén a Jericó. Unos bandidos le robaron y lo golpearon. Mientras estaba tendido en el camino, un sacerdote pasó junto a él, y también pasó un levita. Pero un samaritano tuvo misericordia. Él lavó y vendó las heridas del viajero y lo llevó a una posada cercana. Este samaritano le pagó al posadero para que lo cuidara. ¿Quién de ellos fue el prójimo del hombre herido?».

«El hombre que tuvo misericordia».

«Así es –dijo Jesús–. Ve y haz lo mismo».

Preguntas: ¿Quiénes no ayudaron al viajero? ¿Quién tuvo misericordia del viajero?

Día 267
Jesús es la resurrección
Primera parte
Juan 11:17-24

Un hombre llamado Lázaro estaba enfermo en Betania, la aldea de María y Marta. Estas mujeres le enviaron un mensaje a Jesús: «Lázaro está enfermo». Pero cuando Jesús lo escuchó, Él esperó dos días. Luego, Jesús les dijo a los discípulos: «Regresemos a Judea».

«Pero maestro –dijeron ellos–, la gente desea matarte allá».

«Nuestro amigo Lázaro se ha dormido –Él dijo–. Voy a despertarlo».

«Bueno, Señor, si solo está dormido, está bien».

Jesús se refería a que Lázaro estaba muerto. Los discípulos no lo comprendieron.

Cuando Jesús llegó a Betania, Lázaro había estado muerto durante cuatro días. Marta salió a encontrarse con Jesús, mientras que María permaneció en casa. «Señor, si hubieras estado aquí –dijo ella–, Lázaro no habría muerto. Pero yo sé que Dios te dará lo que pidas».

«Tu hermano regresará de la muerte».

«Lo sé, Señor –dijo Marta–. Él regresará con la resurrección en el día final».

Preguntas: ¿Qué pensaron los discípulos que sucedería si Jesús iba a Judea? ¿Cuándo pensó Marta que Lázaro regresaría de la muerte?

Día 268
Jesús es la resurrección
Segunda parte
Juan 11:25-35

«Yo soy la resurrección y la vida –Jesús le dijo a Marta–. Quienes creen en mí pueden morir, pero vivirán otra vez. ¿Tú lo crees, Marta?».

«Sí, Señor –respondió Marta–. Creo que tú eres Cristo, el Hijo de Dios, que ha venido al mundo».

Entonces ella se apresuró a casa.

«María –susurró Marta–, el Maestro está aquí. Él desea verte». Los judíos vieron a María marcharse y la siguieron. Ellos pensaron que se dirigía a la tumba de Lázaro a llorar. Pero la encontraron arrodillada a los pies de Jesús.

«Señor, debiste haber estado ahí –María lloró–, entonces Lázaro no habría muerto». Jesús la vio llorando. Él levantó la mirada y vio a todos sus amigos judíos llorando. Esto le preocupó.

«¿En dónde lo enterraron?».

«Ven a ver, Señor».

Jesús comenzó a llorar. «¿Ven cuánto amaba a Lázaro?», algunos dijeron.

Pero otros dijeron: «Él le dio vista al ciego. ¿No puedo haber evitado que este hombre muriera?».

Estas palabras entristecieron a Jesús.

Preguntas: Jesús dijo que Él era la resurrección y la vida. ¿Qué pensó Marta que significaba eso? ¿Qué dijo la gente que entristeció a Jesús?

Día 269
Jesús es la resurrección
Tercera parte
Juan 11:38–53

La tumba de Lázaro estaba cubierta por una piedra.
«Remuévanla», dijo Él.
«Señor –se quejó Marta–, el cuerpo ha comenzado a heder».

«Marta, te dije que creyeras y verías la gloria de Dios.
Gracias, Padre. Me has escuchado». Jesús dijo esto, de manera que la gente creyera en Él. Él habló alto: «Lázaro, sal».

Muchos judíos vieron que Lázaro salió, y creyeron.

Otros les dijeron a los fariseos, quienes se preocuparon: «Pronto, todos creerán en Él». Entonces ellos planearon matar a Jesús.

Preguntas: ¿Por qué Marta no quería quitar la piedra de la tumba de Lázaro? ¿Por qué los fariseos planearon matar a Jesús?

Día 270
Liberados en el Sabbat
Lucas 13:10–17

El Señor estaba enseñando en una sinagoga en el Sabbat. Entró en el lugar una mujer controlada por un espíritu incapacitante. Ella había estado encorvada durante dieciocho años y no podía erguirse recta. Jesús la vio y la llamó.

«Mujer –dijo él–, eres libre de tu incapacidad».

Él la tocó con sus manos. Instantáneamente, ella se irguió recta y alabó a Dios.

Pero el líder de la sinagoga estaba furioso.

Jesús había sanado a la mujer en el Sabbat. Iba contra la ley trabajar en el Sabbat. El líder le habló a la multitud: «Hay seis días en la semana para trabajar. Vengan en esos días para ser sanados, no en el Sabbat».

El Señor le respondió: «Hipócrita. Todos desatan a sus asnos en el Sabbat y los llevan a beber agua. Esta mujer es una hija de Abraham. Satanás la ha incapacitado durante dieciocho largos años. ¿No debería ser libre de esto en el Sabbat?».

Cuando dijo esto, todos sus enemigos fueron avergonzados.

La multitud entera se gozaba al ver las maravillosas cosas que Él hacía.

Preguntas: ¿Por qué estaba furioso el líder de la sinagoga? ¿Por qué el Señor lo llamó hipócrita?

Día 271
La búsqueda de Dios por pecadores
Primera parte
Lucas 15:1–13

Los recolectores de impuestos y los pecadores se reunieron para escuchar a Jesús. Los fariseos y otros religiosos se quejaron: «Jesús recibe a los pecadores y come con ellos».

Entonces Jesús les contó esta historia: «Supongan que tienen cien ovejas y pierden una. ¿No dejan a las noventa y nueve para buscar la oveja perdida?

Cuando la encuentran, regresan con gozo. Les dicen a sus amigos: "¡Gócense conmigo! He encontrado mi oveja perdida".

Entonces escúchenme. Hay gran gozo en el cielo cuando un pecador se aleja del pecado.

Mucho más que noventa y nueve justos como ustedes».

Preguntas: ¿Por qué se estaban quejando los fariseos? ¿Cuándo hay gozo en el cielo?

Día 272
La búsqueda de Dios por pecadores
Segunda parte
Lucas 15:13–24

Jesús pensó que esta historia les ayudaría: «Un hombre tenía dos hijos. Él dividió su propiedad entre ambos. El hijo menor tomó su parte y se marchó a un país lejano. Él gastó todo lo que tenía viviendo tontamente. Luego vino una hambruna a la tierra.

Sin comida, él trabajó alimentando cerdos, y tuvo que comer comida de cerdos. Finalmente comenzó a pensar sensiblemente: "Los siervos de mi padre tienen comida.

¡Pero aquí estoy yo hambriento! Me voy a casa. Diré: 'Padre, he pecado contra el cielo y contra ti. No me llames más tu hijo. Hazme uno de tus obreros'". Él se marchó a casa. Su padre lo vio venir. Lleno de amor, él corrió y abrazó a su hijo. El joven dijo: "Padre, he pecado contra ti.

No debes llamarme más tu hijo". Pero el padre interrumpió.

"Rápido –el padre les dijo a sus siervos–, tráiganle la mejor ropa.

Pongan un anillo en su dedo y zapatos en sus pies. ¡Comamos y celebremos! Mi hijo estaba muerto y ahora vive. Él estaba perdido y ahora ha sido hallado". Ellos comenzaron a celebrar».

Preguntas: ¿Qué pensó el joven que su padre debía hacer cuando regresara? ¿Qué hizo en cambio el padre?

La búsqueda de Dios por pecadores
Tercera parte
Lucas 15:25-32

«Ustedes los justos deben saber acerca del hijo mayor del padre –Jesús continuó–. Escuchando música, él preguntó qué estaba sucediendo. "Tu hermano ha llegado a casa a salvo. Por lo tanto, tu padre le está dando un banquete".

El hermano mayor se enfadó. Entonces su padre salió y le pidió que fuera a celebrar.

"Escucha –respondió el hijo–, yo he estado trabajando para ti durante años. He trabajado como esclavo y nunca he desobedecido. Pero ni siquiera he tenido una pequeña fiesta con mis amigos. Ahora este hijo tuyo regresa. Él ha desperdiciado tu propiedad en pecados. ¡Y tú le das una gran fiesta!".

"Hijo –respondió el padre–, tú siempre estás conmigo. Todo lo que es mío es tuyo. Debemos celebrar y gozarnos. Tu hermano estaba muerto y ha revivido. Él estaba perdido y ha sido hallado"».

Recuerda que los fariseos se habían quejado porque Jesús había comido con pecadores. Él les contó estas historias, para que comprendieran por qué lo hacía.

Jesús esperaba que los justos se dieran cuenta de por qué Dios ama a los pecadores.

Preguntas: ¿Por qué el hijo mayor estaba enfadado con el padre? ¿Qué le dijo el padre al hijo mayor que le demostró que también lo amaba?

Día 274
Lázaro y el hombre rico
Lucas 16:19-31

Jesús contó otra historia: «Un hombre rico tenía ropa fina y comida excelente.

Otro hombre, Lázaro, estaba cubierto de llagas y mendigaba migajas en la calle. Los perros le lamían las llagas.

Lázaro murió. Los ángeles lo llevaron con Abraham.

El hombre rico murió y fue atormentado. A lo lejos, él vio a Abraham con Lázaro a su lado. Él gritó: "Padre Abraham, ten misericordia. Envía a Lázaro con una gota de agua para refrescar mi lengua. Estoy agonizando en estas llamas".

"Hijo –respondió Abraham–, recuerda, en la vida tuviste buenas cosas. Lázaro tuvo lo malo. Ahora, él está cómodo y tú estás sufriendo. Nadie puede regresar".

"Padre –dijo el hombre rico–, envía a Lázaro a advertirles a mis hermanos. Ellos no tendrán que sufrir como yo".

"Ellos deben escuchar las palabras de Moisés y de los profetas".

"No, padre Abraham. Si alguien viene de la muerte, ellos escucharán".

"Ellos no escuchan a Moisés. Si alguien regresa de la muerte, tampoco lo escucharán"».

Preguntas: ¿Por qué Abraham no deseaba enviar a Lázaro con los hermanos del hombre rico? ¿Por qué los hermanos del hombre rico no escucharían a Lázaro?

Día 275
El humilde y el honrado
Lucas 18:1–14

Esta historia es para inspirar a las personas a orar siempre: «Había un juez que no temía a Dios ni respetaba a la gente.

Él se negó a ser justo con una viuda. Pero ella regresaba con él una y otra vez. "Por ley, debes ser justo en este asunto", ella decía.

Finalmente, el juez dijo: "Yo no respeto a nadie. Pero esta viuda es una molestia. Entonces seré justo en su caso. Sus peticiones pronto me fastidiarán".

Pongan atención a lo que dijo este juez injusto.

Ahora, ¿no creen que Dios será justo cuando oren? ¿Esperará?

No. Él actuará rápidamente. No obstante, cuando yo regrese, ¿hallaré a alguien orando en fe?».

Luego, Él contó otra historia. Es para quienes piensan que son puros y menosprecian a los demás: «Un fariseo y un recolector de impuestos estaban orando.

El fariseo se levantó y oró: "Gracias porque no soy como Ese recolector de impuestos. Yo siempre llevo a cabo mi tarea religiosa". A lo lejos, el recolector de impuestos ni siquiera volteaba hacia el cielo. Con pena, él oraba: "Ten misericordia de mí. Soy un pecador".

Escuchen, Dios lo aceptó a él, no al fariseo. Alábense y serán humillados. Sean humildes y serán honrados».

Preguntas: ¿Qué desea Jesús encontrar cuando regrese? ¿Qué sucederá si nos alabamos a nosotros mismos?

Día 276
«Dejen que los niños vengan»
Lucas 18:15–17

Los padres le llevaron a Jesús a sus hijos y sus bebés.
Solo deseaban que Él los tocara. Pero luego, los discípulos se dieron cuenta de lo que estaba haciendo estos padres.

Ellos les ordenaron firmemente que lo dejaran.

Pero Jesús les pidió: «Dejen que los niños vengan a mí, no los detengan. El reino de Dios les pertenece a personas como estos niños.

Les digo la verdad: deben recibir el reino como un niño; de lo contrario, nunca entrarán en él». Luego él cargó a los niños y tocó suavemente a los niños.

Preguntas: ¿A quiénes les pertenece el reino de Dios? ¿Como quiénes necesitamos ser para entrar en el reino?

Día 277
«Tu fe te ha salvado»
Lucas 18:35–43

El ciego Bartimeo se sentó junto al camino de Jericó, mendigando.

«Jesús está pasando por aquí», alguien dijo.

«Jesús, el Hijo de David», Bartimeo gritó.

«¡Ten misericordia de mí!». Quienes estaban en frente, le ordenaron firmemente que se callara. Pero Bartimeo solo gritó más alto: «¡Hijo de David, ten misericordia de mí!».

Jesús se detuvo y ordenó que le llevaran al hombre.

«¿Qué quieres que te haga?».

«Señor, déjame ver de nuevo».

«Recibe tu vista –le dijo Jesús–. Tu fe te ha salvado».

De inmediato, Bartimeo pudo ver. Él siguió a Jesús, alabando a Dios junto con todo el pueblo.

Preguntas: ¿Cómo llamó Bartimeo a Jesús? ¿Qué salvó a Bartimeo?

Día 278
«La salvación ha venido a esta casa»
Lucas 19:1–28

Bartimeo y la multitud siguieron a Jesús hacia Jericó. A medida que caminaba, más personas se reunían para verle.

Ahí se encontraba un hombre llamado Zaqueo. Él era rico, porque estaba a cargo de la recolección de impuestos.

Zaqueo estaba intentando ver a Jesús, pero era demasiado bajito para ver sobre la multitud. Entonces él corrió a un sicómoro. Trepó el árbol para ver por sobre la gente.

Jesús iba a pasar por ahí. Cuando Él llegó, levantó la mirada y dijo: «Zaqueo, apresúrate a bajar. Hoy me quedaré en tu casa», Entonces Zaqueo se apresuró a bajar y recibió con gusto a Jesús en su casa. Pero la gente se quejó: «Jesús es huésped en la casa de un pecador».

Zaqueo permaneció en su casa. «Señor –dijo él–, les doy a los pobres la mitad de lo que poseo. Si he engañado a alguien, les pagaré cuatro veces más».

«Hoy ha venido la salvación a esta casa –Jesús les dijo a quienes estaban cerca–. Zaqueo es un hijo de Abraham tal como ustedes. Recuerden, el Hijo del Hombre vino a buscar lo que se había perdido».

Preguntas: ¿Por qué se quejó la gente? ¿Por qué vino Jesús, el Hijo del Hombre?

Día 279
«¡Qué desperdicio!»
Mateo 26:6–13

Jesús permaneció en Betania. Una mujer se acercó con un frasco de un perfume costoso. Ella lo derramó en la cabeza de Jesús y él se sentó en la mesa. Los discípulos estaban enfadados.

«¡Qué desperdicio! –dijeron– Pudimos haberlo vendido y darle el dinero a los pobres».

«No la molesten –dijo Jesús–. Ella ha hecho algo bueno. Yo no siempre estaré aquí. Ella ha preparado mi cuerpo para el entierro. Escuchen: el evangelio será predicado en todo el mundo. Después, lo que esta mujer ha hecho por mí será recordado».

Preguntas: La mujer derramó el perfume en Jesús. ¿Qué deseaban hacer con él los discípulos? ¿Cuándo se recuerda esta historia?

Día 280
«Tu rey viene a ti manso»
Mateo 21:1-11; Lucas 19:29-35

Mientras Jesús se encontraba en Betania, Judas, uno de los discípulos, fue a Jerusalén. Ahí, él habló con los principales sacerdotes: «¿Qué me darán si traiciono a Jesús y se lo entrego?». Ellos le pagaron treinta piezas de plata a Judas. A partir de ese momento, él buscó una oportunidad para darle a Jesús una puñalada por la espalda.

Mientras tanto, Jesús se dirigió a Jerusalén.

«Vayan a la siguiente aldea –él les ordenó a dos discípulos–. Encontrarán una asna y su pollino que nunca ha sido montado. Desátenlos y tráiganmelos. Si alguien les dice algo, no se preocupen. Digan: "El Señor los necesita", se los devolverá de inmediato».

Los dos discípulos los encontraron tal como les había dicho. El dueño les preguntó: «¿Por qué están desatando el asna?».

Ellos dijeron: «El Señor la necesita». Entonces ellos le llevaron el asna y su pollino, y extendieron sobre los animales sus mantos. Jesús montó el asna desde el monte de los Olivos hasta Jerusalén. Mucho antes de que Jesús naciera, Zacarías el profeta dijo que eso sucedería. Él escribió: «Mira, Sion, tu rey viene a ti manso y sentado sobre una asna».

Preguntas: ¿Cuánto le pagaron a Judas por traicionar a Jesús? ¿Qué dijo Zacarías acerca de que Jesús montaría de camino a Jerusalén?

Día 281
«¡Hosanna en las alturas!»
Lucas 19:36–44

J esús se dirigió montado al monte de los Olivos. La gente cubría el camino con sus mantos. Otros extendían palmas en la vía. Ellos adoraron a Dios en voz alta y con gozo: «¡Bendito sea el rey que viene en el nombre del Señor! ¡Hosanna en las alturas!».

Algunos sacerdotes dijeron: «Maestro, ordénales a tus discípulos que se detengan».

Él respondió: «Les digo, si ellos se quedaran callados, las piedras gritarían».

Entonces Jesús vio Jerusalén y lloró. «Sus enemigos derribarán piedra por piedra –dijo Él–, porque no percibieron el día que Dios los visitó».

Preguntas: ¿Qué dijo Jesús que sucedería si permanecían callados? ¿Por qué Jesús lloró cuando vio Jerusalén?

Día 282
La casa de oración
Mateo 21:12–17; Marcos 11:15–19

Jesús se dirigió al templo de Jerusalén y echó a la gente que compraba y vendía, y volcó sus mesas. La gente estaba vendiendo palomas para hacer sacrificios. Jesús tiró sus sillas, y anunció: «Está escrito en las Escrituras: Mi casa será llamada casa de oración, pero ustedes la han hecho cueva de ladrones». Los principales sacerdotes escucharon lo que Él había hecho, y continuaron buscando una manera de matar a Jesús. La multitud entera estaba encantada con su enseñanza.

Los ciegos e incapacitados acudían a Él en el templo y Él los sanó. Los principales sacerdotes vieron estas cosas asombrosas. Ellos escucharon que los niños gritaban con gozo en el templo: «¡Hosanna al Hijo de David!». Esto enfadó a los sacerdotes. «¿Escuchas lo que te están diciendo estos niños?», ellos le preguntaron. «Sí –Jesús respondió–. ¿Nunca han leído en las Escrituras: "La alabanza viene de los niños y de los que maman"?».

Entonces se marchó hacia Betania para pasar la noche.

Preguntas: Dios deseaba que el templo fuera una casa de oración. ¿En qué se había convertido? ¿Por qué los sacerdotes temían a Jesús?

Día 283
La historia de la viña
Mateo 21:33-46

Jesús relató otra historia: «Un hombre plantó una viña y construyó una bodega ahí.

Más tarde rentó la viña y se fue a otro país. En la cosecha, los siervos recogieron su parte de fruto. Pero los inquilinos golpearon a un siervo, mataron a otro y apedrearon a un tercero. El hombre envió por más siervos, pero los trataron igual. Finalmente, él envió a su hijo. "Ellos respetarán a mi hijo", pensó el dueño. "Aquí viene el hijo del propietario –dijeron los inquilinos–. Algún día, este viñedo será suyo. Matémoslo. Entonces la tierra será nuestra".

Y ellos lo tomaron y lo mataron.

Luego –continuó Jesús–, cuando llegue el propietario, ¿qué hará él con los inquilinos? "Él llevará a esos villanos a la muerte –respondieron ellos–. Le dará la viña a quien le dé el fruto a tiempo".

Así es –dijo Jesús–. El reino de Dios les será quitado. Le será dado a quienes produzcan el fruto del reino».

Los principales sacerdotes escucharon su historia.

Ellos sabían que Jesús estaba refiriéndose a ellos y deseaban arrestarlo, pero no pudieron, porque la gente veía a Jesús como un profeta.

Preguntas: ¿A quiénes se les dará el reino? ¿Por qué los sacerdotes no podían arrestar a Jesús?

Día 284
La historia de la fiesta de bodas
Mateo 22:1–14

J esús contó otra historia: «Un rey le dio una fiesta de bodas a su hijo –comenzó–. Él envió a sus siervos a traer a los invitados, pero ellos no pudieron asistir. Entonces el rey dijo: "Díganles lo siguiente: Ya lo he hecho todo. La fiesta de bodas está lista, vengan a disfrutarla". Pero los invitados se burlaron de la fiesta. Ellos se marcharon a sus granjas y sus negocios. Otros lastimaron a los siervos del rey y los mataron.

El rey estaba encolerizado. Sus soldados destruyeron a los asesinos y quemaron su ciudad. Entonces él les dijo a sus siervos: "Vayan a las calles. Inviten a todos a la fiesta de bodas de mi hijo".

Los siervos invitaron a los buenos y a los malos de las calles. La fiesta estaba llena de invitados. El rey llegó a la fiesta.

Él encontró a un hombre que no llevaba ropa de boda.

"Amigo –dijo él–, ¿cómo entraste en la boda sin ropa?".

El hombre no pudo decir nada. "Átenlo –ordenó el rey–. Échenlo a las tinieblas. Ahí la gente llora y sus dientes crujen de dolor"».

Jesús terminó la historia con esto: «Muchos son los llamados, pero pocos los escogidos».

Preguntas: ¿Qué hicieron los invitados en lugar de asistir a la fiesta?
¿A quiénes invitaron de las calles los siervos?

Día 285
Lo que darle a Dios
Mateo 22:15–22; Marcos 12:41–44

Los fariseos estaban a cargo de la religión judía; pero los romanos gobernaban la tierra.

Algunos fariseos y romanos deseaban engañar a Jesús.

«Maestro, sabemos que tú enseñas el camino de Dios.

Dinos, ¿debemos pagarle los impuestos al emperador romano?».

«¿Por qué me están probando? –preguntó Jesús– Ustedes son hipócritas. Muéstrenme una moneda que utilizarían para pagar». Ellos le llevaron una moneda romana.

«¿De quién son la imagen y la inscripción de esta moneda?», Jesús preguntó.

«Es la imagen del emperador», ellos respondieron.

«Así es. Entonces denle al emperador lo que le corresponde. Y denle a Dios lo que le corresponde a Dios». Ellos lo escucharon y se asombraron. Todo lo que pudieron hacer fue dejarlo solo.

Más tarde, Jesús les enseñó a sus discípulos más acerca de darle a Dios. Ellos estaban sentados cerca de un lugar llamado tesoro. Ahí, la gente llevaba obsequios de dinero para el templo. Muchos ricos llevaban mucho dinero.

Una viuda pobre llegó con dos centavos.

Jesús dijo: «Les digo la verdad. Esta viuda ha dado más que todos los demás. Ellos tienen mucho que dar. Ella no tiene nada y ha dado todo lo que tiene».

Preguntas: ¿Qué dijo Jesús que debemos darle a Dios? ¿Por qué el obsequio de la viuda fue más que el de todos los demás?

Día 286
La historia de las diez jóvenes
Mateo 24:1, 2; 25:1–13

Los discípulos de Jesús dijeron: «Maestro, mira estos hermosos templos».

Jesús respondió: «No quedará piedra sobre piedra. Todo esto será destruido».

Los discípulos preguntaron: «¿Cuándo sucederá esto, Señor?».

Jesús les respondió con esta historia: «Diez jóvenes tenían sus lámparas y estaban esperando conocer a su novio. Cinco eran imprudentes. Cinco eran sabias.

Las imprudentes tenían lámparas pero no tenían aceite adicional.

Las sabias tenían aceite adicional para sus lámparas.

En la madrugada, ellas escucharon un grito: "¡El novio se acerca!". Las jóvenes encendieron sus lámparas.

Las imprudentes les dijeron a las sabias: "Dennos un poco de aceite.

Nuestras lámparas se están apagando". Pero las otras dijeron: "No, no habrá suficiente para nosotras. Vayan a comprar el suyo".

Mientras fueron a comprar aceite, el novio llegó. Él se llevó a las jóvenes sabias a la fiesta de bodas. La puerta se cerró.

Luego llegaron las otras jóvenes. "Señor, Señor, abre la puerta", ellas llamaron. El novio respondió: "No las conozco".

Por lo tanto, estén pendientes. No saben el día ni la hora en que su Señor vendrá».

Preguntas: ¿Qué dijo Jesús que le sucedería al templo? ¿Qué podemos aprender de la historia de las jóvenes?

Día 287
Jesús habla de su regreso
Mateo 25:31–46

«Cuando venga en gloria, me sentaré en un trono glorioso.

Todas las naciones de la Tierra se reunirán ahí. Yo dividiré a la gente en dos grupos. Así es como un pastor separa las ovejas de las cabras. Les diré a los de la derecha: "Vengan aquí. Ustedes son bendecidos por mi Padre.

Este es el reino que Él tiene esperándoles. Yo tuve hambre y me dieron de comer. Tuve sed y me dieron de beber.

Cuando fui un extraño, me recibieron. Cuando estuve desnudo, me dieron ropa. Me visitaron en prisión".

Ellos preguntarán: "¿Cuándo hicimos todo eso?".

"Esta es la verdad: lo hicieron al miembro más pequeño de mi familia.

Por lo tanto me lo hicieron a mí".

Luego les hablaré a los de mi izquierda. "Aléjense de mí.

Vayan al fuego eterno que está listo para el diablo y sus ángeles.

Ustedes nunca hicieron nada de eso por mí. No hicieron nada por el miembro más pequeño de mi familia. Por lo tanto, nunca lo hicieron por mí"».

Luego Jesús les dijo a sus discípulos: «La Pascua es en dos días.

Luego seré arrestado y crucificado».

Preguntas: Jesús le dijo que la gente hizo cosas buenas por Él. ¿A quiénes ayudaron en realidad? ¿Qué les dio Jesús a esas personas?

Día 288
La última cena del Señor
Lucas 22:7–20; Mateo 26:26–28

La Pascua había llegado. Pedro y Juan prepararon la fiesta en una casa de Jerusalén.

Jesús y los discípulos comieron juntos en un gran salón superior.

«He estado esperando esta Pascua –dijo Él–. Deseo comer esta cena con ustedes antes de sufrir. No volveré a comer hasta que venga el reino».

Jesús tomó una pieza de pan. «Tomen y coman esto. Representa mi cuerpo, el cual es partido por ustedes».

Luego tomó una copa de vino. «Tomen esto y compártanlo.

Representa mi sangre, la cual derramaré para perdón de los pecados».

Preguntas: ¿Qué representa la pieza de pan? ¿Qué representa la copa de vino?

Día 289
El Maestro lava los pies de sus siervos
Juan 13:3–16

Jesús se levantó de la comida y vació agua en una vasija. Tomó una toalla y comenzó a lavar los pies de sus discípulos. Llegó el turno de Pedro, y él dijo: «Señor, ¿lavarás mis pies?». Jesús respondió: «Tú no comprendes por qué estoy haciendo esto, pero más tarde lo verás».

«¡No lavarás mis pies!», Pedro declaró.

«A menos que lave tus pies, no me perteneces. Ustedes me llaman "Señor" y "Maestro", y yo he lavado sus pies. Entonces ustedes deben hacer lo mismo entre ustedes. Los siervos no son mayores que su maestro».

Preguntas: ¿Por qué Jesús dijo que debía lavar los pies de Pedro? ¿Por qué los discípulos debían lavar los pies de los demás?

Día 290
«Uno de ustedes me traicionará»
Juan 13:21-38

Jesús estaba preocupado. «Uno de ustedes me traicionará», dijo Él. Los discípulos se miraron. Ellos no sabían de quién estaba hablando. Pedro señaló a Juan para preguntarle a Jesús si era él de quien estaba hablando.

«Señor –le preguntó Juan–, ¿quién es?».

«A quien le dé esta pieza de pan». Jesús le dio el pan a Judas Iscariote. En ese momento, Satanás entró en Judas.

«Apresúrate a hacer lo que vayas a hacer», le dijo Jesús.

Nadie de la mesa sabía por qué lo decía. Algunos pensaron que Jesús quería que Judas comprara algo para el festival.

Otros pensaron que significaba que Judas debía darles algo a los pobres. Luego de tomar el pan, Judas salió rápidamente.

Era de noche. «Solamente estaré con ustedes un poco más –dijo Jesús–. Este es un nuevo mandamiento para ustedes. Ámense como yo los he amado. No pueden ir a donde yo voy, pero ustedes continuarán».

Pedro dijo: «Señor, ¿por qué no podemos seguirte ahora? Yo daré mi vida por ti».

«Te diré lo que harás en realidad. Escucha el gallo cantar mañana. Para entonces, tú me habrás rechazado tres veces».

Preguntas: ¿Cuál es el nuevo mandamiento del Señor? ¿Qué haría Pedro antes de que el gallo cantara?

Día 291
En un huerto llamado Getsemaní
Mateo 26:30–46

Ellos cantaron un himno y se dirigieron al monte de los Olivos.

En un huerto llamado Getsemaní, Jesús dijo: «Siéntense aquí.

Yo iré allá y oraré». Junto con Pedro, Santiago y Juan, Él fue a orar. «Estoy profundamente triste –les dijo Él–. Quédense despiertos conmigo aquí». Y Jesús se apartó solo. Él se echó en el suelo, orando. «Padre mío, no me hagas hacerlo.

Pero esto es lo que tú deseas, por lo tanto, rendiré lo que yo deseo».

Él encontró a los tres discípulos durmiendo: «Levántense, vámonos. Es tiempo de que me traicionen».

Preguntas: ¿Qué le pidió Jesús al Padre cuando oró? ¿Qué hicieron los discípulos mientras Jesús estaba orando?

Día 292
El arresto de Jesucristo
Mateo 26:47–56

Judas Iscariote llegó a Getsemaní. Con él había una gran multitud con espadas y palos. Ellos fueron enviados por los principales sacerdotes. «Al que bese ese es Jesús –Judas les dijo–. Arréstenlo». Judas caminó hacia Jesús rápidamente.

«¡Hola, Maestro!», dijo él, y luego lo besó.

«Amigo –dijo Jesús–, haz lo que has venido a hacer».

Luego le habló a la multitud: «Han venido a arrestarme con espadas y palos. ¿Soy un bandido? Les enseñé todos los días en el templo. Ustedes no me arrestaron ahí».

Todos los discípulos corrieron del huerto, y Jesús fue llevado.

Preguntas: ¿Cómo supo la multitud quién era Jesús? ¿Cómo llamó Jesús a Judas?

Día 293
Un gallo canta; Pedro llora
Lucas 22:54–62

Ellos llevaron a Jesús a la casa del sumo sacerdote. Afuera, la multitud esperaba. Pedro estaba con ellos. Una chica lo miró a la luz del fuego. «Él estaba con Jesús», dijo ella.

«Mujer –dijo Pedro–, no lo conozco».

Más tarde, alguien más dijo: «Tú eres su seguidor».

«No, no lo soy».

Luego alguien insistió: «Él es de Galilea. Yo sé que este hombre estaba con Jesús».

«Hombre– Pedro maldijo–, ¡no sé de qué estás hablando!».

Mientras Pedro hablaba, el galló cantó. Jesús miró a Pedro.

Él había dicho que Pedro lo negaría. Pedro lo recordó, se marchó y lloró amargamente.

Preguntas: ¿Cuántas veces dijo Pedro que no conocía a Jesús? ¿Qué sucedió después de que Pedro dijera que no conocía a Jesús?

Día 294
«¡Él debe morir!»
Lucas 22:63-71

Esa noche, ellos se burlaron, golpearon y vendaron a Jesús. A la mañana siguiente, los líderes y los principales sacerdotes se reunieron, y los guardias les llevaron a Jesús.

Ellos dijeron: «Si tú eres el Cristo, dinos».

Él respondió: «Si te digo, no creerás. Si hago preguntas, no responderás. Pero a partir de ahora, yo estaré sentado en el trono de Dios».

Ellos preguntaron: «¿Estás diciendo que eres el Hijo de Dios?».

«Ustedes dicen que soy», Él respondió.

«¡Ahí está! –declararon–. Lo dijo Él mismo. ¡Por esto debe morir!».

Ellos ataron a Jesús y se lo llevaron.

Preguntas: ¿En dónde dijo Jesús que pronto estaría sentado? ¿Qué dijo Jesús que provocó que desearan matarlo?

La muerte de Judas Iscariote
Mateo 27:3–10

Judas Iscariote, el hombre que traicionó a Jesús, escuchó que Jesús estaba a punto de morir. Entonces cambió de opinión acerca de lo que había hecho. Él les devolvió las treinta piezas de plata a los discípulos. «He pecado –dijo Judas–. Jesús es un hombre inocente».

«¿Qué nos importa eso? –respondieron los principales sacerdotes–. Lo que has hecho es tu problema».

Judas arrojó las monedas en frente de los sacerdotes en el templo.

Luego huyó y se colgó. Los sacerdotes tomaron la plata, pero dijeron: «La Ley de Moisés dice que no podemos poner esto en la ofrenda. Es dinero usado para muerte». Ellos hablaron del problema un rato. Luego decidieron comprar el campo del alfarero con el dinero. Es por ello que este campo siempre se ha llamado Campo de sangre.

Cientos de años antes de que esto sucediera, el profeta Zacarías predijo que sucedería. «Ellos tomaron las treinta piezas de plata –escribió Zacarías–. Este es el precio fijado para el siervo de Israel. Ellos lo dieron como el precio por el campo del alfarero.

Así es como el Señor ordenó».

Preguntas: ¿Qué les dijo Judas a los sacerdotes acerca de Jesús? ¿Por qué los sacerdotes no deseaban dar el dinero de Judas para la ofrenda del templo?

Día 296
«Este hombre es inocente»
Lucas 23:1–7; Juan 18:28–38

Los sacerdotes y los líderes fueron al palacio de Pilato. Poncio Pilato era el gobernador romano en Jerusalén. Jesús estuvo frente a Pilato mientras lo acusaban: «Este hombre dice que él, no su emperador, es nuestro rey».

«¿Eres el rey de los judíos?», Pilato le preguntó a Jesús.

«Tú dices que soy rey. Pero yo vine por una razón: para traer la verdad».

«¿Cuál es la verdad? –se burló Pilato. Luego les dijo a los judíos–. Este hombre es inocente».

Pero ellos insistieron. «Él altera a la gente en todos lados, de Galilea a Jerusalén».

«Herodes está a cargo de Galilea –dijo Pilato–. Llévenselo a Herodes».

Preguntas: ¿Qué dijeron los sacerdotes que Jesús hizo mal? ¿Qué les dijo Pilato acerca de Jesús?

Día 297
«¡Crucifíquenlo! ¡Crucifíquenlo!»
Lucas 23:8–12

Herodes estaba feliz. Él había escuchado de Jesús y esperaba que le hiciera un milagro. Esta era su oportunidad.

Pero Jesús no respondió ninguna de sus preguntas. Los principales sacerdotes mantuvieron sus quejas sobre Jesús.

Herodes y sus soldados lo trataron vergonzosamente y se burlaron de él. Finalmente lo enviaron de vuelta con Pilato.

Jesús llegó con una túnica real. Esto era para burlarse de que Él era rey. «Este hombre no ha hecho nada malo –dijo Pilato–. Herodes tampoco lo cree. Es por ello que envió a Jesús de vuelta conmigo. Él no ha hecho nada que valga la muerte.

Lo azotaré y lo dejaré marcharse». Para entonces, la gente ya se había reunido. «¡Acaben con él! –gritó la multitud–. Saquen a Barrabás de prisión en lugar de él». Barrabás era un asesino.

Pero Pilato aún deseaba dejar ir a Jesús. La multitud continuaba gritando. «¡Crucifíquenlo! ¡Crucifíquenlo!».

Pilato intentó una vez más, pero ellos lo callaron. Entonces, Pilato bajó al asesino Barrabás. Más tarde, él tomó a Jesús, hizo que lo azotaran y se lo entregó a la multitud.

Herodes y Pilato nunca se habían simpatizado. Pero ese día en que cuestionaron a Jesús, ambos se volvieron amigos.

Preguntas: ¿Por qué Herodes estaba feliz de ver a Jesús? ¿Por qué los soldados vistieron a Jesús con una túnica real?

Día 298
Crucificado con criminales
Lucas 23:26-43

Ellos se llevaron a Jesús. La multitud hizo que Simón de Cirene cargara la cruz de Jesús. Las mujeres lloraron por Él. «No lloren por mí –dijo Él–. Lloren por ustedes mismas.

Pronto clamarán a los montes: "¡Cúbrannos! ¡Nuestros enemigos han venido a matarnos!"».

Dos criminales fueron llevados para morir junto con Jesús.

En un lugar llamado de la Calavera, los hombres fueron clavados en las cruces. Jesús fue crucificado con un criminal de cada lado. Los soldados apostaron para ganarse la ropa de Jesús. Los líderes se burlaron de Jesús. «Él salvó a los demás.

Si Él es el Cristo de Dios, que se salve a sí mismo». Los soldados también se burlaron de él al ofrecerle vinagre de beber. Incluso Pilato colocó un letrero en la cruz: «ESTE ES EL REY DE LOS JUDÍOS». Uno de los criminales crucificados también comenzó a maldecir.

«¿Eres tú el Cristo? Sálvate a ti mismo y sálvanos a nosotros».

«¿No temes a Dios? –dijo el otro–. Nosotros merecemos ser crucificados. Pero este hombre no ha hecho nada malo –dijo luego–. Jesús, recuérdame cuando llegues a tu reino».

«Te digo la verdad –respondió Jesús, colgado de su cruz–. Hoy estarás conmigo en el Paraíso».

Preguntas: ¿Qué dijeron los líderes que debía hacer Jesús? ¿Qué le pidió el criminal que creyó a Jesús que hiciera?

Día 299
La muerte de Jesucristo
Mateo 27:45–54; Juan 19:30

Las tinieblas cayeron cuando Jesús estaba colgado en la cruz.

Hubo tinieblas del medio día hacia las tres de esa tarde. Luego Jesús clamó a gran voz: «Dios mío, Dios mío, ¿por qué me has abandonado?». La gente que observaba pensó que estaba clamando a Elías. Luego dijo él: «Consumado es», y dejó de respirar.

En ese momento, la cortina del templo se rasgó. Se rompió de arriba hacia abajo. Esto abrió el lugar santísimo. Un terremoto retumbó en toda la tierra, y las rocas se partieron.

El capitán de los guardias romanos vio esto y se aterró.

«Absolutamente, este hombre era el Hijo de Dios», declaró.

Preguntas: ¿Qué sucedió cuando Jesús dejó de respirar? ¿Qué dijo el capitán del imperio romano acerca de Jesús?

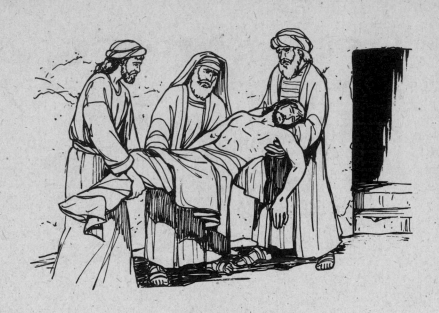

Día 300
Una nueva tumba en la roca
Mateo 27:57–66; Juan 19:38–42

Esa tarde, José de Arimatea se llevó el cuerpo de Jesús de la cruz. Junto con Nicodemo, él envolvió el cuerpo con especias y lino limpio. Lo colocaron en una tumba nueva que José había cavado en la roca. Una pesada piedra fue rodada hacia la entrada de la tumba. Ellos se marcharon del huerto. Los principales sacerdotes y los fariseos fueron con Pilato. «Ese mentiroso, Jesús, dijo que regresaría de la muerte –dijeron–. Envía soldados a proteger la tumba durante tres días. Así, sus discípulos no podrán robar el cuerpo».

Entonces ellos sellaron la tumba y colocaron guardias.

Preguntas: ¿Quién era el hombre que ayudó a José a enterrar a Jesús? ¿Por qué los sacerdotes colocaron guardias en la tumba de Jesús?

Día 301
«Él ha dejado atrás la muerte»
Mateo 28:1–7

El Sol estaba saliendo la mañana del domingo, el tercer día desde la muerte de Jesús. María de Betania y María Magdalena acudieron a su tumba.

De pronto, un terremoto retumbó. Un ángel había rodado la piedra. Él se sentó junto a la tumba abierta, resplandeciendo como una luz. Los guardias se cayeron llenos de temor.

El ángel dijo: «No teman, mujeres. Yo sé que están buscando a Jesús. Él no está aquí. Ha dejado la muerte detrás, tal como dijo que lo haría. Aquí, miren dónde estaba.

Rápidamente, vayan a decirles a sus discípulos esto: Jesús está esperándoles en Galilea. Encuéntrenlo ahí».

Preguntas: ¿Qué sucedió cuando el ángel quitó la piedra de la tumba de Jesús? ¿En dónde dijo el ángel que Jesús estaba esperando?

Día 302
«¡He visto al Señor!»
Juan 20:1-18

María Magdalena se quedó sola, llorando junto a la tumba.

Ella se volvió, ¡y ahí estaba Jesús! Pero María pensó que él era el hortelano. «Señor –dijo ella–, ¿se ha llevado a mi Señor? Dígame dónde le ha puesto?».

Jesús le dijo: «María».

«¡Maestro!».

«No me toques –dijo Él–, todavía no he ido al Padre.

Ve a decirle a mis hermanos lo siguiente: yo voy al Padre mío y Padre suyo. Voy a mi Dios y su Dios».

María Magdalena fue y les anunció a los discípulos: «¡He visto al Señor!». Ella les dijo lo que había sucedido.

Preguntas: ¿Qué pensó María que le había sucedido a Jesús? ¿A dónde dijo Jesús que iba?

Día 303
Jesús camina a Emaús
Lucas 24:13–27

Aquel día, dos discípulos viajaron de Jerusalén a Emaús. Ellos hablaron acerca de lo que había sucedido. Un hombre comenzó a caminar con ellos. Ellos no reconocieron a Jesús. «¿De qué están hablando?», Jesús les preguntó.

«¿No has escuchado acerca de Jesús? Él fue el poderoso profeta que fue crucificado; pero los ángeles les dijeron a algunas mujeres que ahora está vivo, y encontraron vacía su tumba».

«¿No sabían que esto tenía que sucederle a Cristo?», Jesús les explicó los escritos de Moisés y de los profetas. Él les mostró lo que las Escrituras decían acerca de Cristo.

Preguntas: ¿Quién caminó con los dos discípulos a Emaús? ¿Qué les explicó Jesús a los dos discípulos?

Día 304
Jesús aparece en Jerusalén
Primera parte
Lucas 24:28–37

Los dos discípulos no reconocieron a Jesús. En Emaús, ellos se sentaron juntos a comer. Jesús tomó el pan, lo bendijo y lo partió. Cuando se los dio, ellos vieron quién era, pero Jesús se había desvanecido.

Ellos se apresuraron a Jerusalén y les dijeron a los discípulos: «Nuestro corazón ardía cuando Él nos habló en el camino».

Y les dijeron: «¡Jesús también se le apareció a Pedro!».

En ese momento, ellos se sorprendieron y se aterraron. Jesús mismo estaba entre ellos.

«La paz sea con ustedes», dijo Él. Pero ellos pensaron que estaban viendo a un fantasma.

Preguntas: ¿Qué hizo Jesús que les ayudó a los dos discípulos a conocerle? ¿Qué les dijo Jesús a los discípulos cuando estuvo en medio de ellos?

Día 305
Jesús aparece en Jerusalén
Segunda parte
Lucas 24:38-49; Juan 20:24-28

Al regresar de la muerte, Jesús estuvo con sus discípulos en Jerusalén. «¿Por qué hay duda y temor en su corazón?

Tóquenme y vean». Los discípulos estaban muy felices, pero no podían creer lo que veían. «¿Tienen algo de comer?», Jesús les preguntó. Ellos observaron mientras Jesús comía.

Cuando Él les abrió su entendimiento espiritual, ellos escucharon lo que Moisés y los profetas habían escrito acerca de Él.

«Cristo sufrirá y se levantará de la muerte, y todo el mundo lo sabrá –Jesús dijo–. Ustedes han visto y comprendido todo esto. Pronto enviaré al Espíritu Santo como mi Padre prometió.

Permanezcan en la ciudad hasta que el poder de lo alto los cubra como vestiduras».

El discípulo llamado Tomás, no vio estas cosas. Él no creyó que eso hubiera sucedido. «Tendré que tocar tus heridas antes de creer», dijo él. Una semana más tarde, las puertas estaban cerradas. De pronto, Jesús estuvo entre ellos.

«Estírate, Tomás –dijo Él–, toca mis manos. No dudes; cree».

«Mi Señor y mi Dios», respondió Tomás mientras tocaba a Jesús.

Preguntas: ¿Qué hizo Jesús para comprobar que no era un fantasma? ¿Qué dijo Tomás cuando tocó a Jesús?

Jesús sirve el desayuno a la orilla del mar
Juan 21:1–12

Siete de los discípulos de Jesús, entre ellos Pedro, aceptaron ir de pesca al mar de Tiberias .

Aunque pescaron toda la noche, ellos no atraparon nada.

Al amanecer, Jesús se paró en la costa. Los discípulos no sabían que era Jesús.

«Hijos –llamó–, no tienen peces, ¿o sí?».

«No», respondieron ellos.

«Echen su red del lado derecho de la barca. Ahí encontrarán algunos». Entonces los discípulos echaron la red. Ellos no pudieron halarla hacia la barca, porque estaba llena hasta el tope de peces.

Juan le exclamó a Pedro: «¡Es el Señor!». Cuando Pedro escuchó esto, él saltó por la borda hacia el mar. Los demás discípulos remaron hacia la orilla, arrastrando su red llena de peces. No se encontraban lejos de la orilla, de manera que Pedro nadó hacia la playa. Ahí, ellos encontraron una fogata con peces y pan cocinándose.

«Traigan algunos peces», dijo Jesús. Ellos arrastraron a la orilla la red. Estaba llena de 153 grandes peces, pero la red no estaba rasgada. «Vengan y desayunen», Jesús les invitó.

Preguntas: ¿Cómo supieron los discípulos dónde atrapar peces? ¿Qué les ofreció Jesús a los discípulos cuando llegaron a la orilla?

Día 307
«¿Me amas?»
Juan 21:12-25

Mientras estaban junto a la fogata, ningún discípulo se atrevió a preguntar: «¿Quién eres?». Ellos sabían que era el Señor. Jesús tomó el pan y se los dio. Él hizo lo mismo con los pescados.

Cuando terminaron de desayunar, Jesús le dijo a Pedro: «Pedro, ¿me amas más que a éstos?».

«Sí, Señor. Sabes que te amo».

«Entonces alimenta a mis ovejas», Jesús respondió.

Luego, Él le hizo a Pedro la misma pregunta por segunda vez. «¿Me amas?».

«Sí, Señor. Sabes que te amo».

«Entonces apacienta mis ovejas». Luego, por tercera vez, Jesús preguntó: «¿Me amas?». Pedro se entristeció de que Jesús tuviera que preguntarlo tantas veces.

«Señor –respondió él–, tú lo sabes todo. Sabes que te amo».

Jesús le dijo: «Alimenta a mis ovejas. Te digo la verdad, Pedro. Cuando eras joven hacías lo que deseabas.

Pero cuando envejezcas será diferente. Alguien más te llevará a donde no desees ir». Esto significaba que Pedro algún día moriría por servir a Dios.

Jesús hizo muchas cosas. El mundo no puede contener todos los libros que podrían ser escritos acerca de Él.

Preguntas: ¿Cuántas veces preguntó Jesús: "¿Me amas?" ¿Por qué Pedro se entristeció?

Día 308
Jesús es llevado al cielo
Hechos 1:3-11

Jesucristo comprobó muchas veces que estaba vivo. Durante cuarenta días, él permaneció con los discípulos, hablándoles acerca del reino de Dios. Él les ordenó que no se marcharan de Jerusalén. En cambio, ellos debían esperar ahí la promesa del Padre. «Les mencioné esto antes –dijo Él–. Juan bautizaba con agua. Pero en unos días, ustedes serán bautizados con el Espíritu Santo».

«Señor –ellos preguntaron–, ¿ahora es tiempo de que traigas el reino a Israel?». Ellos se reunieron en el monte de los Olivos.

«No pueden saber los tiempos que el Padre ha establecido para esas cosas. Pero recibirán poder. El Espíritu Santo vendrá sobre ustedes como vestiduras. Entonces hablarán por mí, comenzando en Jerusalén. Luego en Samaria, en Judea y hasta lo último de la Tierra».

Después de que Jesús dijera esto, Él fue levantado mientras ellos observaban. Luego, una nube lo hizo desaparecer de su vista.

Mientras se marchaba, los discípulos miraban al cielo. Dos hombres vestidos de blanco se pararon con ellos. «Hombres de Galilea, ¿por qué están parados mirando hacia arriba? Este Jesús ha sido tomado de ustedes y llevado al cielo. Pero Él regresará tal como lo vieron marcharse».

Preguntas: ¿Con qué serían bautizados los discípulos? ¿Cómo regresará Jesús?

Día 309
El Pentecostés en Jerusalén
Primera parte
Hechos 2:1–11

Los discípulos oraban juntos constantemente después de que Jesús se marchara en la nube.

Cincuenta días después de que Jesús fuera crucificado, en ese lugar hubo una gran fiesta. Se le llamaba Pentecostés.

En ese tiempo, miles de personas visitaban Jerusalén.

Los discípulos estuvieron juntos ese día. De pronto, un sonido como de viento violento llenó la casa. Apareció fuego y se quedó en cada uno de ellos. Todos fueron llenos del Espíritu Santo. El Espíritu les dio la capacidad de hablar en otros idiomas. Luego se reunió una multitud curiosa que era de muchas naciones diferentes, pero cada uno escuchó el evangelio en su propio idioma.

Preguntas: ¿Cómo se llamaba la fiesta de Jerusalén? ¿Qué habilidades dio el Espíritu Santo a los discípulos?

El Pentecostés en Jerusalén *Segunda parte*
Hechos 2:12–39

Todos estaban asombrados y confundidos. ¡Cada uno escuchaba su propio idioma! «¿Qué significa esto?», algunos preguntaban.

Otros se burlaron: «Están embriagados con un vino nuevo».

Entonces Pedro se levantó. «Gente de Judea y todos los que viven en Jerusalén, no estamos ebrios. Son solo las nueve de la mañana. Hace mucho tiempo, el profeta Joel escribió: "En los postreros días derramaré de mi Espíritu sobre todos. Y quienes clamen el nombre del Señor serán salvos". Jesús de Nazaret hizo milagros entre ustedes, pero según el plan de Dios, ustedes lo asesinaron. Nosotros le hemos visto. Él ahora está sentado a la diestra de Dios. El Padre le ha dado a Jesús la promesa del Espíritu Santo».

Las palabras de Pedro entraron en lo profundo de su corazón.

Ellos preguntaron: «¿Qué debemos hacer?».

«Todos, aléjense de sus pecados, sean perdonados y sean bautizados en el nombre de Jesucristo. Recibirán como un obsequio al Espíritu Santo. Esta promesa es para ustedes, sus hijos y a quien esté lejos». Tres mil personas creyeron en Jesús aquel día.

Preguntas: ¿Qué les sucede a quienes claman en el nombre del Señor? ¿Cuál es el obsequio que recibe la gente cuando cree en Jesús?

Día 311
Caminar, saltar y alabar a Dios
Hechos 3:1–8

«Denme dinero, por favor –mendigaba un hombre inhabilitado cerca del templo–. He estado cojo desde que nací». Pedro y Juan, al pasar cerca, escucharon el ruego del hombre.

«No tengo plata ni oro –le dijo Pedro–, pero te daré lo que tengo. En el nombre de Jesucristo de Nazaret, levántate y anda». Pedro tomó la mano del hombre y le ayudó a levantarse.

De inmediato, los pies y los tobillos del hombre se fortalecieron y dio saltos. El hombre entró en el templo con Pedro y Juan. Él estaba caminando, saltando y adorando a Dios.

Preguntas: ¿Qué nombre utilizó Pedro para sanar al hombre? ¿Cuáles son las tres cosas que hizo el hombre cuando entró en el templo?

Arrestado en el templo

Hechos 3:9–4:4

«Pueblo de Israel –Pedro dijo en el templo–, ¿por qué se sorprenden y se admiran de este hombre? Él no fue sanado porque nosotros seamos poderosos o santos. Esta es la manera en que el Dios de sus ancestros ha glorificado a su Hijo, Jesús.

Pilato deseaba liberar a Jesús, pero ustedes prefirieron al asesino Barrabás. Y entonces mataron a la fuente de vida. Pero Dios lo resucitó de la muerte. Nosotros le hemos visto.

La fe en el nombre de Jesucristo ha fortalecido a este hombre.

Yo sé que ustedes no sabían lo que hacían. En ignorancia mataron a Jesús.

Los profetas dijeron que todo esto le sucedería a Cristo. Pero ahora, vuélvanse a Dios para que sus pecados sean limpiados.

Entonces vendrán tiempos refrescantes, debido al Señor.

En el tiempo, Dios enviará a Jesús, su Cristo, de vuelta otra vez».

Pedro y Juan estaban hablándole a la gente. Los sacerdotes y el capitán del templo se les acercaron. Estos hombres se molestaron de que los discípulos estuvieran enseñando en el templo, especialmente que dijeran: «En Jesús, hay resurrección de la muerte».

Entonces ellos arrestaron a Pedro y a Juan. Estuvieron detenidos hasta el día siguiente. Pero 5,000 personas creyeron en Jesús aquel día.

Preguntas: ¿Qué fortaleció al hombre discapacitado? ¿Qué hicieron Pedro y Juan que molestó a los sacerdotes?

Día 313
Los compañeros de Jesús
Hechos 4:5-21

Al día siguiente, Pedro y Juan se pararon frente al sumo sacerdote y a los demás líderes. «¿En nombre de quién hacen este trabajo?», les preguntaron.

Pedro estaba lleno del Espíritu Santo. «Líderes del pueblo –dijo él–, ¿desean saber por qué este hombre que está aquí parado tiene buena salud? Es por el nombre de Jesucristo de Nazaret: el hombre a quien crucificaron, y a quien Dios resucitó de la muerte.

La salvación solamente se encuentra en Él. Ningún otro hombre se ha dado por el que debamos ser salvos».

Los líderes vieron la audacia de Pedro y de Juan. Ellos vieron que eran hombres comunes e iletrados.

Además, ellos sabían que Pedro y Juan eran compañeros de Jesús.

Los sacerdotes y los líderes se asombraron. «¿Qué debemos hacer con ellos? –ellos se preguntaron–. Todos en Jerusalén han escuchado de este milagro. No podemos decir que no sucedió».

Entonces, les ordenaron a los discípulos: «Nunca vuelvan a hablar en el nombre de Jesús».

«No podemos evitar hablar de lo que hemos visto y oído», respondieron ellos. Y el pueblo alabó a Dios por lo que había sucedido.

Preguntas: ¿Qué dijo Pedro que era especial acerca del nombre de Jesús? Pedro y Juan eran hombres comunes e iletrados. ¿Qué tenían de especial?

Día 314
«¡Le mentiste a Dios!»
Hechos 4:32–5:11

Con gran poder y en acuerdo, los apóstoles declararon la resurrección del Señor. Sobre ellos había una enorme gracia.

Quienes poseían casas las vendieron. El dinero les fue dado a quienes estaban en necesidad. Pero un hombre llamado Ananías vendió una propiedad. Su esposa, Safira, estuvo de acuerdo en que conservaran algo del dinero. Solo parte les fue dada a los pobres.

«Ananías –dijo Pedro–, ¿por qué Satanás ha hecho que mientas?

El Espíritu Santo sabe que has conservado parte del dinero. Cuando vendiste la tierra, el dinero era tuyo. ¡Ahora le has mentido a Dios!». Al escuchar esto, Ananías se cayó y murió. Jóvenes llevaron el cuerpo para enterrarlo. Más tarde, la esposa de Ananías entró. Ella no sabía lo que había sucedido.

«¿Tu esposo y tú vendieron la tierra?», Pedro preguntó.

«Sí», Safira respondió.

«¿Por qué tentaste el Espíritu del Señor? Ahí están los hombres que enterraron a tu esposo. Están listos para sacarte».

De inmediato, ella se cayó al suelo, muerta. Safira fue enterrada junto a su esposo. Y el temor de Dios vio sobre toda la iglesia.

Preguntas: ¿Por qué ninguno de los creyentes era necesitado? ¿Por qué murió Ananías?

Día 315
Arrestado de nuevo en el templo
Hechos 5:14–26

Una gran cantidad de hombres y mujeres creyeron. De hecho, ellos colocaban en las calles de Jerusalén a los enfermos.

Simplemente deseaban que la sombra de Pedro cayera sobre ellos cuando pasara por ahí.

La gente llevaba a sus enfermos de las ciudades circundantes, y todos eran sanados.

Entonces, el sumo sacerdote comenzó a actuar. Él, junto con otros sacerdotes y maestros se llenaron de envidia, y arrestaron a los apóstoles y los encerraron en prisión. Pero durante la noche, un ángel abrió las puertas de la prisión.

«Salgan –dijo el ángel–. Vayan al templo y háblenle a la gente acerca de esta vida». De manera que al amanecer, ellos comenzaron a enseñar.

Aquel día, los sacerdotes exigieron que les llevaran a los prisioneros; pero la policía no halló a los apóstoles ahí.

«Encontramos la prisión cerrada –reportaron–. Los guardias estaban parados en las puertas; pero no había nadie adentro».

Todos estaban confundidos. Luego llegó otro reporte: «¡Los hombres a quienes encerraste en prisión están enseñando en el templo!». La policía del templo llevó discretamente a los discípulos con el sumo sacerdote. Ellos temían ser apedreados por el pueblo.

Preguntas: ¿Por qué los sacerdotes arrestaron a los discípulos? ¿Qué hicieron los apóstoles cuando fueron soltados de prisión?

Día 316
Pelear contra Dios
Hechos 5:27–42

Los apóstoles estuvieron en el concilio. «¡Les dimos órdenes estrictas! –dijo el sumo sacerdote–. No vuelvan a enseñar en ese nombre. Sin embargo, ustedes llenaron Jerusalén de su enseñanza».

Entonces Pedro habló por todos los apóstoles. «Nosotros debemos obedecer a Dios en lugar de a cualquier poder humano. Ustedes colgaron a Jesús en una cruz y ahí murió. Pero Dios lo resucitó de la muerte. Ahora, Jesús está a lado de Dios como Líder y Salvador. Él desea otorgarle a Israel el perdón de sus pecados.

Nosotros simplemente hablamos de lo que hemos visto».

El concilio se enfureció y deseaba matar a los apóstoles. Pero un maestro sabio llamado Gamaliel, levantó la voz: «Conciudadanos israelitas, piensen detenidamente este asunto. Yo digo, déjenlos en paz. Si su obra es meramente humana, esta fracasará. Pero si proviene de Dios, ustedes no pueden detenerlos. De hecho, posiblemente se encuentren peleando contra Dios».

El concilio se convenció con el razonamiento de Gamaliel.

Azotaron a los apóstoles y les ordenaron no hablar en el nombre de Jesús. Ellos fueron liberados con gozo: «¡Somos dignos de sufrir por su nombre!». Y no dejaron de declarar ni de enseñar.

«Jesús es el Cristo».

Preguntas: ¿En dónde dijo Pedro que Jesús se encuentra ahora? ¿Qué dijo el maestro sabio, Gamaliel, acerca de los discípulos?

Día 317
Un hombre lleno de fe
Hechos 6:1-15

La Palabra de Dios continuaba extendiéndose en Jerusalén. La cantidad de discípulos incrementó. Incluso muchos sacerdotes vinieron a la fe en Cristo. Siete hombres fueron elegidos de entre los creyentes. Ellos estaban llenos del Espíritu Santo y de sabiduría. Su trabajo era ocuparse del reparto de comida entre los creyentes. Uno de ellos era Esteban, un hombre lleno de fe, de gracia y de poder. Él hizo grandes maravillas y señales entre la gente. Algunos de los judíos se levantaban y discutían con Esteban. Pero no podían alzarse contra su sabiduría y su espíritu; de manera que le pagaron secretamente a personas que lo acusaran: «Escuchamos a Esteban decir cosas terribles contra Moisés y contra Dios». El pueblo, los líderes y los maestros de la Ley de Moisés estaban enfadados.

Obligaron a Esteban a ir al concilio de gobernadores. Ahí, la gente mintió acerca de él. «Él dice que Jesús de Nazaret destruirá el templo –decían ellos–. Él desea cambiar las tradiciones que Moisés nos dio».

El sumo sacerdote miró a Esteban. «¿Eso es verdad?», le preguntó. Todo el concilio miró directamente al rostro de Esteban. Ellos vieron que era como el rostro de un ángel.

Preguntas: ¿Qué clase de hombre era Esteban? ¿Qué mentiras dijeron de Esteban?

Día 318
Esteban es apedreado a muerte
Hechos 7:2-60

Esteban le dio al concilio un discurso significativo. Comenzando con Abraham, él rastreó la historia del pueblo judío, pero el concilio se encolerizó. «Sus ancestros persiguieron a cada profeta –dijo Esteban–. Estos profetas predijeron que Cristo vendría, y ahora ustedes son sus asesinos».

Con un grito, ellos lo agredieron. «Miren –dijo Esteban–, los cielos están abiertos. Jesús está ahí sentado al lado de Dios».

Ellos se cubrieron los oídos y lo echaron de Jerusalén. Ahí, Esteban fue apedreado a muerte. «Señor Jesús, recibe mi espíritu –oró, y luego se arrodilló, diciendo–. No les tomes en cuenta esto». Y Esteban murió.

Preguntas: ¿Qué vio Esteban en el cielo? ¿Qué oró por la gente que lo apedreó a muerte?

Día 319
Saúl, el perseguidor de Jesús
Hechos 9:1–5

Un joven llamado Saulo aprobó la muerte de Esteban. Luego Saulo comenzó a expulsar de Jerusalén a los creyentes.

Él infundía amenazas y muerte contra los discípulos. Arrastrados de sus casas, los creyentes eran encarcelados.

Saulo acudió al sumo sacerdote para obtener permiso para ir a Damasco. Él planeaba arrestar a hombres y mujeres que seguían el camino de Jesús. Cuando Saulo se acercó a Damasco, una luz del cielo resplandeció a su alrededor. Él cayó al suelo, y una voz dijo: «Saulo, Saulo, ¿por qué me persigues?».

«¿Quién eres, Señor?», preguntó Saulo.

«Soy Jesús, a quien tú persigues».

Preguntas: ¿Por qué Saulo fue a Damasco? ¿Qué le preguntó Jesús a Saulo?

Día 320
Saulo, creyente en Jesús
Hechos 9:6-19

Saulo quedó tumbado en el suelo, cegado por una luz del cielo. Jesús mismo habló: «Levántate y ve a la ciudad. Ahí te dirán qué hacer». Los hombres que viajaban con Saulo se quedaron sin palabras. Ellos escucharon la voz pero no vieron a nadie, y llevaron a Saulo de la mano hacia Damasco. Durante tres días, Saulo estuvo ciego y no comió nada. Entonces, el Señor le habló a un discípulo llamado Ananías. «Un hombre de Tarso, llamado Saulo, ha visto una visión. En ella, tú, Ananías, lo tocaste para que pudiera ver de nuevo. Ve y hazlo».

«Señor –dijo Ananías–, he escuchado de este hombre. Él les ha hecho mucho mal a lo santos de Jerusalén. Ha venido aquí para arrestar a la gente que clama tu nombre».

«Ve, Ananías. He elegido a Saulo para que lleve mi nombre a todas las naciones. Él llevará mi nombre a reyes y al pueblo de Israel. Yo le enseñaré personalmente cómo debe sufrir.

Este sufrimiento será por mi nombre».

Ananías fue. «Hermano Saulo –dijo–, el Señor me ha enviado.

Recibe tu vista. Sé lleno del Espíritu Santo». Instantáneamente, Saulo pudo ver de nuevo. Él fue bautizado, comió y recuperó su fuerza.

Preguntas: ¿A quién dijo Ananías que Saulo arrestaría? ¿Por causa de qué sufriría Saulo?

Día 321
Saulo, el predicador de Jesús
Hechos 9:20–31

S aulo permaneció varios días con los discípulos en Damasco.

De inmediato, él se dirigió a las sinagogas judías. «Jesús es el Hijo de Dios», declaraba.

«¿No es este el hombre que causó estragos en la iglesia en Jerusalén?». Después de un tiempo, algunas personas planearon matar a Saulo, pero Saulo pudo escaparse. Las puertas eran vigiladas de día y de noche, de manera que los discípulos lo llevaron a un hoyo en el muro de la ciudad. Ellos lo bajaron en una canasta, y él escapó. Saulo volvió a Jerusalén. Él intentó unírseles a los discípulos ahí, pero ellos temían. «Él no cree en Jesús», decían.

Pero un discípulo llamado Bernabé presentó a Saulo con los discípulos. Bernabé les dijo que Saulo había visto al Señor.

«El Señor le habló en Damasco –dijo Bernabé–, y Saulo predicó audazmente el evangelio ahí». De manera que Saulo permaneció con la iglesia en Jerusalén. Él hablaba y discutía con los judíos griegos, pero ellos planearon matarlo. Entonces los creyentes pusieron a Saulo en una barca en Cesarea. Desde ahí, él navegó a su casa en Tarso.

Y toda la iglesia tuvo paz y fue edificada.

Preguntas: ¿Qué le decía Saulo a la gente de las sinagogas de Damasco? ¿Cómo escapó Saulo de Damasco?

Día 322
«¡Tabita está viva!
Hechos 9:36–43

Pedro iba de aquí para allá entre todos los creyentes. En Jope se encontraba una discípula llamada Tabita. Ella era fiel para hacer buenas obras y ayudar a los demás. Pero se enfermó y murió. Dos hombres fueron enviados con Pedro.

«Por favor, ven con nosotros rápidamente», ellos le pidieron.

En la casa de Tabita, las viudas estaban llorando. Pedro las envió afuera, se arrodilló y oró. Luego dijo: «Tabita, levántate».

Ella abrió los ojos y se sentó. La noticia se hizo saber: «¡Tabita está viva!». Muchos creyeron en el Señor.

Pedro permaneció en Jope durante algún tiempo en la casa de Simón curtidor.

Preguntas: ¿Qué hizo Pedro cuando fue a la casa de Tabita? ¿Qué sucedió en Jope después de que la gente escuchara lo que le había sucedido a Tabita?

Día 323
La visión de Pedro en Jope
Hechos 10:1–23

En Cesarea vivía un soldado romano llamado Cornelio, quien no era judío, sino gentil. No obstante, él era fiel a Dios y les daba a los pobres. Él siempre oraba. Una tarde, este hombre tuvo una visión. Un ángel vino y dijo: «¿Cornelio?».

«¿Qué sucede, Señor?», Cornelio observó al ángel con terror.

«Envía hombres a Jope para encontrar a Pedro en la casa de Simón». Rápidamente, Cornelio envió por Pedro.

A alrededor del mediodía del siguiente día, Pedro subió al tejado de Simón para orar. Mientras esperaba, Pedro cayó en un éxtasis. Él vio un gran lienzo que venía del cielo, donde había todo tipo de animales. Una voz habló: «Pedro, levántate y come estos animales». Pero los animales del lienzo están prohibidos por la ley judía. Entonces, para Pedro, eso significaba que no eran limpios.

«No, Señor –dijo Pedro–. Nunca he comido carne impura».

«Dios ha limpiado esta carne. No vuelvas a llamarla impura».

Pedro estaba confundido. En ese momento, los hombres de Cornelio llegaron. Al día siguiente, Pedro fue con ellos a la casa de Cornelio en Cesarea.

Preguntas: Cornelio era fiel a Dios. ¿Qué cosas hacía? ¿Por qué Pedro no deseaba comer la carne de los animales que había en el lienzo?

El Espíritu y los gentiles

Hechos 10:24–48

Los parientes y los amigos cercanos de Cornelio se reunieron.

Finalmente, Pedro llegó, y Cornelio cayó a sus pies para adorarlo. «Levántate –dijo Pedro–. Solo soy un hombre mortal».

En la casa, Pedro dijo: «Ustedes saben que yo soy judío. Es contra nuestra ley visitar a un gentil. Pero Dios me dijo que no llamara a nadie impuro». Ese era el significado de la visión que Pedro tuvo dos días antes. «De manera que no tuve problema en venir acá. ¿Qué desean?».

Cornelio respondió: «Hace cuatro días, un hombre con vestiduras resplandecientes vino a mí. "Cornelio –dijo él–, Dios ha escuchado tus oraciones. Envía a alguien a Jope y encuentra a Pedro". Lo hice, y tú eres muy amable en venir. Estamos aquí en la presencia de Dios para escucharte».

Entonces Pedro comenzó a contarles las buenas nuevas acerca de Jesucristo. Él mencionó el perdón de los pecados en el nombre de Jesús, pero tuvo que detenerse. El Espíritu Santo había caído sobre todos los que estaban escuchando. Los creyentes judíos que estaban con Pedro se asombraron. ¡La dádiva del Padre en el Espíritu Santo les había sido derramada a los gentiles! «Bauticemos a esta gente en el nombre de Jesucristo», dijo Pedro. Y ellos permanecieron ahí durante varios días.

Preguntas: ¿Por qué Pedro no tuvo problema en estar con los gentiles? ¿Por qué los creyentes judíos estaban asombrados?

Día 325
El Señor rescata a Pedro
Hechos 12:1–11

El rey Herodes puso sus violentas manos sobre algunos creyentes.

Él mandó a matar a Santiago, el hermano de Pedro. Luego Pedro fue arrestado. La iglesia oró inmediatamente a Dios.

Pedro durmió encadenado a dos soldados. Un ángel entró en la prisión. «Levántate rápidamente. Ponte las sandalias». Pedro lo hizo. «Sígueme». El apóstol pensó que estaba viendo una visión. Ellos pasaron junto a los guardias.

La puerta de la prisión se abrió sola. Ellos caminaron por una calle. El ángel desapareció de repente.

«El Señor me ha rescatado –Pedro supo–. El pueblo no me verá morir».

Preguntas: ¿A quién mandó matar Herodes? ¿Qué hizo la iglesia cuando Pedro fue arrestado?

Día 326
Pedro y la reunión de oración
Hechos 12:12-23

Pedro se dio cuenta de que había sido salvo de la muerte. De inmediato se dirigió a la casa de María, donde la iglesia estaba orando. María era la madre de Marcos.

Rode, la criada de María, escuchó que alguien llamaba a la puerta. Cuando respondió, Rode reconoció la voz de Pedro. Ella se llenó de alegría. En lugar de abrir la puerta, ella corrió a decirles a los demás. «Estás loca», dijeron ellos.

Pero Rode insistió. Entonces dijeron ellos: «Es el ángel de Pedro».

Mientras tanto, Pedro continuaba llamando. Ellos abrieron la puerta y se asombraron. «Cállense, cállense –Pedro susurró–. Díganle esto al hermano del Señor, Santiago, y a los creyentes», dijo él. Pedro luego se fue a otro lugar.

En aquellos días, Herodes contendía con la gente de Tiro.

Ellos acudieron a él para hacer las paces. No tenían otra opción, ya que el rey Herodes controlaba su comida.

Herodes se colocó sus ropas reales y se sentó en su trono.

Él le dio un vano discurso a la gente. «Es la voz de un dios –gritaron–. ¡Herodes es más que un hombre!».

De inmediato, un ángel de Dios atacó a Herodes. Él no le había dado la gloria a Dios. Herodes, comido de gusanos por dentro, murió.

Preguntas: ¿Quién pensó la iglesia que era Pedro? ¿Por qué el ángel hirió a Herodes?

Los creyentes son llamados cristianos
Hechos 11:19-30

Cuando Esteban fue asesinado, los creyentes se extendieron por todo el Medio Oriente. En Antioquía, algunos les dieron las buenas nuevas de Jesús a los griegos.

Una gran cantidad de gentiles se volvieron creyentes y se volvieron al Señor.

La iglesia de Jerusalén escuchó esto. Ellos enviaron a Bernabé a Antioquía. Ahí, él vio la gracia de Dios entre la gente. Bernabé se gozó: «Sean fieles al Señor –él les dijo–. Permanezcan devotos a Él». Bernabé era un buen hombre, lleno del Espíritu Santo y de fe. Mucha gente fue llevada al Señor.

Luego, Bernabé fue a Tarso para buscar a Saulo.

Él lo encontró y le llevó de vuelta a Antioquía.

Durante un año entero ellos se reunieron con la iglesia.

Bernabé y Saulo le enseñaron a mucha, mucha gente.

Los creyentes no eran en absoluto como los judíos; y cambiaron en maneras que los hicieron diferentes de los gentiles.

De manera que fue en Antioquía donde a los creyentes se les llamó por primera vez «cristianos».

En ese tiempo llegó una hambruna. Los creyentes de Judea sufrieron sin comida. De manera que la iglesia de Antioquía envió a Bernabé y a Saulo. Ellos les llevaron ayuda a las iglesias de Judea.

Preguntas: ¿Qué les dijo Bernabé a los nuevos creyentes gentiles de Antioquía? ¿En dónde se les llamó «cristianos» por primera vez?

Día 328
Los apóstoles son enviados
Hechos 13:1–12

Ahora en la iglesia de Antioquía había profetas y maestros. Ellos oraban juntos adorando a Dios. El Espíritu Santo les dijo: «Aparten a Bernabé y a Saulo. Los he llamado para mi obra». Los líderes de la iglesia oraron y les impusieron manos. El Espíritu Santo envió a Bernabé y a Saulo. Ellos se llevaron a Marcos y emprendieron el viaje. Los tres apóstoles navegaron hacia la isla de Chipre.

Ahí hablaron la Palabra de Dios en las sinagogas judías, y viajaron por toda la isla. En Pafos vivía un mago llamado Barjesús. El gobernador de Chipre, Sergio Paulo, deseaba escuchar la Palabra de Dios; pero el mago intentó alejarlo de la fe. Saulo, ahora llamado Pablo, lo observó de cerca.

Pablo estaba lleno del Espíritu Santo. «Tú, hijo del diablo –le dijo–, tú, enemigo de todo lo correcto, deja de entorpecer los caminos del Señor. La mano de Dios está contra ti. No podrás ver un tiempo». Al poco tiempo, el mago solo pudo ver oscuridad.

Él tenía que tener a alguien que lo guiara por la tierra.

Sergio Paulo vio esto y creyó. Él se gozaba con la enseñanza acerca del Señor.

Preguntas: ¿Quién envió a Bernabé y a Saulo a Antioquía? ¿Cuál fue el nuevo nombre de Saulo?

Día 329
Una luz para los gentiles
Hechos 13:13-52

Pablo y sus compañeros zarparon de Pafos. Ellos llegaron a la tierra de Panfilia. Ahí, Marcos los dejó y regresó a Jerusalén.

Los apóstoles viajaron tierra adentro hacia otra ciudad llamada Antioquía, la cual se encontraba en Pisidia.

En el Sabbat, Pablo les habló a los judíos en su sinagoga.

Él rastreó la historia del pueblo judío. Esta historia terminó con la muerte de Jesús. Pablo le dijo a su audiencia que Jesús había regresado de la muerte. Casi toda la ciudad se reunió en el siguiente Sabbat. Los judíos vieron las multitudes y se llenaron de envidia. Ellos negaron que Pablo hablara la verdad. Pero Pablo y Bernabé eran audaces.

«Dios desea que esta palabra les llegue a ustedes primero.

Pero parece que ustedes no creen ser dignos de la vida eterna; de manera que se lo diremos a los gentiles. Dios lo ha ordenado.

Él dijo: "Ustedes deben ser la luz de los gentiles.

Entonces pueden llevar mi salvación a los confines de la Tierra"».

Cuando los gentiles escucharon esto, ellos se alegraron.

Alabaron la Palabra del Señor. La Palabra del Señor se extendió en toda la zona. Pero los Judíos expulsaron a Pablo y a Bernabé.

De manera que ellos se marcharon, contentos de sacudirse de sus pies el polvo de Antioquía.

Preguntas: ¿Qué dijeron los judíos llenos de envidia de Pablo? ¿Por qué se gozaron los gentiles de Antioquía?

«¡Los dioses han venido a nosotros!»

Hechos 14:1-26

Pablo y Bernabé casi fueron apedreados como Esteban en Antioquía; pero escaparon a Listra, en Licaonia.

Al mirar a un hombre lisiado, Pablo exclamó: «¡Levántate!».

Y el hombre se levantó de un salto y comenzó a caminar.

Las multitudes lo vieron. «¡Los dioses han venido a nosotros como hombres! –exclamaron–. Este –gritaron señalando a Bernabé––, es Júpiter. El otro hombre es quien habla.

¡Eso significa que es Mercurio!». Ese era Pablo.

El sacerdote del templo de Júpiter llevó toros para hacer sacrificios. Pablo y Bernabé se apresuraron con la multitud.

«¡Amigos! –gritaron ellos– ¿Por qué están haciendo esto?

Nosotros somos humanos tal como ustedes. Hemos traído buenas nuevas: ¡Aléjense de las cosas sin valor! El Dios vivo ha creado el cielo y la Tierra, y todo lo que en ellos hay.

¡Él llena su estómago de comida y su corazón de gozo!». Apenas pudieron detener los sacrificios.

Gente llegó de Antioquía y provocó a la multitud contra Pablo.

Él fue apedreado y arrastrado con vida a Listra. Pronto, los apóstoles regresaron a la iglesia de Antioquía, en Siria.

Preguntas: ¿Qué pensaron las multitudes cuando Pablo sanó al hombre en Listra? ¿Qué les dijeron los apóstoles a las multitudes acerca del Dios viviente?

Día 331
«Somos salvos por gracia»
Hechos 14:27–15:1–21

La iglesia de Antioquía se regocijó. ¡Dios les había abierto la puerta de la fe a los gentiles!

Pero luego, algunos llegaron de Judea a Antioquía.

Ellos dijeron: «Cristianos gentiles, deben guardar la ley de Moisés».

Pero Pablo y Bernabé dijeron: «Dios está contento de que los gentiles hayan creído en Jesús. Ellos no tienen que hacer nada más para ser salvos». Entonces, los apóstoles y los líderes llamaron a una reunión en Jerusalén. Pablo y Bernabé asistieron para discutir este importante problema.

La primera persona en hablar fue Pedro. «Hermanos, Dios les dio el Espíritu Santo a los gentiles. Yo me encontraba en la casa de Cornelio cuando esto sucedió. Por lo tanto, Dios no debe ver ninguna diferencia entre ellos y nosotros. De cualquier forma, nadie ha podido guardar la Ley de Moisés jamás.

Nosotros somos salvos por la gracia del Señor Jesús. Asimismo los gentiles».

Pablo y Bernabé se dispusieron a contar todas las maravillas que Dios hizo entre los gentiles. Santiago tuvo la palabra final: «Dios desea hacer de los gentiles un pueblo para su nombre.

No disturbemos a los que están volviéndose a Dios».

Preguntas: ¿Qué dijo la gente de Judea que debían hacer los gentiles? ¿Cómo dijo Pedro que la gente era salva?

Día 332
Por el mar hacia Europa
Hechos 16:1–15

Luego, Pablo y Silas visitaron los lugares en los que Pablo había estado antes y fortalecieron las iglesias.

Los creyentes supieron acerca de la decisión que se tomó en Jerusalén: ellos no tenían que guardar la Ley judía. En Listra, Pablo conoció a Timoteo.

Este joven discípulo comenzó a viajar con Pablo. Ellos viajaron al oriente por Asia. El Espíritu Santo no dejó que Pablo hablara la Palabra de Dios ahí. En la costa del mar Egeo, los viajeros se detuvieron.

Esta era la ciudad de Troas. Aquí, Pablo conoció a Lucas, a quien llamó «el amado médico».

Esa noche, Pablo tuvo una visión de un hombre de Macedonia.

Macedonia era una ciudad al otro lado de mar Egeo.

El hombre rogaba: «¡Ven a ayudarnos!».

Pablo supo lo que eso significaba. Dios deseaba que dejara Asia y cruzara el mar hacia Europa. Ahí, él predicaría las buenas nuevas. Timoteo, Lucas, Silas y Pablo emprendieron el viaje. Dos días más tarde, ellos desembarcaron en Filipos, la ciudad principal de Macedonia. En el Sabbat, ellos fueron a la ribera. Al hablar con las mujeres que oraban ahí, ellos conocieron a Lidia. Su negocio era vender púrpura.

Pronto, Lidia y su casa fueron bautizados.

Los apóstoles se hospedaron en la casa de Lidia.

Preguntas: ¿Por qué Pablo no habló la Palabra de Dios en Asia?
¿Quién era Lucas?

Día 333
Pablo y la adivina
Hechos 16:16–28

Lucas registraba la historia de los viajes de Pablo. Él escribió la siguiente historia: «En Filipos conocimos a una muchacha esclava que estaba controlada por un espíritu. Este espíritu la hizo adivina. Los amos de la chica ganaban dinero de su adivinación. Ella siguió a Pablo, llorando: "Estos hombres sirven al Dios Altísimo". Ella lo hizo durante muchos días. Finalmente, Pablo se enfadó.

Él le habló al espíritu. "Te ordeno en el nombre de Jesucristo que salgas de ella". Y salió. Los amos de la chica ya no pudieron ganar dinero de su adivinación.

Enfadados, ellos llevaron a Pablo y a Silas a la fuerza con los gobernantes a la plaza. "Estos hombres están perturbando la ciudad –dijeron ellos–. Desean que quebrantemos la ley romana". Pablo y Silas fueron golpeados y encerrados en la más profunda celda.

A media noche, Pablo y Silas estaban orando y cantando himnos. Otros prisioneros los escucharon. De pronto, un violento terremoto sacudió la prisión. Las puertas se abrieron y las cadenas de los prisioneros se cayeron. El carcelero despertó, vio la prisión abierta y tomó su espada. Él estaba a punto de suicidarse. Pensó que los prisioneros habían escapado. Pero Pablo gritó: "¡No te hagas daño! Todos estamos aquí"».

Preguntas: ¿Por qué estaban enfadados con Pablo los amos de la esclava? ¿Qué hicieron Pablo y Silas en la prisión?

Día 334
Pablo, Silas y el carcelero
Hechos 16:29–40

La historia de Lucas continúa: «El carcelero se apresuró a entrar en la prisión. Él se cayó temblando frente a Pablo y a Silas.

"¿Qué tengo que hacer para ser salvo?".

"Cree en el Señor Jesús y serás salvo tú y tu casa".

Ellos les hablaron la Palabra de Dios a él y a su familia.

Luego, el carcelero les lavó sus heridas, y su familia y él fueron bautizados. Se sentaron juntos a comer con gozo.

¡El carcelero se convirtió en un creyente en Dios!

De regreso a la casa de Lidia, ellos animaron a los hermanos y las hermanas, y luego se marcharon de Filipos».

Preguntas: El carcelero deseaba saber cómo ser salvo. ¿Cuál es la respuesta? ¿Qué hizo el carcelero por Pablo y por Silas?

Día 335
Amenazados por la envidia
Hechos 17:1-15

En Tesalónica, Pablo fue a la sinagoga a discutir las Escrituras. Durante tres días de Sabbat, él explicó por qué Cristo tuvo que morir. Él comprobó que Cristo tuvo que resucitar de la muerte. «El Cristo es Jesús –dijo Pablo–. Él es el hombre de quien estoy hablando».

Algunos judíos, muchos griegos y mujeres importantes se unieron a Pablo y a Silas. Algunos judíos se reunieron con criminales de la plaza. La ciudad estaba alborotada.

La gente gritaba: «Esta gente ha estado volteando al mundo de cabeza. ¡Ahora han venido a nuestra ciudad!».

En la cercana ciudad de Berea, Pablo entró en la sinagoga. Estos judíos eran más civilizados que los de Tesalónica. Ellos recibieron con ansia el mensaje de Pablo. «¿Estás cosas son verdad?», ellos se preguntaron. Por lo tanto, estudiaban las Escrituras todos los días. Muchos de ellos creyeron, así como algunas mujeres y nobles griegos.

Pero la gente de Tesalónica llegó. Las multitudes estaban alborotadas, y Pablo tuvo que huir a la costa. Timoteo y Silas se quedaron atrás, mientras Pablo viajaba a Atenas. Ahí, él esperó a sus compañeros.

Preguntas: ¿Qué le sucedió a Pablo en Tesalónica? ¿Qué hizo la gente de Berea para comprender el mensaje de Pablo?

Día 336
El palabrero habla de Dios
Hechos 17:16–25

Pablo se volvió conocido en Atenas como un palabrero. Él hablaba constantemente acerca de Jesucristo. Algunas personas no hacían nada más que hablar de nuevas ideas.

«Nos gustaría saber qué significan estas extrañas nociones», le dijeron a Pablo.

«Encontré un interesante altar en su ciudad –comenzó él–. Ahí estaba escrito: AL DIOS NO CONOCIDO.

Yo declaro a este Dios, quien hizo el mundo y todo lo que en él hay, como el Señor del cielo y la Tierra. Él no necesita estos altares ni nada que los humanos puedan dar.

En cambio, él nos da vida y aliento, y todas las cosas».

Preguntas: ¿Por qué llamaban a Pablo un palabrero? ¿Por qué Dios no necesita nada que los humanos puedan dar?

Día 337
En la cima de un monte en Atenas
Hechos 17:26–18:4

En la cima de un monte en Atenas, Pablo declaró al Dios verdadero: «De un ancestro Dios hizo las distintas razas. Él decidió cuándo y en qué lugar de la Tierra vivirían.

¿Por qué? Para que buscaran al Señor, se extendieran y le hallaran. Él no está tan lejos de cada uno de nosotros.

Porque en Él vivimos y nos movemos y somos. Sus poetas han dicho esto mismo. Ellos escribieron: "Porque nosotros también somos sus hijos"».

Pablo continuó: «Ya que somos hijos de Dios, ¿cómo es que Dios puede ser una imagen de piedra hecha por la imaginación humana? Ahora Él le ordena a todo el pueblo que cambie de mentalidad.

El día en que el mundo será juzgado se ha establecido.

Dios a elegido a un hombre para que sea el juez. Él lo ha resucitado de la muerte».

La audiencia de Pablo interrumpió y se burló. «¿Un hombre resucitado de la muerte?». Ellos se rieron. Pero otros se unieron a Pablo y creyeron. Luego de esto, Pablo se marchó de Atenas y se dirigió a Corinto. Ahí, él trabajó con Aquila y su esposa, Priscila. Ellos hacían tiendas, al igual que Pablo.

Cada Sabbat, él intentaba convencer a los judíos y a los griegos acerca de Jesús.

Preguntas: ¿Por qué Dios hizo las distintas razas en la Tierra? ¿Qué dijo Pablo que hizo que su audiencia se burlara?

Día 338
Pablo trabaja como agricultor
Hechos 18:5-23

Cuando Silas y Timoteo llegaron a Corinto, Pablo estaba muy ocupado. Él siempre estaba hablando con los judíos acerca de las Escrituras. Les aseguraba que Jesús era el Cristo, pero ellos discutían y lo despreciaban.

Pablo se sacudió el polvo de su manto frente a ellos.

«Esto significa que terminé con ustedes. Ustedes deben responderle a Dios por rechazar la verdad. No es mi culpa.

Ahora voy a ponerles atención a los gentiles».

Una noche, el Señor le habló a Pablo en una visión.

«No temas –dijo Él–, habla, no te calles. Yo estoy contigo, y nadie te dañará. Mucha gente de Corinto me pertenece».

Pablo trabajó como un agricultor entre la gente de Corinto. Él plantó las semillas del evangelio de Dios durante dieciocho meses. Durante ese tiempo, Pablo les escribió dos cartas a los creyentes de Tesalónica. Él deseaba que tuvieran una vida santa y diligente. «Esperen el día en que Jesús venga de nuevo», escribió.

Priscila, Aquila y Pablo zarparon hacia Siria. Priscila y su esposo. Permanecieron en una gran ciudad llamada Éfeso. Pablo continuó su viaje. Luego de visitar Jerusalén, él llegó a Antioquía y permaneció ahí un tiempo.

Preguntas: ¿Qué les dijo Pablo a los judíos en Corinto? ¿Qué les escribió Pablo a los creyentes de Tesalónica?

Todos escucharon la Palabra del Señor
Hechos 19:1-17

Pronto, Pablo emprendió su tercer largo viaje. De Antioquía, él viajó por tierra a través de su tierra natal de Tarso. Finalmente, llegó de vuelta a Éfeso. Durante tres meses, Pablo argumentó en la sinagoga acerca del reino de Dios. Al final, algunas personas dijeron cosas malvadas acerca del camino de Dios, de manera que Pablo y los creyentes se reunieron en la escuela de Tirano durante dos años. Todos los que vivían en Asia escucharon la Palabra del Señor. Los judíos escucharon la verdad, al igual que los griegos.

Dios hizo milagros asombrosos a través de Pablo. Si quien estaba enfermo tocaba su pañuelo, era sanado. En ese tiempo había personas que pretendían sanar a los enfermos. Entonces, ellos intentaron usar el nombre del Señor Jesús. Los siete hijos de Esceva una vez le hablaron a un espíritu maligno. «Te ordeno en el nombre del Jesús que Pablo predica», declararon ellos.

«Yo conozco a Jesús –dijo el espíritu–. También conozco a Pablo.

¿Pero quién eres tú?». Y el hombre que tenía el espíritu maligno saltó sobre ellos y los golpeó fuertemente. Los siete hombres huyeron corriendo de la casa, desnudos y sangrando.

Todos en Éfeso escucharon sobre esto. Ellos quedaron atónitos y el nombre de Jesús fue alabado.

Preguntas: ¿Por qué Pablo comenzó a reunirse en la escuela de Tirano? ¿Qué les dijo el espíritu maligno a los siete hijos de Esceva?

Día 340
Confusión en Éfeso
Primera parte
Hechos 19:18–31

Algunos magos de Éfeso se volvieron creyentes y quemaron sus libros de magia en público. Y la Palabra del Señor creció poderosamente y permaneció. Luego estalló una gran conmoción.

El templo de una ídolo llamada Diana era muy importante en Éfeso. Un platero llamado Demetrio elaboraba y vendía pequeños altares para esta diosa. Él llamó a todos los obreros de su oficio. «Todos obtenemos nuestro dinero de este negocio –dijo él–. ¡Pero Pablo dice que los dioses hechos por mano no son dioses! Grandes grupos de personas le han creído.

Nuestro negocio puede arruinarse. Además, el templo de la gran diosa Diana será desechado. Su majestad, la alabanza de toda Asia, será destruida».

Esta noticia enfureció a los plateros. «¡Grande es Diana de los efesios!», gritaron ellos. La ciudad estaba plagada de confusión.

Todos se apresuraron hacia el teatro de la ciudad. Gayo y Aristarco, amigos de Pablo, fueron llevados junto con todos. Pablo deseaba entrar en la multitud. Desde luego, sus discípulos no le permitieron hacerlo. Algunos de los gobernantes de Asia eran amigos de Pablo, por lo que ellos le advirtieron: «¡No entres en el teatro!».

Preguntas: ¿Por qué Demetrio reunió a los demás plateros? ¿Qué dijo Pablo acerca de los dioses hechos por mano?

Día 341
Confusión en Éfeso
Segunda parte
Hechos 19:32–20:1

El teatro exterior de Éfeso se llenó de una ruidosa muchedumbre que gritaba diferentes cosas. Un hombre llamado Alejandro, finalmente acalló a la multitud. Pero cuando ellos se dieron cuenta de que él era judío, lo hicieron callar. «¡Él no adora a Diana!».

Todos gritaron durante dos horas: «¡Grande es Diana de los efesios!».

Luego, el escribano tomó el control. «¡Ciudadanos de Éfeso! –gritó él–. Todos saben que Éfeso guarda el templo de Diana. Su estatua, la cual nos cayó del cielo, está aquí. Nadie puede decir que esto no es verdad. Por lo tanto, ustedes deben permanecer callados.

No se violenten. Estos hombres no han robado el templo.

Tampoco han maldecido a la diosa. Demetrio, los plateros y tú deben ir a la corte. Lleva allá tus problemas y serán resueltos.

¡No hay razón alguna para todo esto! Los romanos están a punto de acusar a toda la ciudad de causar desorden; por lo tanto, todos vayan a casa». Y ahí terminó todo.

Luego de que terminara el alboroto, Pablo reunió a los creyentes efesios. Él había estado ahí durante tres años.

Tras animarlos, él se despidió y se marchó a Macedonia.

Preguntas: ¿Por qué los Efesios no escucharon a Alejandro? ¿Qué hizo Pablo antes de marcharse a Macedonia?

Día 342
Pablo habló; Eutico se durmió
Hechos 20:6–17

Pablo procuró a los creyentes de Macedonia. Luego permaneció tres meses en Grecia. Al zarpar hacia Siria, él se enteró de una conspiración contra su vida. Por lo tanto, viajó por tierra a través de Macedonia.

Luego de varios meses, Pablo y sus compañeros llegaron a Troas.

El domingo, ellos se reunieron para partir el pan. Ya que Pablo se marchaba al siguiente día, él habló hasta la media noche.

Muchas lámparas alumbraron el aposento alto de reunión. Ya que Pablo todavía habló más tiempo, un joven llamado Eutico se durmió.

Él estaba sentado en una ventana abierta. De pronto, Eutico se cayó al suelo desde el tercer piso. Alguien lo levantó muerto.

Pablo descendió, lo recogió y dijo: «No lloren, todavía hay vida en él».

Después, Pablo subió. Él partió el pan, comió y continuó hablando hasta el amanecer.

Mientras tanto, ellos se llevaron a Eutico con vida. Todos estaban muy consolados.

Pablo entonces navegó por la costa de Asia. «Lleguemos a Jerusalén para el Pentecostés», dijo él. Entretanto se encontraban en el puerto de Mileto, Pablo envió un mensaje a Éfeso.

Pronto, los líderes efesios estaban apresurándose para encontrarse con el apóstol.

Preguntas: ¿Qué sucedió con el hombre que se quedó dormido en la ventana del aposento de reunión? ¿Cuándo deseaba estar Pablo en Jerusalén?

Día 343
La despedida de Pablo
Hechos 20:18–38

Los líderes de la iglesia de Éfeso se dirigieron a Mileto. «Ustedes saben cómo vivo mi vida –comenzó Pablo–. Yo sirvo humildemente al Señor con lágrimas. Sufro conspiraciones contra mi vida. Si hay manera de ayudar, lo hago. Yo llevé el mensaje de Dios a su ciudad y a sus casas. Les hablé a todos acerca de regresar a Dios y a la fe en Jesús.

Y ahora el Espíritu me está llevando a Jerusalén. La prisión y la adversidad me están esperando allá. No valoro mi vida para mí mismo. Solo deseo terminar mi obra. Esto es lo importante: declarar las buenas nuevas de la gracia de Dios.

Ahora, yo sé que ninguno de ustedes volverá a ver mi rostro. No temí decirles todo el propósito de Dios. Por lo tanto, el resto depende de ustedes. Los entrego a Dios y el mensaje de esta gracia. Recuerden que nunca pedí dinero; en cambio, trabajé con estas dos manos por mí y mis amigos. Recuerden las palabras del Señor: "Es más bendecido dar que recibir"».

Ellos se arrodillaron juntos en oración. Los hombres de Éfeso lloraron. Ellos no volverían a ver a Pablo de nuevo.

Preguntas: ¿Qué era lo más importante para Pablo? Pablo les recordó lo que el Señor había dicho. ¿Qué era?

Día 344
De camino a Jerusalén
Hechos 21:1-14

Los apóstoles navegaron por la parte oriental del mar Mediterráneo. Lucas continúa la historia: «Desembarcamos en Tiro y encontramos a los creyentes.

Mediante el Espíritu, ellos le dijeron a Pablo: "No continúen hacia Jerusalén". Luego de siete días estuvimos listos para marcharnos. Todos nos siguieron a la salida de la ciudad.

Nos arrodillamos en la costa, oramos y nos despedimos. Luego abordamos el barco y ellos se fueron a casa. Un corto viaje nos llevó a Tolemaida y luego a Cesarea. Después permanecimos con Felipe. Él había servido con el mártir Esteban en Jerusalén. Mientras estuvimos ahí, un hombre llamado Agabo vino de Judea. Agabo nos advirtió de esta manera: tomando el cinto de Pablo, él se ató. "Estas son palabras del Espíritu Santo –dijo él–. Los judíos de Jerusalén atarán al dueño de este cinto. Ellos lo entregarán a los gentiles". Todos instaron a Pablo que no fuera a Jerusalén.

"¿Qué están haciendo? –preguntó Pablo–. Su lamento está rompiendo el corazón. Estoy listo para morir en Jerusalén por el nombre del Señor".

Nosotros no dijimos nada más que: "Que el Señor haga su voluntad"».

Preguntas: ¿Qué dijo Agabo que le sucedería a Pablo en Jerusalén? ¿Para qué dijo Pablo que estaba listo?

Día 345
Pablo entra en el templo
Hechos 21:15-27

Lucas continúa: «En Jerusalén nos recibieron cálidamente. Pablo visitó a Santiago y a los demás ancianos. Él les contó sobre la obra de Dios con los gentiles. Ellos alabaron a Dios por ello. Entonces, Jacobo dijo: "Pablo, hay miles de creyentes judíos aquí. Todos aman la Ley de Moisés. Pero creen que tú les enseñas a los judíos a desechar la Ley". Eso no era verdad. Pablo solo le enseñaba a la gente a confiar en la gracia de Dios.

"Ellos pronto sabrán que estás aquí –continuó Jacobo–. Por favor haz esto: cuatro hombres harán voto en el templo.

Ve con ellos y paga sus gastos. Entonces todos sabrán que te preocupas por la Ley de Moisés". Pablo sabía que los judíos podían guardar la Ley si lo deseaban. Y los gentiles no necesitaban guardar la Ley. De cualquier manera, Dios desea que la gente crea en Jesús. Jacobo y los ancianos de Jerusalén lo sabían también.

De manera que Pablo y los hombres entraron en el templo. Pablo no lo hizo para agradar a Dios. Él solo deseaba que la gente dejara de mentir sobre él. Pero en el templo estaban dos hombres que habían amenazado a Pablo en Asia.

Ellos espiaron a su antiguo enemigo. "Esta es nuestra oportunidad para atrapar a Pablo", confabularon».

Preguntas:¿Qué pensaban los creyentes judíos que Pablo enseñaba?
¿Qué enseñaba Pablo en realidad?

Pablo es arrastrado fuera del templo
Hechos 21:27–22:1

Todo resultó bien para Pablo en el templo. Al menos hasta que los hombres de Asia lo hallaron. «¡Israelitas, ayuda! –gritaron ellos, tomando a Pablo–. Este es el hombre que está contra la Ley de Moisés y este templo. ¡Miren! ¡Ha traído a gentiles aquí y ha ensuciado este lugar santo!». La gente se reunió rápidamente y arrastró a Pablo fuera del templo. Pablo estaba a punto de ser asesinado, pero los soldados romanos lo rescataron. Entonces, el capitán arrestó a Pablo y lo encadenó. «¿Quién es este hombre? –inquirió el capitán–. ¿Qué ha hecho?». Algunos gritaron una cosa. Otros gritaron otra. Había tanto alboroto que no pudo escuchar. Pablo tenía que ser llevado por los soldados. «¡Échenlo!», gritó la multitud.

A cierta distancia de la multitud, Pablo le habló al capitán.

«Soy judío, ciudadano de Tarso. Esa es una importante ciudad romana.

Por favor, déjame hablarle a la gente». El capitán le dio su permiso.

Pablo se paró en los escalones y le hizo señas a la multitud para que guardara silencio. «Hermanos y padres –comenzó–, escuchen lo que tengo que decirles».

Preguntas: ¿Qué dijeron los hombres de Asia que Pablo había hecho en el templo? ¿Cómo le llamó Pablo a su audiencia cuando comenzó a hablar?

Día 347
Un discurso en las calles
Hechos 22:2-22

La enfadada multitud escuchó en su propio idioma y se detuvo para oír. «Soy judío, nacido en Tarso –dijo Pablo–. Pero aquí en Jerusalén aprendí la Ley de nuestros ancestros.

Cuando llegué, peleaba con los cristianos. El sumo sacerdote y los ancianos pueden decírselo. Ellos me enviaron a Damasco para arrestar ahí a los cristianos. De camino, al mediodía aproximadamente, resplandeció una gran luz del cielo. Yo caí al suelo.

Una voz dijo: "Saulo, Saulo, ¿por qué estás luchando conmigo?"

"¿Quién eres tú, Señor?", pregunté.

"Soy Jesús de Nazaret".

En la ciudad, un buen hombre judío llamado Ananías se encontró conmigo. "Dios te ha escogido –dijo él–.

Tú le dirás al mundo acerca de lo que has visto y escuchado. Ahora levántate y sé bautizado, clamando en su nombre".

Yo regresé acá y estaba orando en el templo. El Señor apareció. "Sal de esta ciudad –dijo–, la gente no te escuchará".

"Pero Señor, yo estuve de acuerdo cuando mataron a Esteban", argumenté.

"Ve, te estoy enviando lejos con los gentiles".

Cuando escucharon la palabra "gentiles", la multitud estalló con una violenta ira».

Preguntas: ¿Qué historia le contó Pablo a la multitud? ¿Por qué la multitud se encolerizó de nuevo?

Día 348
Salvado de la embravecida multitud
Hechos 22:22–30

«¡Echen de la tierra a este hombre», dijo la multitud enfurecida. «No debería permitírsele vivir». Gritaron, arrojaron sus mantos y arrojaron polvo al aire. El capitán metió a Pablo en el edificio rápidamente. Estaban a punto de azotarlo. Pablo dijo: «Esto va contra la ley romana. Yo soy un ciudadano y no he hecho ningún mal».

Los soldados temieron. Ellos habían encadenado a un ciudadano romano y podían ser arrestados por ello. El capitán ni siquiera sabía lo que había hecho Pablo. Por lo tanto, llevó al apóstol Pablo con los sacerdotes y el concilio judío.

Preguntas: ¿Por qué temieron los soldados? ¿A dónde llevó a Pablo el capitán?

Día 349
Salvado del concilio judío
Hechos 23:1–11

Pablo se dirigió al concilio. «Hermanos –comenzó–, siempre he vivido para Dios». El sumo sacerdote interrumpió. «¡Golpéenlo en la boca!», ordenó.

«¡Dios te golpeará a ti, pared blanqueada!». Pablo prosiguió. «Ustedes pretenden juzgarme con la ley. Pero golpearme quebranta la ley».

«¿Te atreves a ignorar al sumo sacerdote de Dios?», alguien preguntó.

«Yo no sabía que él era el sumo sacerdote –respondió Pablo–. Las escrituras dicen: "No hables mal de tus líderes"».

Pablo explicó la verdad acerca de la resurrección.

«Hermanos –declaró él–, me encuentro en juicio por una cosa: la esperanza de la resurrección de la muerte». Entonces se levantó un gran alboroto. Algunos deseaban dejar ir a Pablo.

Otros se negaron. La discusión se volvió acalorada.

El capitán romano pensó: *Ellos harán pedazos a Pablo.*

Entonces los soldados fueron y lo tomaron por la fuerza.

Esa noche, el Señor permaneció cerca de Pablo. «Sé valiente –dijo él–. Has hablado por mí aquí. Hablaras por mí también en Roma».

Preguntas: ¿Por qué se levantó un alboroto en el concilio judío? ¿En dónde le dijo el Señor a Pablo que hablaría por Él?

Día 350
Pablo y 470 soldados
Hechos 23:12-35

A la mañana siguiente, más de cuarenta personas conspiraron contra Pablo. «Juramos no comer hasta matarlo», ellos acordaron, y se dirigieron al concilio y les contaron sus planes. «Llamen a Pablo que regrese para otra reunión.

Lo mataremos antes de que llegue».

Mientras tanto, el sobrino de Pablo escuchó sobre esta trampa.

Él acudió a Pablo y le habló acerca del peligro.

«Lleven a este joven con el capitán –dijo Pablo–. Tiene algo importante que decirle». El sobrino de Pablo le dijo en secreto al capitán acerca de la emboscada planeada.

Entonces el capitán dio las siguientes órdenes: «Prepárense para partir a las nueve de esta noche. Lleven a Pablo a Cesarea.

Reúnan a 200 soldados, 70 jinetes y 200 lanceros. Proporciónenle un caballo a Pablo, y llévenlo con Félix, el gobernador».

Le escribieron una carta a Félix sobre ese asunto. Les dijeron a los acusadores de Pablo: «Vayan con el gobernador a presentarle su problema». Esa noche, Pablo y 470 soldados romanos se marcharon de Jerusalén. En Cesarea, ellos le entregaron al gobernador la carta y al prisionero. «Escucharé su caso. Pero no hasta que los acusadores lleguen aquí». Pablo fue puesto bajo guardia en el palacio de Herodes.

Preguntas: ¿Quién salvó a Pablo de los conspiradores? ¿Cuántos soldados protegieron a Pablo?

Día 351
Pablo le habla a Félix
Primera parte Hechos 24:1-16

Cinco días más tarde, el sumo sacerdote Ananías llegó a Cesarea. Algunos ancianos y un orador llegaron también.

Pablo entró en la corte del gobernador y el orador comenzó a acusarlo: «Su Excelencia, gracias por la paz y el favor que nos ha proporcionado. Seré breve. Este hombre es una peste para nuestra nación. Él alborota a los judíos de todo el mundo.

Es líder de una secta de nazarenos. Incluso intentó infectar el templo con gentiles. Nosotros quisimos juzgarlo; pero el capitán nos lo quitó. Es por ello que estamos aquí hoy».

Ananías se unió para acusar a Pablo. Él estuvo de acuerdo con lo que dijo el orador.

Pablo, luego, le dijo a Félix: «Me alegra contarte mi parte de la historia –comenzó–. Me dirigí a adorar a Jerusalén hace doce días. Yo no discutí con nadie ni alboroté a las multitudes.

Ellos no pueden comprobar las cosas que dicen contra mí.

Yo adoro al Dios de mis ancestros, creyendo en la Ley y los profetas. Mi esperanza en Dios es la misma que la de ellos.

Yo siempre me esfuerzo por tener un buen corazón. Está libre de mal ante Dios y ante la gente».

Preguntas: ¿Qué dijo Pablo acerca de su manera de adorar? ¿Qué dijo Pablo acerca de su corazón?

Día 352
Pablo le habla a Félix
Segunda parte
Hechos 24:17–26

Pablo continuó relatándole su historia al gobernador, Félix: «Yo llegué a Jerusalén trayendo obsequios para los pobres.

Simplemente deseaba ofrecer sacrificios. Mientras lo hacía, ellos me encontraron en el templo, y algunos judíos de Asia se encontraban ahí. Ellos son quienes deberían estar aquí hoy.

Posiblemente tengan algo contra mí. Estos hombres deben contarte otra historia. Yo fui llevado a su concilio. Ahí, mencioné que Dios nos resucitaría de la muerte. Quizá ese sea su problema».

Félix conocía bastante acerca del cristianismo.

«El capitán romano debe venir aquí –dijo él–. Entonces decidiré sobre este asunto». Protegido por soldados, Pablo tuvo la libertad para ver a sus amigos.

Días después, Félix envió a traerlo. El apóstol le explicó el evangelio al gobernador y a su esposa. Ellos escucharon acerca del juicio de Dios. El autocontrol fue parte del mensaje que Pablo les dio. Esto y otras cosas asustaron a Félix.

«Vete por ahora –le dijo a Pablo–. Enviaré por ti otra vez cuando pueda». Lo que realmente quería era un pago para liberar a Pablo. El apóstol esperó ahí durante dos años.

Preguntas: Pablo le explicó el evangelio a Félix. ¿Qué le dijo? ¿Qué deseaba Félix a cambio por la libertad de Pablo?

Día 353
Pablo soslaya una emboscada
Hechos 24:27–25:12

Un nuevo gobernador llamado Festo llegó al poder. Como un favor a los judíos, él mantuvo a Pablo en prisión. En Jerusalén, los sacerdotes y los líderes le dieron a Festo un reporte negativo acerca de Pablo.

«Haznos un favor –dijeron ellos–, manda traer a Pablo. Nosotros arreglaremos este problema». De hecho, ellos planeaban emboscar a Pablo y matarlo.

«No –respondió Festo–. Yo estaré pronto en Cesarea. Ustedes vayan y arreglaremos esto». En Cesarea, los judíos acusaron falsamente a Pablo, pero carecían de pruebas.

«Yo no he hecho nada contra la ley judía –respondió Pablo–. Yo no contaminé el templo, y siempre he respetado al emperador romano».

Festo dijo: «¿Deseas ir a Jerusalén a arreglar esto?».

«No les he hecho ningún mal a los judíos. Tú lo sabes. No estoy intentando escapar. Pero no he hecho nada que merezca la muerte; por lo tanto, nadie me puede entregar a ellos.

En cambio, llevaré mi caso al emperador en Roma».

Pablo sabía que lo asesinarían si regresaba a Jerusalén.

Festo habló con su concilio. Entonces ellos dijeron: «Tú deseas que el emperador escuche tu caso. Por lo tanto, irás a Roma».

Preguntas: ¿Por qué Pablo no deseaba regresar a Jerusalén? ¿A dónde deseaba Pablo llevar su caso?

El rey escucha el evangelio
Primera parte
Hechos 25:13-19

Agripa, el rey de Galilea, y su esposa, Berenice, visitaron a Festo en Cesarea. «Me gustaría escuchar a este hombre, Pablo, mismo», dijo Agripa.

«Mañana –acordó Festo–, lo escucharás». Al día siguiente, el rey Agripa y Berenice fueron escoltados por líderes militares y gobernadores de las ciudades. «Rey Agripa –anunció Festo–, aquí está el hombre que mencioné. La gente afirma que debe morir. Pero él no ha hecho ningún mal».

El rey le habló a Pablo: «Tienes permiso de hablar».

«Me alegra contarte mi historia, rey Agripa –comenzó Pablo–. Tú conoces las costumbres judías y los problemas de su ley. Por favor, escucha con paciencia. Me encuentro en juicio, porque creo en la promesa de Dios a nuestros ancestros.

Todos los judíos lo esperan también. Se trata de que Dios nos resucitará de la muerte. No obstante, ¡me acusan por creer esto!

Yo detestaba el nombre de Jesús. Estaba furioso y castigaba a los cristianos. Incluso viajé a lugares lejanos para arrestarlos». Pablo describió lo que le sucedió de camino a Damasco. Él le contó al rey sobre su visión celestial.

Preguntas: ¿Quién fue el rey que escuchó el evangelio de Pablo? ¿Cuál es la promesa de Dios que Pablo le mencionó al rey?

Día 355
El rey escucha el evangelio
Segunda parte
Hechos 26:20–32

«¡Cambien de opinión! ¡Vuélvanse a Dios!", yo declaraba esto adondequiera que iba. Les decía a los judíos y a los gentiles. Es por ello que los judíos intentaron matarme; pero Dios me ha ayudado. Mi mensaje es el mismo que el de Moisés y los profetas: Cristo sufriría; Él sería el primero en resucitar de la muerte; él les daría luz a todos».

«¡Estás loco, Pablo!», exclamó Festo.

«Esta es la verdad razonable», dijo Pablo.

«¿Deseas que sea cristiano?», preguntó Agripa.

«Deseo que todos sean como yo, excepto por estas cadenas».

Preguntas: ¿Qué le decía Pablo a la gente adondequiera que iba?
¿Cuál era el mensaje del evangelio de Pablo?

El peligroso viaje de Pablo
Primera parte
Hechos 26:30–27:11

«Este hombre no ha hecho nada malo –dijo el rey, a medida que se marchaba–. Él pudo haber sido libre. Pero ahora tiene que llevarle el caso al emperador».

Pablo, Lucas y Aristarco viajaron a Roma junto con otros prisioneros. Ellos zarparon con el centurión romano, Julio, a cargo.

De Cesarea, el barco navegó hacia el norte por la costa de Judea.

Ellos fondearon en Sidón. Ahí, Julio le permitió a Pablo visitar a sus amigos. El barco zarpó al día siguiente y no fondeó de nuevo hasta que llegó a Mira, en Licia. Ahí, los prisioneros se mudaron a una nave alejandrina que cargaba trigo de Egipto a Italia.

La navegación fue lenta, porque el viento estaba soplando hacia el lado contrario. Finalmente, llegaron al lado sur de la isla de Creta.

Ahí, ellos entraron en el puerto de Buenos Puertos. Ellos habían perdido muchos días para llegar a esta altura del viaje. El invierno tendría que pasar para que pudieran navegar hacia Italia. Pablo habló con el capitán y dueño del barco: «Puedo ver que este será un viaje peligroso. La carga se perderá, así como nuestra vida». Pero ellos no le prestaron atención.

Preguntas: ¿Por qué el rey no pudo liberar a Pablo? ¿Qué le dijo Pablo al capitán del barco acerca del viaje?

Día 357
El peligroso viaje de Pablo
Segunda parte
Hechos 27:12–26

Buenos Puertos no era un buen lugar para pasar el invierno.

«Arriesguémonos y zarpemos al mar –dijo el capitán–. Intentaremos alcanzar Fenice». Este puerto cercano sería seguro de las tormentas de invierno. Ellos recogieron el ancla y zarparon cerca de la costa. Pronto, un violento viento sopló desde Creta.

El barco no podía volverse de cara a la tormenta. El viento del nordeste los echó mar adentro. Luchando por controlar, la tripulación echó el ancla al mar. Lo único que podían ver era el mar y el cielo. Ellos fueron empujados hacia lo desconocido.

Preguntas: ¿Por qué el capitán fue a navegar a Fenice? ¿Qué sucedió cuando la tormenta sopló de Creta?

Día 358
El peligroso viaje de Pablo
Tercera parte
Hechos 27:27–32

La tormenta golpeaba violentamente. Pronto, las herramientas, el equipo y la carga del barco fueron lanzados por la borda.

Mientras rugía la tormenta, nadie vio el sol ni las estrellas. Toda esperanza estaba perdida. Pablo les habló a todos: «Anoche, un ángel de mi Dios se paró junto a mí. Él dijo: "No temas, Pablo. Debes hablar con el emperador en Roma.

Dios te ha otorgado seguridad a ti y a quienes navegan contigo".

De manera que mantengan aliento. Yo confío en Dios. Todo resultará tal como me lo ha dicho».

Catorce días y noches, el barco anduvo sin rumbo por el mar Adriático. Luego, cerca de la medianoche, los marineros pensaron que estaban cerca de tierra. Al probar la profundidad del agua, ellos vieron que estaba poco profundo. «¡Chocaremos con las rocas!», ellos gritaron. Echaron cuatro anclas de la popa del barco. Ellos oraron por el amanecer.

En la oscuridad, los marineros intentaron abandonar el desafortunado barco. Pablo le dijo a Julio el centurión: «Estos hombres deben permanecer en el barco. De lo contrario, nadie se salvará». Los soldados se aseguraron de que los marineros permanecieran.

Preguntas: ¿Qué le dijo el ángel a Pablo acerca de los hombres del barco? ¿Por qué dijo Pablo que los hombres debían guardar aliento?

Día 359
Naufragio en Malta
Hechos 27:39-44

Era justo antes del alba en el barco golpeado por la tormenta.

«No hemos comido durante dos semanas –dijo Pablo–. Por favor, coman algo, les ayudará a sobrevivir».

Todos miraron a Pablo. Él tomó el pan, le dio gracias a Dios, lo partió y comenzó a comer. Luego las 276 personas del barco tomaron comida. Todos comieron y se sintieron satisfechos.

Más tarde, ellos arrojaron el trigo al mar. Esto hizo que el barco flotara más alto en el agua.

Al amanecer, ellos pudieron ver tierra. Había una bahía con una playa, «Encalla el barco en esa playa», ordenó el capitán. Las anclas fueron echadas al mar. Los remos fueron desatados, listos para usarse.

Se levantó el trinquete y se dirigieron hacia la playa. Pero antes de que el barco tocara la arena, se atoró en un arrecife submarino.

El navío se atoró. Su popa, golpeada por las olas, se quebró. El peligro estaba latente.

Los soldados dijeron: «Matemos a los prisioneros o escaparán».

Pero Julio quería salvar a Pablo y no lo permitiría.

«Si pueden nadar, ¡salten por la borda!», ordenó el capitán. Después, los demás se dirigieron a la orilla, flotando en pedazos del barco.

Todos llegaron seguros a tierra.

Preguntas: ¿Qué hizo Pablo antes de comer? ¿Por qué Julio no permitió que los soldados mataran a los prisioneros?

Día 360
Pablo llega a Roma
Hechos 28:1-23

El barco de Pablo naufragó en una pequeña isla llamada
Malta.

Los gentiles nativos hicieron una fogata para los sobre-
vivientes, quienes tenían frío y estaban mojados. Pablo llevó
ramas secas a la fogata. De pronto, una serpiente en las ramas
mordió a Pablo; pero él la sacudió y la arrojó a la fogata. Ellos
esperaban que Pablo cayera muerto. Nada sucedió. Los su-
persticiosos nativos pensaron que eso significaba que Pablo
era un dios.

El padre de un nombre maltés, llamado Publio, cayó enfermo. Pablo puso sus manos sobre el hombre y oró. Él fue sanado. Todos en la isla llevaron entonces sus enfermos con Pablo.
Ellos también fueron sanados. Tres meses más tarde, ellos zarparon en una nave llamada Gemelos. Al navegar frente a un
viento del sur, el apóstol finalmente llegó a Italia. Los creyentes
de Roma caminaron cincuenta millas por la costa italiana para
saludar a Pablo. Él le agradeció a Dios por ellos. En Roma, Pablo vivió en su propia casa con un guardia. Los líderes judíos
visitaron a Pablo: «Hemos escuchado cosas malas acerca de los
cristianos –dijeron–. Pero nos gustaría saber lo que tú tienes
que decir».

Ellos arreglaron un día para reunirse con él.

*Preguntas: ¿Qué hizo Pablo cuando se encontró con los creyentes en
Roma? ¿Qué deseaban de Pablo los líderes judíos de Roma?*

Día 361
La salvación es enviada a los gentiles
Hechos 28:23-28

Muchos líderes judíos de Roma escuchaban a Pablo, de la mañana a la noche. Al final del día, ellos discutían entre sí.

«El Espíritu Santo tenía razón –dijo Pablo–. Él les dijo esto a sus ancestros: "Ellos escucharán, pero no comprenderán lo que les digo. Ellos verán, pero no entenderán. Tus palabras no les harán ningún bien. No usarán sus ojos para mirar.

No usarán sus oídos para oír. No comprenderán con su entendimiento, se volverán a mí y serán sanados".

De manera que quiero que sepan lo siguiente: La salvación de Dios ha sido enviada a los gentiles. Ellos escucharán».

Preguntas: ¿Qué hicieron los líderes judíos después de escuchar a Pablo? ¿Qué dijo Pablo acerca de la salvación de Dios?

Día 362
La muerte del apóstol Pablo
Hechos 28:30; 2 Timoteo 4:6–8

Los acusadores de Pablo nunca llegaron de Jerusalén para culparlo en Roma, aunque él esperó dos años. Posiblemente él haya estado en España cuando se quemó la ciudad de Roma.

Es seguro que continuara viajando. Pablo siempre se preocupaba por todas las iglesias.

Pablo visitó Creta y dejó ahí a Tito para ayudarles a los creyentes.

Luego partió a Mileto, donde su amigo, Trófimo, se enfermó.

Pablo también visitó a Timoteo en Éfeso. De camino, él dejó su manto y sus libros en Troas. Pero pronto fue arrestado de nuevo.

Los cristianos habían sido culpados por el incendio de Roma.

Pudo haber sido esto por lo que Pablo fue arrestado la segunda vez.

Dios decidió que no sería liberado. En cambio, el apóstol fue condenado y decapitado por los romanos.

Antes de morir, Pablo le escribió a Timoteo desde la prisión: «Ahora es tiempo de que deje esta vida. He peleado una buena batalla. He terminado la carrera. He mantenido la fe. El Señor tiene una corona esperándome. Él me la dará en el día que regrese. Todos los que le aman a Él y a su venida obtendrán una corona igual».

Preguntas: ¿Qué sentía Pablo de todas las iglesias? ¿Qué tiene el Señor esperando por la gente que le ama?

Día 363
La visión que Juan tuvo de Jesucristo
Primera parte
Apocalipsis 1:9–13

«Yo estaba en el espíritu en el día del Señor». Estas palabras fueron escritas por el apóstol Juan. Él era un hombre muy anciano.

Juan continuó: «Detrás de mí, escuché una fuerte voz como de trompeta». Juan estaba en una prisión, porque hablaba la Palabra de Dios. Su prisión se encontraba en una solitaria isla llamada Patmos. Él era el último de los discípulos que habían caminado con Jesús. «Me volví para mirar cuando escuché la voz –escribió Juan–. Ahí, caminando entre siete candeleros de oro estaba Jesucristo». Juan había visto a Jesús por última vez sesenta años antes, cuando Jesús regresó de la muerte.

Preguntas: ¿Cómo sonaba la voz de Jesús? ¿Dónde estaba caminando Jesús cuando Juan le vio?

La visión que Juan tuvo de Jesucristo
Segunda parte
Apocalipsis 1:13-20

Jesús vio a Jesucristo caminando entre los candeleros. Cristo vestía una larga túnica con un cinto de oro sobre el pecho.

Su cabello era blanco como la nieve. Sus ojos eran llama de fuego. Sus pies brillaban como bronce bruñido en un horno.

Su voz era como el sonido de muchas aguas.

Juan vio siete estrellas en la mano derecha de Cristo.

De su boca salía una espada aguda. Su rostro era como el sol que resplandece en plena fuerza. «Caí a sus pies –dijo Juan–, como si estuviera muerto. Pero su mano me tocó.

"No temas –dijo Cristo–, yo soy el primero y el último. Soy el que vive. Estuve muerto, y mira, estoy vivo para siempre".

Luego Cristo me dijo: "Escribe lo que te mostraré. Envía el libro a las siete iglesias de Asia. Estas siete estrellas son los ángeles de las siete iglesias. Estos candeleros de oro son las siete iglesias"».

Juan escribió un libro llamado Apocalipsis. Este libro incluye cartas a las iglesias cristianas. Además relata acerca del final de los tiempos. Finalmente, Apocalipsis nos muestra cómo es la eternidad con Dios.

Preguntas: ¿Qué le dijo Cristo a Juan cuando lo tocó? ¿Qué dijo Cristo de sí mismo?

Día 365
En la eternidad con Dios
Apocalipsis 21:1–22:21

«Vi un cielo nuevo y tierra nueva –dijo Juan–. La ciudad santa, la Nueva Jerusalén, vino del cielo como una novia ataviada para su esposo. Una fuerte voz salió del trono de Dios.

La voz dijo: "La casa de Dios es con la humanidad. Él habitará con ellos; ellos serán su pueblo. Dios limpiará toda lágrima de sus ojos. La muerte no será más. El dolor, el llanto y el dolor se marcharán. Lo viejo pasará. Yo hago todo nuevo".

La Nueva Jerusalén tiene la gloria de Dios. Es verde como el jaspe, clara como el cristal. Las doce puertas reciben el nombre de las doce tribus de Israel. Cada puerta es una perla. Los doce fundamentos reciben el nombre de los doce apóstoles del Cordero. Estos fundamentos están hechos de piedras preciosas y coloridas.

Su calle es de oro puro, transparente como el vidrio. El árbol de la vida crece a la orilla del río. Sus hojas sanan las naciones.

Luego Jesús dijo: "El Espíritu y la novia dicen ven. Quien desee puede beber libremente del agua de vida"».

Preguntas: ¿Qué hacen las hojas del árbol de la vida? ¿Qué invita el Espíritu y la novia a que hagamos?